教育部人文社会科学研究青年基金项目"西北县域内高中教育机会分配的阶层化机制研究：以甘肃省为例"（12YJC880133）成果

西北师范大学青年文丛

教育选择与阶层再生产
县域内高中教育机会分配的阶层化机制研究

杨宝琰 ◎ 著

中国社会科学出版社

图书在版编目(CIP)数据

教育选择与阶层再生产：县域内高中教育机会分配的阶层化机制研究/杨宝琰著. —北京：中国社会科学出版社，2017.3

（西北师范大学青年文丛）

ISBN 978-7-5161-9523-9

Ⅰ.①教… Ⅱ.①杨… Ⅲ.①县-高等教育-升学-机遇-研究-中国 Ⅳ.①G649.21

中国版本图书馆 CIP 数据核字（2016）第 325540 号

出 版 人	赵剑英
责任编辑	王 茵 张 潜
责任校对	胡新芳
责任印制	王 超

出 版	中国社会科学出版社
社 址	北京鼓楼西大街甲 158 号
邮 编	100720
网 址	http://www.csspw.cn
发 行 部	010-84083685
门 市 部	010-84029450
经 销	新华书店及其他书店

印刷装订	北京君升印刷有限公司
版 次	2017 年 3 月第 1 版
印 次	2017 年 3 月第 1 次印刷

开 本	710×1000 1/16
印 张	17.75
插 页	2
字 数	255 千字
定 价	76.00 元

凡购买中国社会科学出版社图书，如有质量问题请与本社营销中心联系调换
电话：010-84083683
版权所有　侵权必究

序　言

　　杨宝琰博士是我的学生，我们已经相处10年了。在新著《教育选择与阶层再生产——县域内高中教育机会分配的阶层化机制研究》付梓之际，他邀请我为其作序。看到学生有这样优秀的成果，我感到非常高兴，亦向他祝贺。

　　教育机会均等问题是各国教育改革和发展的基本方向和目标，受到人们的持久关注，并已有诸多学者致力于此问题的探讨，形成了很多有影响的经典理论。但这些研究要么从教育的区域发展不平衡角度来探讨教育资源的宏观结构差异，关注教育政策和制度在制定和执行过程中存在的偏斜及其对社会集团教育机会的影响，要么探讨个人的社会、经济地位以及文化传统对教育机会获得不平等的影响，却较少探讨微观层面的社会行为、价值观念等主观因素对教育机会获得的影响，尤其是缺少对教育机会不平等现象复杂产生机制的实证研究。

　　针对以往研究的这些问题，宝琰博士能够独辟蹊径，在对相关研究成果详加梳理的基础上，建立了一个涵盖社会结构、制度安排、个体或家庭教育选择、学校教育经验、学业成就和教育机会等多种因素的理论逻辑框架，并据此建立了研究的操作框架，来指导论文的后续实证研究。在实证研究中，作者选择了一个有代表性的西部县，通过调查法和实验法等研究方法，发现初中毕业教育分流过程中存在性别、阶层结构再生产和社会地位代际间的传递现象；他在中等教育阶段进一步验证和支持了"MMI假设"和"EMI假设"，其中，"EMI假设"对于中国的国情更为适用；他还发现，非农化和非农职业流动并没有为农民阶层带来高中教育机会的提升，甚至具有反向作用；而社会结构因素，特别是体现文化分层结构的父亲受教育程度是决定教育机会最为主要的因素等研究结果，则揭示了高中教育机会在不同阶层中的分配状况以及高中教育机会阶层分布的形成机制。由此获得的研究结果论据有力，翔实可靠，观点鲜明。这些研究结果不仅丰富了教育社会学的相关理论，有助于我们深入认识教育机会不平等的社会根源，对于当前的教育政策制定也具有重要的指导意义。

宝琰博士诚朴宽厚，勤于治学，是一个具有乡土情怀的人，主要从事教育社会学和社会心理学研究，长期关注农村、民族和宗教问题，并在这些领域已取得了不错的成绩。在这些年的相处中，我发现宝琰博士是一个在学术研究上非常执着的年轻学者。有了这种学术研究精神，加之其良好的学术训练，相信他一定还会有更加厚重的研究成果，为中国的教育社会学和社会心理学做出新的贡献。

万明钢

2015 年 12 月 22 日

目 录

第一章 导论 …………………………………………………… (1)
 第一节 研究缘起与研究意义 ………………………………… (1)
 第二节 概念界定和文献评述 ………………………………… (8)

第二章 研究设计和研究实施 ………………………………… (44)
 第一节 研究框架 ……………………………………………… (44)
 第二节 研究方法 ……………………………………………… (55)
 第三节 研究工具和研究实施 ………………………………… (63)

第三章 教育分流与阶层再生产 ……………………………… (82)
 第一节 选择谁：高中教育机会分配的结构特征 ………… (82)
 第二节 高中教育机会获得中的行动者：基于教育
    价值观和教育投入的分析 ………………………… (102)
 第三节 结构抑或行动：高中教育机会获得的
    路径模式 …………………………………………… (129)

第四章 学业成就与阶层再生产 ……………………………… (152)
 第一节 教育投入、教育价值观与学业成就：
    结构方程模式的探究 ……………………………… (157)
 第二节 家庭、学校与学业成就：影响因素
    及其作用机制 ……………………………………… (175)
 第三节 阶层意识与学业成就 ………………………………… (200)

第五章　总结与讨论 …………………………………………（221）
　一　主要研究结论 ……………………………………………（221）
　二　县域内高中教育机会分配的阶层化机制 ………………（235）

附录　甘肃省初中生教育资源现状调查问卷 ………………（239）

参考文献 ………………………………………………………（249）

后　记 …………………………………………………………（275）

第一章

导 论

第一节 研究缘起与研究意义

一 研究缘起

"过去我们上大学的时候，班里农村的孩子几乎占到80%，甚至还要高，现在不同了，农村学生的比重下降了。这是我常想的一件事情。"[①] 2009年1月初，新华社播发了时任国务院总理温家宝在国家科教领导小组会议上的讲话，这是文中的一句话。温总理的这番话，使得农民子女的受教育机会问题再次成为公众关注的焦点。

到底是谁，是什么原因把农村孩子拦在高校大门之外？从动态的角度考察，现实中存在的高等教育入学机会的差距，是整个教育体系结构性不均等的一部分，相当程度上是高等教育前阶段机会不均等的一种积累和延续。接受良好的小学教育有助于进入较好的初中，进入较好的初中有助于接受良好的高中教育，进而有助于进入大学甚至是重点大学。逐级分层结果之间的这种关联性决定了在受教育的每一个阶段，受教育者进入不同等级层次的学校就读，意味着极不相同的结果，直接影响其随后的教育流向乃至社会流向。在层层分流过程中，初中是教育分流的关键阶段。初中毕业后，大部分学生步入社会或接受中等职业教育，剩余的学生接受普通高中教

---

① 赵婀娜、田豆豆：《重点高校农村学生越来越少》，《人民日报》2009年1月15日第11版。

育。据教育部门户网站公布的数据，2005年之前初中升高中的升学率远低于扩招之后的高考升学率。① 也就是说，进入普通高中要比考大学的竞争更为激烈。虽然2006年之后状况得以改善，却并非是建立在普通高级中学升学率增长的基础之上，而主要是中等职业教育扩张的结果（从2005年至2007年高中阶段学生构成比的变化看，普通高中学生数下降4.1个百分点，中等职业高中学生数增长4.2个百分点）。因此，初中升普通高中的升学率远低于普通高中升高等学校的升学率是一个不争的事实。在这样的状况之下，由于缺乏竞争力，各方面处于弱势的农村孩子往往成为竞争的失败者。农村孩子初中阶段所受教育之优劣，与城市孩子相比是否均等是他们将来能否进入大学的关键。也就是说，农村孩子能否上高中、上什么层次的高中，成为影响他们高等教育机会获得的最大瓶颈。

在农村孩子进入普通高中的难度加大的同时，他们依然没有摆脱失学和辍学的威胁。据教育部《2009年全国教育事业发展统计公报》的数据，西部地区初中阶段三年巩固率为90.22%，分别低于东部和中部地区4.09和6.20个百分点；初中阶段升学率为80.23%，低于东部地区10.53个百分点，特别在一些省区，差距更大。② 值得注意的是，这些数据只是进行了东西部比较，并没有对城乡差距进行对比分析。据一项西北地区3省9县辍学问题的调查研究，在免费义务教育政策实施以来，虽然儿童的辍学率略有下降，但变化并不明显，个别县甚至出现了辍学率反弹的现象。③ 进一步考察个别地区，情况也令人担忧。据2010年《农民日报》的报道，陕西扶风县义务教育阶段学生辍学问题严重，有急剧增长的态势，表现出以下特点：一是初中高年级辍学现象严重；二是近郊和偏僻地区辍学现象严重；三是辍学生人数逐年增加。④ 受教育机

---

① 中华人民共和国教育部网站（http://www.moe.edu.cn/edoas/website18/level2.jsp?tablename）。
② 教育部发展规划司编：《2009全国教育事业发展简明统计分析》，2010年。
③ 常宝宁：《免费政策实施后儿童辍学现状的调查研究——以西北三省区为例》，《上海教育科研》2010年第2期。
④ 赵伟：《辍学儿郎何时归——陕西扶风县义务教育阶段学生辍学现象调查》，《农民日报》2010年1月19日第3版。

会和权利属于起点公平，早早地失学或辍学的农村孩子，自然无缘接受高等教育。

是什么原因导致农村孩子早早就失去了接受高等教育的机会，在高等教育机会竞争中处于劣势地位？北京师范大学郑新蓉教授在接受媒体采访时表示，农村考生目前大多沉淀在高等教育的"中下层"，造成这种现象的主要原因还是城乡发展的不均衡，是"高等教育前段"（义务教育阶段、高中教育阶段）的投入差异带来的。① 针对城乡二元结构造成的城乡教育条件的强烈反差，国家推行了一系列政策与措施，旨在改善农村教育的办学条件，促进教育公平引领教育发展，在实现教育公平方面迈出重大步伐，取得了巨大成就。改革开放以来，特别是党的十六大以来，国家通过逐步在全国城乡实行免费义务教育，建立和完善家庭经济困难学生资助体系，对农村尤其是贫困地区、民族地区采取倾斜政策等措施，使全国城乡儿童、青少年和人民群众享有了更加平等的教育机会、更加优质的教育资源。② 然而，在基本实现"普九"和实施"两免一补"政策之后，从义务教育完成率、义务教育阶段的失学风险率，以及中学阶段教育机会与优质资源的分享能力来看，农民阶层子弟仍然处于十分不利的地位。据国家统计局 2009 年公布的贫困人口监测数据，除了教育资源配置等这些不争的、司空见惯的制度性、政策性和结构性的事实之外，一个难解的问题是，失学原因并非诸如无校舍、无教师、附近无学校等客观原因（占 2.2%），也非全然是经济条件限制。具体情况是，24.4% 的孩子由于贫困失学，32.4% 的孩子上学愿望不强烈，还有 4.8% 的孩子是由于家中缺少劳动力不能上学。③ 与往年相比，因经济困难失学的比例呈明显下降趋势，相反，自愿失学的比例却明显上升（见图1—1）。当询问失学儿童是

---

① 赵婀娜、田豆豆：《重点高校农村学生越来越少》，《人民日报》2009 年 1 月 15 日第 11 版。

② 教育部党组：《人民教育奠基中国：新中国 60 年教育事业发展与改革的伟大成就》，《求实》2009 年第 19 期。

③ 国家统计局农村社会经济调查司编：《中国农村贫困监测报告——2008》，中国统计出版社 2009 年版，第 26—28 页。

否愿意读书时，没有表现出重返校园愿望的儿童比例由2004年的47%上升到54.8%，上升了7.8个百分点。由此来看，随着农村社会经济的发展和国家扶助政策的实施，因经济条件带来的失学问题正在逐步得以解决，但主动失学比例的上升不能不引起我们的高度重视。

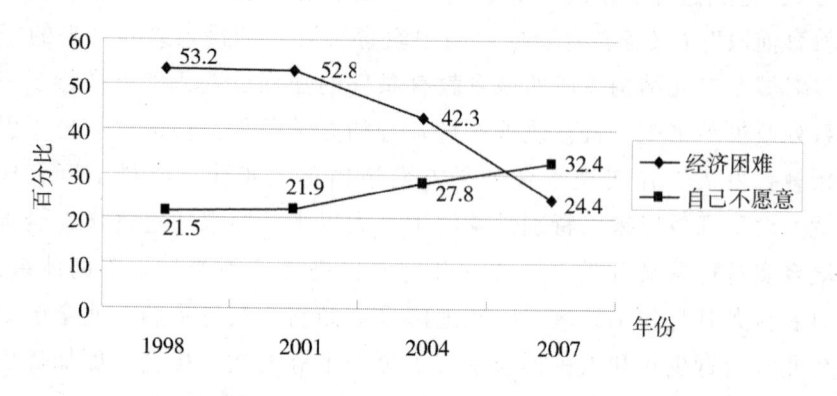

图1—1　国定贫困县儿童失学原因

（资料来源：根据国家统计局2001—2008年《中国农村贫困监测报告》整理）

为何在经济困难逐步解决之后，主动离学却成为贫困儿童失学的主要原因？是教育投资收益率不高吗？教育的个人收益率（净收益）描述的是，教育在多大程度上能够激励个体（家庭）投资于教育。研究表明：与20世纪80年代相比，我国的教育收益率逐步增加，在影响地位和收入变化的因素中，凭教育和个人本领的作用明显增大了，非个人努力因素的作用减小了。不可否认，教育收益率在全国范围来说并不均衡，在城乡之间和体制内外存在明显差异，[1]并受到市场化程度和不同群体利益关系的制约。[2]但是，研究结果同时表明教育收益率在农村地区升高了。[3]值得一提的是，许多研

---

[1] 李春玲：《文化水平如何影响人们的经济收入：对目前教育的经济收益率的考察》，《社会学研究》2003年第3期。

[2] 刘精明：《劳动力市场结构变迁与人力资本收益》，《社会学研究》2006年第6期。

[3] 赵力涛：《中国农村的教育收益率研究》，《中国社会科学》2006年第3期。

究表明，随着教育水平的提高，教育收益率呈现出上升趋势，教育收益率从高到低依次是高等教育、中等教育和初等教育。① 换言之，受教育层次越高，教育收益就越大。基于理性选择理论，教育收益越高，农民子女应该越表现出强烈的入学愿望，但事实却并非如此。这样看来，农民的教育选择并不是一个纯粹的理性选择行为，社会经济条件既可能限制一个地方的教育机会供给，同时也可能使一些贫困家庭被迫放弃政府、教育扶贫组织提供的教育机会。后者是在贫困地区存在的一种特有的教育选择现象，其深层次的文化、社会因素的作用特点及处于结构性因素影响下的社会行动者的教育选择机制，更值得引起研究者的高度重视。

  日本学者三浦展在《下流社会：一个新社会阶层的出现》这本书中提出了"下流社会"的概念，引起了日本社会的广泛热议，其另一部著作《阶层是会遗传的：不要让你的孩子跌入"下流社会"》更是震撼着几乎所有的父母和社会教育学家。三浦展认为，日本的中流阶层正在经历着一个"下流化"过程，年轻一代源源不断地加入到"下流社会"，其最大的特征不仅仅是收入低，更在于沟通能力、生活能力、工作热情、学习意愿的全面下降，可以说是"对全盘人生热情低下"。② 孩子成绩的好坏不只是每一个孩子在天分上的差异，更多出自于父母，即所谓的"遗传"。③ 结果是社会阶层之间的互换流动性越来越差，社会阶层分化形成固定化的倾向。这种状况会不会在中国出现？"自愿失学"、"教育投资意愿低"、"读书无用论"，是不是表现或征兆？日本有着相当庞大的社会中间阶层，是一种"橄榄型"的社会阶层结构，"下流社会"的出现，"上流"与"下流"的两极分化，造成中产阶层的消失。我国社会阶层结构还只是呈"洋葱头型"，正处在由"金字塔型"向"橄榄

---

① 孙志军：《中国农村的教育成本、收益与家庭教育决策：以甘肃省为基础的研究》，北京师范大学出版社2004年版，第84—89页。

② ［日］三浦展：《下流社会：一个新社会阶层的出现》，陆求实译，文汇出版社2007版。

③ ［日］三浦展：《阶层是会遗传的：不要让你的孩子跌入"下流社会"》，萧云菁译，现代出版社2004年版。

型"演变的阶段，理想的"橄榄型"还没有形成。若在中国社会出现"下流社会"，处于僵化状态的阶层上下流动会造成下层社会的"沉淀"，阻碍社会阶层结构的合理分化，对中国来说，这将是一个很大的社会问题。

改革开放以来，我国经济和社会各个领域发生了世人瞩目的巨变，处于一个重要的社会转型时期，市场机制逐步代替再分配机制，社会权利结构发生了巨大变革，进而导致社会阶层结构的重组。在农村，国家近年来不断加大"三农"投入力度，"取消农业税"、"新农村建设"及其他惠农扶贫政策和项目的实施使农民收入增长速度加快，极大地改变了农村的社会经济条件。但是，城乡二元分割制度依然存在，城乡居民收入的差距不断扩大，工业化、城市化进程正在改变着农村社会的原有社会结构、生存方式和价值观念，乡村文化受到前所未有的冲击。置身其中的中国人，其社会行动的语境及种种基本的社会力量、认同建构的资源和行动逻辑，亦在发生可探测的深刻变化，这均对社会分层机制和个人教育获得产生极大影响。在这种状况下，教育公平无疑成为不同阶层在阶层流动过程中面对的一个重要内容和部分。我们可以这样认为，在中国目前社会经济改革与发展以及社会转型过程的教育公平问题，被赋予了更多的责任和价值，承载了比平时更多的内涵，甚至背负了更加沉重的期待。

从以上分析来看，高等教育机会在社会阶层中的潜在分配过程，早在基础教育阶段就开始了。基础教育机会的不均等决定了高等教育的有限性，农民子女受教育机会并非全然是社会结构和制度的安排，也有家庭和个体方面的原因，受教育机会应该是社会结构、制度和行动者三个维度上的演变过程。在对这些问题进行思考的基础上，本研究试图从初中教育分流入手，研究宏观的社会结构和教育制度安排对农村子女受教育机会的影响机制，通过社会行动者的教育选择来探讨个体能动性及其与社会结构之间的互动关系，揭示社会转型过程中，在社会结构变动引发人们的行为方式和价值体系发生变化的状况下，个体教育选择对社会阶层化的影响。

二 研究意义

教育机会在人口中的分配形态,相当程度上决定了社会分层的基本特征。正如邓和特雷曼(Deng & Treiman)指出的,"在现代社会中,教育是社会分层与流动的动力机制,在我们能获得数据而加以分析的所有工业化或正在工业化的国家中,对'谁走在最前面'这一问题的最好回答,就是那些获得了教育的人"。[1] 因此,教育在社会公正合理的阶层流动过程中具有更多的责任和价值。本研究通过对社会转型期县域内高中教育机会分配的实证研究,揭示在社会转型过程中弱势阶层子女的受教育机会现状及其制约因素,教育机会不平等的维持机制及与阶层再生产之间的关系。针对这些问题的探索有助于我们认识伴随社会转型出现的教育不公平问题,对于制定教育发展规划、推动教育体制改革、找到改善弱势阶层子女受教育处境的政策措施、实现教育机会均等,具有重要的理论指导意义,对构建和谐社会也具有重大的现实意义。

从历史的经验来看,人的价值观念或价值取向一般先于社会结构,布劳(Blau)也认为文化价值是社会结构合法化的基础,[2] 但以往研究过多关注宏观社会系统对教育机会的影响,对文化价值观念影响下的个体教育选择与教育机会获得的关系以及由此导致的社会阶层化问题缺乏深入系统的研究。针对这一不足,在研究路径上,本研究注重宏观研究和微观研究相结合,社会学、教育学和心理学等学科视域和方法的整合,把社会不平等、城乡二元结构等宏观问题与个体的价值观念和社会行动等微观过程结合起来,建立个体教育选择与社会不平等的结构联系,突破以往教育与社会分层关系研究过于注重社会结构和制度等宏观层面,对微观个体层次关注不够的弊端。这不但能够提供一种认识和理解问题的新视角,丰富

---

[1] Zhong, D., & Treiman. D. J., "The Impact of Cultural Revolution on Trends in Educational Attainment in the Peoples Republic of China", *American Journal of Sociology*, Vol. 103, 1997, pp. 391-428.

[2] [美]布劳:《社会生活中的交换与权力》,李国武译,商务印书馆2008年版,第278—307页。

教育与社会分层关系的相关理论和研究方法，也有助于我们从理论上廓清教育机会不平等的维持机制，建立起符合我国教育发展事实的、有关教育机会不平等与社会地位结构关系的分析模式，从而扩充我国教育与社会分层关系研究的视角和方法，对我国教育社会学的发展也有所裨益。

同时，研究结果亦可为家长和学生的教育选择提供有价值的参考。翟学伟认为，西方社会学是在特定的历史背景中成长起来并服务于政府与其他社会组织的社会科学，因此，它的知识传统具有一种职业性的立场，这一立场导致了社会学很难给普通个体带来什么收益。[①] 我们关注个体教育选择行为，正是个人立场社会学研究的一次尝试，旨在揭示个体的教育选择机制，从而给家长和学生提供参考和借鉴。

第二节 概念界定与文献评述

教育选择与阶层再生产之间的关联，体现为教育选择导致的教育机会获得与社会分层之间的关系。因此，教育选择与社会分层的关系问题实质上是一种具体化的教育机会不平等问题，对于它的研究实际上是对一种具体的教育机会公平或平等问题的关注。鉴于此，我们从教育机会平等及其相关概念的界定出发，系统地评述国内外有关教育机会平等问题的相关理论和研究成果，以期帮助我们认识教育选择与阶层地位和阶层分化之间的关系，进而为论文在下一部分提出本研究的理论分析框架奠定基础。

一 概念界定

（一）教育机会

刘崇顺认为，"教育机会"主要指社会成员（包括群体和个体）获得受教育权利和条件的可能性。[②] 石中英从受教育者的角度较为

[①] 翟学伟：《社会学的转向：一种基于个人的立场》，《社会》2007年第3期。
[②] 刘崇顺、[美] 布劳戴德：《城市教育机会分配的制约因素：武汉市五所中学初中毕业生的调查分析》，《社会学研究》1995年第4期。

完整地分析了教育机会的内涵,认为教育机会意味着人们,特别是青少年儿童,接受某种教育的可能性。这种可能性的提供和配置与一组相关的社会条件相关,并受后者制约,或者说是由后者所生产的。并且这种可能性的把握及其实现也有赖于人们包括青少年儿童自身的素质条件,并不必然地、命定地导致预期的教育结果。他还认为,人们在谈论教育机会时应该注意区分"作为一项社会权利的接受某种教育的可能性"与"作为一种个人愿望或需求的接受某种教育的可能性"。人们在谈论作为一项社会权利的教育机会时,最好能够意识到它的条件性与社会制约性,不宜把它从具体的、历史的和现实的社会结构中抽象出来加以认识。作为接受某种教育可能性的教育机会尽管与某种可欲求的教育结果相关联,但是又不等于这种可欲求的教育结果,只是构成了达成这种可欲求的教育结果的前提条件之一。[1] 根据本研究目的,结合以上学者的阐释,本研究所指的教育机会含有社会权利和个人愿望与需求两方面的含义。限定在一定意义上,是指在现实社会条件下,适龄青少年基于个人愿望与需求获得就学机会和继续接受更高阶段教育的前景。

(二) 教育机会均等

教育机会均等是各国教育改革与发展的基本方向和目标,一直受到人们的广泛重视,但至今尚无公认的定义。科尔曼(Coleman)认为,教育机会均等体现为不同学生平均成绩相等,校内外影响相对强度近似,在资源和效力上均等,学生学业均等。[2] 较为全面且广受认可的定义是胡森(Husén)的界定,他用发展和分类的观点来看待教育机会均等,认为就个体而言,"平等"有三种含义:第一,个体教育起点的平等,是指每个人都有不受任何歧视地开始其学习生涯的机会,至少是在政府所办的教育中开始其学习生涯的机会;第二,教育过程中受到平等的对待,即以平等观为基础对待不同的人种、民族和社会出身的人;第三,教育结果的公平公正,也

---

[1] 石中英:《教育机会均等的内涵及其政策意义》,《北京大学教育评论》2007年第4期。

[2] 张人杰:《外国教育社会学基本文选》,华东师范大学出版社2009年版,第146—158页。

就是促使学生取得成就的机会平等。[①] 萨托利（Sartori）认为，教育机会是每个儿童进入教育结构和参与教育活动的各种条件的总和，他把机会平等分为平等进入和平等起点，"平等进入就是在进取和升迁方面没有歧视，为平等的能力提供平等进入的机会，平等起点则是如何平等地发展个人的潜力。"[②] 罗尔斯（Rawls）认为：教育机会均等作为一种公正，不仅是对于一般的或聪明的儿童来说的，而且也应该是对于不聪明的儿童来说的。由于这些儿童也是基因和环境偶然分配的产物，所以，教育机会均等的要求应该使这些不聪明的儿童受到同样的教育，这种教育将能够使他们同聪明儿童至少稳定在一个不变的水平上，以维持他们与聪明的儿童之间的距离。[③] 这是一种给天赋较低和社会出身地位低下的儿童以补偿的教育机会均等。

　　国内学者也对教育机会均等的含义进行了深入探讨。石中英认为，教育机会均等意味着：第一，可能性平等，人们特别是青少年儿童享受同等的接受各种教育的可能性，不受任何的社会排斥或歧视；第二，权利平等，不考虑人们特别是青少年儿童个体之间的生理的、社会的和心理的差异性，根据法律赋予他们同等的接受各种教育的权利，禁止任何的社会排斥或歧视；第三，相对平等，在不同的历史时期和社会背景下，人们包括青少年儿童所能同等享受的受教育程度、类型以及质量是不同的，呈现出一种鲜明的历史进步性和社会境遇性，不存在一种绝对的、静止的和放之四海的教育机会均等，法律上所赋予的受教育机会需要相应的经济的、文化的以及其他的一些社会条件来保障；第四，部分平等，以平等原则对教育机会进行同等分配或者人们所欲求的接受某种教育的可能性相同，可能性所涉及的"教育机会"主要指人们接受公共教育的机会，不包括在它之外的家庭教育、私立教育以及其他通过市场来提

---

① 张人杰：《外国教育社会学基本文选》，华东师范大学出版社2009年版，第159—179页。
② [美] 乔万尼·萨托利：《民主新论》，冯克利、阎克文译，东方出版社1998年版，第379—408页。
③ [美] 约翰·罗尔斯：《正义论》，何怀宏译，中国社会科学出版社2001年版。

供的非正规教育。① 杨明主张的教育机会均等主要涉及入学机会的均等，包括入学平等和生存平等。前者是指来自不同社会群体的儿童进入学校系统的可能性；后者是指来自不同社会群体的儿童在学校系统里停留一定时期，特别是停留到周期结束时的可能性。入学仅仅是就学的开始，若学生未能完成学业而中途辍学，同样表明未能充分享有就学机会。②

总的来看，无论是国外还是国内学者，对教育机会均等概念的阐释一般均包含了入学机会均等、参与教育过程均等、教育结果或教育效果均等等内涵的一个或几个方面。我们无意评价这些观点，在本研究中，"教育机会均等"的界定主要涉及入学机会均等，兼及教育结果均等，是指适龄学生完成义务教育阶段以及进入高一级学校系统的机会平等，且获得学业成就的机会均等，表现为获得相同的学业成就以及升入同等类型学校的机会均等。

（三）社会分层与社会流动

社会分层既是一种社会现象，也是一种社会过程，且可以是一种分析和研究社会现象与结构的方法。波普诺（Popenoe）认为，社会分层是一种根据获得有价值物的方式来决定人们在社会位置中的群体等级或类属的一种持久模式。③ 汉斯林（Henslin）则认为，社会分层是指一种按照人们相对的权利、财产和声望，将人群划分为不同层级的制度。④ 郑杭生认为，社会学所说的社会分层指的是依据一定具有社会意义的属性，一个社会的成员被区分为高低有序的不同等级、层次的过程与现象，社会分层体现着社会不平等。⑤ 从这些界定来看，社会分层指社会群体之间的层化现象，总是与存在于人类社会的个人和群体之间的不平等相联系，正是由于社会不平等的存在，致使社会成员无法处于同一社会位置上，从而形成了

---

① 石中英：《教育机会均等的内涵及其政策意义》，《北京大学教育评论》2007年第4期。

② 杨明：《论实现教育机会均等政策目标的理念和制度创新策略》，《浙江大学学报》2009年第1期。

③ ［美］波普诺：《社会学》，李强译，中国人民大学出版社1999年版，第239页。

④ ［美］汉斯林：《社会学入门》，林聚任译，北京大学出版社2007年版，第230页。

⑤ 郑杭生：《社会学概论新修》，中国人民大学出版社2002年版，第284页。

高低有序的社会地位结构。

社会分层主要从静态的角度研究社会地位结构，考虑社会经济地位或职业差别。社会流动则主要是从动态历时性角度研究社会地位结构，关注占据了这些社会地位的个体身上所发生的事。波普诺认为社会流动是指就一个人或一个群体而言，从一种社会地位或社会阶层向另一种社会地位或社会阶层的变化。类似地，汉斯林认为社会流动是指个体或群体在不同社会经济地位之间的运动。本研究主要关注教育机会不平等的社会分层作用，考察教育机会不平等在农民子女社会流动过程中发挥作用的动力机制、时空范围、方向与速度，而其他类型的社会不平等的社会分层作用不在本研究目的之列。

（四）阶层再生产和教育阶层化

"再生产"（reproduction）本是生物学上指性的和生物的生殖、繁殖或再生，借用到社会学上，常常指复制、重复和再制的意思，指对旧秩序的维持和肯定。谭光鼎依据此意并参照教育社会学的相关理论，在其有关中等教育选择功能的研究中将其界定为："家庭所隶属的社会阶层，经物质条件与文化环境之差异而影响学生能力、动机与成就，并经由教育选择过程，造成利于上层社会而不利于下层社会的'不均等的教育机会'。换言之，当教育制度及其选择功能有利于上层社会学生进入声望较高且导向升学的学校，而下层社会学生多被分配于等级较低且导向就业的学校时，此种'社会阶层高低'与'教育机会高低'间的正相关，称为阶层再制（再生产）。"[①] 显然，谭光鼎的定义主要指教育系统中的阶层再生产，与本研究的立场和目的相契合。

社会分层研究并非只是分析阶层间的相对关系模式，也就是说，不是仅通过对客观位置的分类和分析来探讨不同阶层成员在阶层结构中流动的相对机会分布。在社会分层结构变化的分析中，与相对关系模式同样重要的是有关阶层化机制或阶层化过程的分析，

[①] 谭光鼎：《中等教育选择功能之研究：国中学生升学机会与社会阶层再制关系之探讨》，博士学位论文，台湾师范大学，1992年，第19页。

即是在分层结构和社会集体行动两级之间，存在一系列的中间过程和条件。这些过程在吉登斯（Giddens）那里被称为"结构化"过程，他曾特别讨论过"阶级的结构化"过程，论述了传统社会主义社会分层结构与市场经济社会在形式上的相似性和机制上的差别。①依据这些观点，我们认为本研究中的教育阶层化即指教育系统中的阶层化。具体而言，就是指教育机会在不同阶层中的分布，以及形成教育机会阶层分布的中间过程和机制。可以看出，本研究界定的教育系统中的阶层化既关注不同阶层成员在阶层结构中流动的相对教育机会分布，也关注机会分布形成的中间过程和机制。

（五）教育选择、教育分流和教育投入

1. 教育选择

"选择"作为社会学领域的一个重要研究范畴，早已受到研究者的广泛关注。韦伯（Weber）指出："个人或几类人为了生活或者生存机会而进行的、在意向上没有斗争企图的相互对抗的（不稳定的）生存斗争，应该称之为'选择'，主要涉及生活中生活者的机会，就叫'社会选择'；主要涉及遗传特征的生存机会就叫'生物选择'。"②刘精明依据韦伯的观点，对"教育选择"进行了界定。他认为，教育场域中的争斗是一种重要的社会选择，争斗围绕这样一些生活机会而展开：受教育机会、获得质量较高的学校教育机会、凭借不同的教育文凭资格获得报酬优厚的就业机会等等。因此，教育选择就是通过教育场域中各种社会争斗来使优胜者获得较好的教育资源与机会，并通过教育利益的转换取得较好的社会地位的过程。③在董泽芳等人看来，教育选择是指教育系统（主要指学校）按照一定的标准对学生进行考试、考核、评估和分类，并把他们分配到不同的教育层次和类型中，进而输送到不同的社会岗位上

---

① ［英］吉登斯：《社会的构成：结构化理论大纲》，李康、李猛译，生活·读书·新知三联书店1998年版，第263—338页。

② ［德］马克斯·韦伯：《经济与社会》（上卷），林荣远译，商务印书馆1997年版，第68页。

③ 刘精明：《教育选择方式及其后果》，《中国人民大学学报》2004年第1期，第64—71页。

去的活动。其目的是为了给学生合理安排升学机会、授予他们某种教育资格。① 这个界定具有明显的功能主义特色，国家、教育群体或组织是教育选择的主要功能主体。刘精明的界定则带有冲突学派的特点，照顾到个体作为行动者的意义。

现代教育是现代社会的一个重要组成部分，既受社会结构的制约，同时也通过不同教育主体在教育场域中追逐各种教育利益的活动，改变着人类社会的历史面貌。参与这些教育活动的行动主体包括国家、社会群体或组织、学生及其家庭。作用于教育活动的力量也以政府、利益团体与分散的个体及其家庭这三种形式出现。刘精明认为，对于教育选择方式的认识应该围绕教育场域中这三者力量之间的关系进行。这说明，除国家和利益团体之外，个体（家庭）也是教育选择的行动主体，个体（家庭）教育选择是教育选择的一个重要方面。依据社会选择理论，个体选择与社会选择之间并不存在不可逾越的鸿沟，个人偏好能够汇集或加总为社会选择。因此，通过对个体教育选择的认识亦可认识国家、社会群体或组织的公共教育选择。布迪厄（Bourdieu）在对社会流动的不平等状态成因的考察中，将研究的主要介入点放在了教育选择与社会流动之间的关系上，通过"惯习"和"场域"这一对概念阐释了精神结构与社会结构的碰撞。习性和惯习在场域中生成，从而让参与其中的行动者能够凭借这一整套的思想与行为范畴，认识和实现他们拥有的潜能以及与之相符合的社会结构中的地位和身份层次，这是现代资本主义阶级结构得以再生产的重要机制。② 从这些论点来看，场域可能通过塑造人们的教育选择意愿与行为来影响其对教育机会的追逐，个体教育选择亦是认识阶层再生产教育机制的一个重要方面。

本书赞同刘精明对"教育选择"概念界定的基本内涵。在其基础上，我们按照行动主体将教育选择分为公共教育选择（国家、社会群体或组织）和个体教育选择（家庭和个人）。鉴于本书关注个体在获取教育机会过程中的"选择"，我们将个体的教育选择界定

---

① 董泽芳、王彦斌：《社会流动与教育选择》，《教育研究与实验》2007年第1期。
② 李春玲、吕鹏：《社会分层理论》，中国社会科学出版社2008年版，第195—202页。

为受教者及其家庭在对教育机会可得性进行评价的基础上对教育机会的主动获取,以及为此付出的意志努力,表现为个体对在学机会和升学机会的追求。本研究涉及上述两种教育选择类型,教育分流、个体(家庭)教育投入是分别与公共教育选择和个人教育选择相对应的两种具体的教育选择类型,教育分流的行动主体涉及国家、社会群体和组织以及家庭和个人,后者的行动主体仅指家庭和个人。

2. 教育分流和教育投入

"分流"原意是指河水分成若干支流的现象,将之借用到教育中则是指对人才实行分类培养的活动,即教育分流。董泽芳认为教育分流是指学校教育系统根据社会需要和学生个人的意愿与条件,把接受了一定基础教育的青少年学生,有计划、分层次、按比例地分成几个流向,分别接受不同类型的教育,以培养社会发展所需要的各级各类人才。[1] 方长春认为教育分流是指依据学生的学业考试成绩和学术性向测试,将学生分门别类,使其进入不同的学校和课程轨道,按照不同的要求和标准,采用不同方法,教授不同的内容,使学生成为不同规格和类型的人才。[2] 从上述概念来看,政府是教育分流决策与调控的主体,教育部门和各类教育机构是执行主体,家庭与个人以及与教育分流相关的社会组织是重要的参与主体;教育分流的对象包括接受教育且符合一定条件的学生;在整个教育分流活动中,学生既是被分流的客体,也是参与的主体,具有双重属性;教育分流结果在于按照不同的要求与标准,把学生分成不同的类别,接受不同的教育。根据以上分析及研究实际,本研究将教育分流限定在初中教育分流,不含高等教育分流等其他阶段的教育分流。具体而言,教育分流是指,在国家政策的调控下,教育部门及各类教育机构根据学生的学业成绩及其意愿,选择不同的学生进入不同的教育学制轨道,接受不同类型和性质的教育。

---

[1] 董泽芳:《百川归流:教育分流研究与国民教育分流意向调查》,华中师范大学出版社 1999 年版,第 1 页。

[2] 方长春:《家庭背景与教育分流:教育分流过程中的非学业性因素分析》,《社会》2005 年第 4 期。

从一般意义上讲，社会行动者都会理性地对待他们所面临的选择，尽可能去调动他们所占有的各种经济、社会、文化和政治资源来获取受教育机会。这种利用"资源"投入来获取教育机会的教育选择方式，即个人（家庭）教育投入，这是本研究涉及的另一种教育选择，包括教育投入和学习投入。教育投入是教育经济学的一个传统研究领域。朱坚强认为，教育投入是指用于教育活动的人力、物力和财力的总和。教育投入概念中所涉及的财力只不过是人力、物力的货币表现，从这个意义上说，教育投入就是教育费用的投资。[1] 张丹认为，个人教育投资即指受教育者个人（家庭）为自己（子女）获得教育机会而进行必要的资金投入。[2] 总之，教育经济学对教育投资的界定，一般限于经济或物质资源投入。现实中的社会行动有着复杂的动因，仅仅从经济维度解释，具有极大的局限性，很多非经济因素是决定人们行动的重要变量，教育投入远远不只是经济投入，还有时间、情感等投入。鉴于此，本研究中的教育投入包含经济资源、文化资源、社会资源乃至时间、精力和情感的投入，并将投入主体分为学生和家庭，分别予以界定。教育投入是指家庭为子女获得教育机会而进行的经济资源、文化资源、社会资源乃至时间、精力和精神情感的投入，表现为家庭的文化资本、经济资本和社会资本等。学生的教育投入指学生为获得受教育机会而进行的经济、时间和精力等方面的投入，集中表现为学生的学习投入。

二 研究的理论基础

教育分流的主要行动主体是国家，是一种制度安排的教育选择，个体教育选择主要表现为个体选择行为，前者为宏观层次的社会选择，后者为微观层次的个体选择。理性选择理论是解释个体选择行为的重要理论，虽不断地受到责难，但在其不断完善和发展中，依然表现出较强的解释力，解释范围和效力也从最开始的微观

---

[1] 朱坚强：《教育经济学发凡》，社会科学文献出版社2005版，第554页。
[2] 张丹：《个人教育投资收益与风险防范研究》，《中国人力资源开发》2006年第6期。

层面过渡到宏观结构。再生产理论则是当前西方学者解释教育不平等问题的重要理论，也试图结合宏观和微观两种分析层次，揭示教育在维护和再生产社会等级和结构时的作用。另外，社会心理学中的社会认同、社会支配等理论对社会地位与学业成就之间的关系亦有论述，这也有助于我们在微观层面上认识教育不平等问题。总之，本研究以再生产理论、理性选择理论以及社会心理学中社会认同和社会支配等理论作为主要的理论基础和视角。

（一）再生产理论

"再生产"理论的种类很多，在这里，我们仅简要介绍与本研究相关的"经济再生产理论"、"文化再生产理论"、"抵制理论"和"文化抗拒理论"。

1. 经济再生产理论

鲍尔斯（Bowles）和金蒂斯（Gintis）是"经济再生产理论"的代表人物，在《美国：经济生活与教育改革》这本书中，他们充分剖析了资本主义教育与经济的复杂关系，指出社会不平等可以透过学校教育维持和再生产下去，教育在美国社会起着延续和再生产资本主义制度的作用，是维护和加强现存社会秩序和经济秩序的若干社会机制之一。[①] 这个理论侧重从教育结构与经济结构的结构性对应来分析教育的再生产功能，主张教育中的各种社会关系复制了劳动的社会等级分工，学校管理中人与教师的关系、教师与学生的关系、学生与学生的关系、学生与自己学习的关系，都反映了社会权利结构和等级关系。教育正是通过这种"对应原则"实现其资本主义经济关系和阶级关系的再生产。也就是说，经济制度是不平等的，学校反映了这一制度，并为此制度所决定，所以能够再生产该制度。

2. 文化再生产理论

"文化资本、习性和符号暴力"是文化再生产理论中最关键的三个概念，以此来隐喻社会和文化分层中微妙的教育与权力统治关

---

① ［美］鲍尔斯、金蒂斯：《美国：经济生活与教育改革》，王佩雄译，上海教育出版社1990年版，第77—154页。

系。布迪厄认为，文化再生产是通过符号暴力来实现的，符号暴力是一种"在社会行动者本身合谋的基础上，施加在他身上的暴力"。[①] 统治阶级巧妙地运用符号权利"灌输一种与他的利益相一致的社会世界的定义"，而学校教育正是这样一种符号暴力，是一种在发达民族国家中为社会等级制度提供证明的极为重要的制度机制，学校依靠专断性的手段（如学校课程）传授统治阶级或为统治阶级认可的文化，贬低从属阶级的文化。[②] 制度化的学校教育俨然是正当的文化再生产机构，学校崇尚中上层阶级的文化价值取向，让家庭背景良好的学生，不管在语言文字的表达及仪态风度的展现，均较社经地位低的学生来得优越。[③] 这样一来，社会出身与学习成绩之间的关系便通过这样的方式建立，从而为阶级关系结构的再生产服务。

受布迪厄的启发，伯恩斯坦（Bernstein）关注文化再生产的微观层面，即语言和其他社会符号对意识结构的影响。他指出，出身于不同阶层及生活于不同社交圈子，会培养出不同的语言模式，较低阶层子女学到"局限型"的语言法则，而中产阶级家庭习惯于"精致"的语言法则。换言之，较低阶层与中上阶层子女在选词、用字及句法等方面均有显著不同。语言与学习的关系十分密切，由于学校教育使用的语言法则是精致的，这种语言的局限性限制了较低阶层子女的思考及学能发展，从而使中产阶级学生在学业成功方面比来自劳工阶层的学生处于更有利的地位。[④] 于是，进一步强化了阶级差异，这样便出现了阶级再生产的循环。

3. 教育抵制理论

经济和文化再生产理论的共同点在于两者均认为教育直接维护

[①] [法] 布迪厄、华康德：《实践与反思：反思社会学导引》，李猛、李康译，中央编译出版社1998年版，第221页。

[②] [法] 布迪厄：《再生产：一种教育系统理论的要点》，邢克超译，商务印书馆2001年版，第13页。

[③] 谭光鼎、王丽云：《教育社会学：人物与思想》，华东师范大学出版社2009年版，第396页。

[④] 张人杰：《外国教育社会学基本文选》，华东师范大学出版社2009年版，第331—348页。

或再生产资本主义，"抵制理论"则强调教育中的"抵制"现象，认为再生产从来就不是完全彻底完成的，而是遭到了一些抵制和反对。

阿普尔（Apple）认为，尽管学校肯定会出现再生产，但这种再生产理论未考虑到学校生活的复杂性以及存在于学校中的斗争和矛盾。学生拥有一种与社会主导文化不一致的文化——学生自己的亚文化。[①] 学生以自己的亚文化为参照，不但透过意识形态可以看到社会不平等的本质，而且成为对学校控制系统进行挑战的手段。隐性课程不是被学生消极接受的，而是以学生亚文化为中介来实现社会化过程的。在这样的过程中，学生在一定程度上对社会的霸权文化进行了抵制，形成了学校系统内部的反抗力量。虽然在一般情况下，这种不平衡的对抗不会取得成功，但足以说明学生在学校的行为并不是完全取决于经济力量和社会力量，他们并不是学校试图传播其思想的消极"载体"。在这个不平衡的交互作用过程中，社会霸权文化与学生亚文化都被改造了。

在探讨社会底层再生产的逻辑、过程和机制与其他社会等级之间存在的重要区别的过程中，威利斯（Willis）发现工人阶级子女集中的学校中存在一种亚文化——"反学校文化"。反学校文化涉及学生对权威的抵制和反对，是工人阶级的某种态度和价值观在学校的一种反映，与车间文化具有相似性。这种文化满足了资本主义劳动力再生产的需要，有利于学生从学校转入工厂工作时的文化适应，并因此接受他们在现存制度中的"下层角色"。正是在这个过程中，工人阶级子女通过生产底层群体的文化来再生产他们的社会位置，从而有助于资本主义社会秩序的延续。[②] 因此，反学校文化的学生的"抵制"实际上促进了劳工阶层文化的再生产和西方资本主义社会制度的再生产。

4. 文化抗拒理论及其批评

文化抗拒理论（Oppositional Culture Theory）旨在分析和解释族

---

① [英] 布莱克莱吉：《当代教育社会学流派》，王波等译，春秋出版社1989年版，第197—199页。

② 吕鹏：《生产底层与底层的再生产：从保罗·威斯利的〈学做工〉谈起》，《社会学研究》2006年第3期。

群的教育差异，但族群和社会阶层问题往往是纠结在一起的，而且，奥格布（Ogbu）早期理论也是从"族群社会分层"的角度来研究少数民族学生的低学业成就问题的。因此，这个理论对于我们认识弱势地位群体的教育差异问题具有诸多借鉴意义，特别是对"自愿移民少数族群"与"非自愿移民少数族群"文化模式的比较，为我们认识教育与社会流动的关系问题提供了一种可资借鉴的探讨模式。[①]

自愿移民少数族群是指那些因为向往更好的经济条件、更多的发展机会或更多的政治自由而自愿迁移到美国或其他一些社会的少数族群。非自愿移民少数族群是指那些祖先被迫移民到美国的少数族群，这些以黑人为代表的非自愿少数族群长期受到白人主体族群的歧视、压制。"自愿移民少数族群"与"非自愿移民少数族群"对教育具有不同的态度和观念，前者相信接受良好的教育在向上层社会的流动中具有重要作用，文化和语言是自己为达到移民目的而需要克服的障碍，而不是需要维持的共同特征，他们能够信任或接受自己与学校和工作人员的关系。对"非自愿移民少数族群"来说，他们认为自身的少数族群地位造成了自己的贫穷状况，良好教育和努力工作是必需的，但却不是向上层社会流动的充分条件，认为跨越文化和语言障碍会给自身的少数族群特征带来伤害，因此，文化和语言差异被理解为是需要维系的共同特征而不是非得要克服的障碍。两种对待教育的不同态度和观念造成了前一个族群成员努力学习且在学校表现出色，后一个群体学习不努力，故而不能取得好成绩。

研究者对文化抗拒理论在不同文化以及欧洲等其他国家和地区的适用情况进行了验证，发现此理论有助于认识欧洲的少数族群教育，但也因文化、语言、族群关系、社会阶层和制度的差异而表现出不同的状况，得出了与文化抗拒理论有所不同甚至大相径庭的研

[①] Ogbu, J. U., & Simons, H. D., "Voluntary and Involuntary Minorities: A Cultural-Ecological Theory of School Performance with Some Implications for Education", *Anthropology & Education Quarterly*, Vol. 29, 1998, pp. 155–188.

究结论。① 因此,一些研究者对其进行了修正和完善,另外一些研究者则依据自己的实证研究发现对其提出了质疑和批判。例如,霍夫曼(Huffman)研究了受隔离学生(estranged students)和跨文化学生(transculturated students)这两类文化传统的印第安裔学生,结果表明,那些在文化上表现传统的印第安裔受隔离学生在大学里遭受了严重的疏远,随之表现出较差的学业成绩。相反,那些在文化上表现传统的跨文化学生克服了严重的疏远,从而普遍获得了成功的大学生涯。据此,霍夫曼指出,在理论上需要进一步考虑文化抗拒理论和跨文化假设之间的关系。② 唐尼(Downey)和安斯沃思·丹尼尔(Ainsworth Darnell)的研究结果显示,黑人学生的学习热情和教育期望平均水平高于白人,据此,唐尼认为,黑人学生的低学业成就并非植根于(通过教育向上流动的)"美国梦"的破灭,而在于受到各种社会区隔、歧视导致他们无法很好地发展与学习相关的技能。③

(二)理性选择理论

1. 理性选择理论及其发展

理性选择理论是理解个人选择行为的重要理论,其核心假设和逻辑起点是"人的行为是理性的",主要含有以下几方面的含义:第一,个人是自身最大利益的追求者;第二,在特定情境中有不同的行为策略可供选择;第三,人在理智上相信不同的选择会导致不同的结果;第四,人在主观上对不同的选择结果有不同的偏好排列。简言之,理性选择可以概括为最优化或效用最大化,即理性行动者趋向于采取最优策略,以最小代价取得最大收益。④

---

① Harris, A. L., *Oppositional culture beyond the United States?: Perceptions of discrimination and academic engagement in The United Kingdom*, Institute of Education, University of London, 2008.

② Huffman, T., "Resistance Theory and the Transculturation Hypothesis as Explanations of College Attrition and Persistence Among Culturally Traditional American Indian Students", *Journal of American Indian Education*, Vol. 40, 2001, pp. 1–39.

③ Downey, D. B., "Black/White Differences in School Performance: The Oppositional Culture Explanation", *Annual Review of Sociology*, Vol. 34, 2008, pp. 107–126.

④ 丘海雄、张应祥:《理性选择理论述评》,《中山大学学报》(社会科学版)1998年第1期。

理性选择理论最初是经济学的产物，它在经济学中经历了从完全理性选择到有限理性选择，从以利益最大化为基础的选择到以个人感受为基础的满意选择的发展变化。在对个人行为分析之初，利益最大化是其根本准则，最大化假设把人看成是完全理性的，认为人具备找到实现目标的所有备选方案之能力，并通过对预见方案实施后果的衡量而做出最优选择。事实上，在现实生活中，人们面临的是不确定的、复杂的环境，信息不可能完全对称，而且人的计算能力与认识能力是有限的。针对这些问题，阿罗（Aroow）提出用"有限理性"替代"完全理性"，有限理性就是人的行为"即是有意识地理性的，但这种理性又是有限的"。[1] 西蒙（Simon）则认为现实中的人都具有处理信息能力的限度，是"有限理性"的人，在信息不完备的情况下，他们通常不是在所有备选方案中追求最佳方案，而是追求"满意"的方案，或者说"次优方案"。就像一个博弈者，他实际追求的只是取胜的途径，而不是取胜的最好途径。[2] 这样，西蒙通过有限理性和满意原则对完全理性进行了限制，使其在理解个人选择行为时更贴近现实生活。虽然，理性选择理论在发展过程中发生了诸多变化，对个人选择行为的理解变得更为符合实际，但"人的行为是理性"的本质性内容没有变化，只不过受到部分限制。理性选择理论因此受到多方面的挑战，显现出其在研究个人选择行为时的缺陷。

在社会学中，理性选择理论的发展遵循这样的脉络——从霍曼斯（Homans）的人际交换理论到格兰诺维特（Granovetter）的网络结构理论，再到科尔曼的系统内部分析理论，逐渐地将社会资本、制度、文化等要素考虑进来，从而将社会学的原则与方法引入理性选择的过程中。这表现为社会学对传统经济学理性假设的三方面修正：一是以有限理性取代传统的完全理性假设；二是承认人的行为也有非理性的一面；三是关注制度、文化等因素对个人偏好和目的性行动的影响作用。科尔曼主张借用经济学的"合理性"概念去说

---

[1] 卢展祥：《西方新制度经济学》，中国发展出版社1996年版，第10—11页。
[2] 张宇燕：《经济发展与制度选择》，中国人民大学出版社1992年版，第63—75页。

明社会行动,即"对行动者而言,不同的行动(某些情况下是不同的商品)有不同的'效益',而行动者的行动原则可以表述为最大限度地获取效益"。同时他指出,关于有目的行动的理性选择理论不同于目的论,使用"目的"这一概念是根据人们期望的将来状态,而不是以过去状态解释目前的情况。应用目的论原则进行的解释,以最终目的为原因,而不是以某种行动发生前的任何事件作为原因。科尔曼以有目的性的个人行动为出发点,重点在于说明社会系统的行为。他认为系统行为间接地来源于个人行动,理解个人行动便意味着寻找隐藏在行动内部的各种动机。因此,解释社会组织的活动时,必须从行动者的角度来理解他们的行动,宏观的社会行为来自于微观的个体行动,而个体行动时的环境或社会条件又影响着行动可能取得的成果,这种环境或社会条件对行动者的影响,即为宏观结构对个体行动的制约。[①] 总之,我们可以将科尔曼为首的社会学的理性选择理论归纳为,以宏观的社会系统行为作为研究的目标,以微观的个人行动作为研究的起点,以合理性说明有目的行动,合理性是理性行动者的行动基础,行动者的行动原则是最大限度地获取效益,通过研究个人行动的结合如何产生制度结构以及制度结构如何孕育社会系统行为,实现微观和宏观的连接。

2. 教育决策的理性选择理论

在已有研究的基础上,社会分层理论家根据理性选择原理,提出了教育决策的理性选择理论(Rational Chioce Theory,简称 RCT)。在这个理论中,决定一个人继续下一阶段求学(E_{n+1})或者放弃继续求学而使教育水平停留在目前水平(E_n),取决于下列四个因素:下一阶段的教育水平(E_{n+1})在劳动力市场上的回报率(B);决定停留在目前教育水平(E_n)而可能导致的身份地位下降的总量(SD);获得下一阶段教育水平(E_{n+1})的成本(C);以及决定争取下一阶段教育水平但未能成功的概率大小(P_f)。从 E_{n+1} 收益越多,继续求学的动机越强;反之,E_{n+1} 的成本越高,获取 E_{n+1} 的失

---

① [美]科尔曼:《社会理论的基础》,邓方译,社会科学文献出版社 2008 年版,第 19—22 页。

败风险越大,继续求学的动力就越小。这一模型假定,由于身份地位下降是相对于其原有的社会地位,对于出身较低阶层的人来说,因不继续求学而导致的地位下降水平会比较小,而对于出身中上阶层的人来说,不继续求学而导致的地位下降感会比较强烈。失败风险则依赖于原有的教育地位和状态。由于上层社会的父母传递给子女的认知和技巧与现有教育体制的要求较为吻合,而且,出身上层的个体也可以利用父母的经济、社会和文化资本补偿损失,故而出身于优势地位家庭或上层社会的人,更可能在求学过程中取得成功。反之,出身于较低阶层的个体,失败概率(P_f)远高于较高的社会阶层,故而失败所导致的经济或其他方面的损失也更为严重。[①]因此,收益 B 和成本 C 对所有的阶层来说都是一样的,但是地位下降的幅度 SD 和失败风险 P_f 对不同阶层的含义不同。另外,此模型还认为,多数情况下,教育扩张会导致教育成本下降和教育收益上升,可是,如果 SD 和 P_f 的阶层差异没有变化,教育不平等仍将持续,反之,倘若 SD 和 P_f 发生了变化,例如采取某些社会政策导致失败风险 P_f 的降低,那么阶层之间的教育机会不平等就可能下降。

近年来,出于对传统理论解释效力的不满,诸多研究者在教育决策的理性选择理论的基础上,提出了更为详尽细致的相对风险规避理论(The theory of Relative Risk Aversion,简称 RRA)。传统的家庭资源理论主要关注经济、社会、文化资源和家庭结构如何影响教育获得,认为资源缺乏导致了教育机会不平等,在公共政策降低了家庭社会资源不平等的情况下,随之而来的应该是教育机会获得的较大公平,但在再分配政策以及其他社会政策提高了家庭的经济和社会资源的情况下,家庭背景依然持续地对教育机会获得具有较大影响,这与现有的经验性实例形成了鲜明对比。针对这种现状,一些研究者从理性选择模型出发,提出相对风险规避理论,来重新解释教育机会获得不平等。这个理论认为,三个行为假设能够解释家庭背景如何影响教育成就,其中两个最为核心。第一个假设指个体

[①] Breen, R., & Jonsson, J. O., "Inequality of Opportunity in Comparative Perspective: Recent Research on Educational Attainment and Social Mobility", *American Sociologyical Review*, Vol. 31, 2005, pp. 223–243.

的教育选择受到避免向下社会流动这个基本愿望的推动，寻求最低向下社会流动的风险，起码要达到和自己父母相同的社会阶层位置；第二个假设指个体具有前瞻性，将接受教育作为一种避免向下流动的方式。因此，不同社会阶层的个体具有不同的最佳停止点或继续求学成本（实际成本、预期收入和失败风险）超过继续求学效益的临界点。按照 RRA 理论，如果个体达到与父母同样的社会阶层位置，将会获得一个具有实际效用的"益处"（bonus），这个"益处"连同潜在增长的继续接受教育的边际成本，意味着与避免向下流动的动机相比，个体具有较小接受更多教育的动机。由于达到与父母同样的社会阶层位置会得到这个具有实际效用的"益处"，并且追求更进一步教育的成本可能要比达到更高社会阶层位置得到的效益增长得更快。这样一来，RRA 理论便很好地解释了为什么一些阶层追求更高教育的动机较小和教育获得的阶层不平等仍在继续的原因。[1]

对此，研究者以荷兰中等学校学生为研究对象，验证了文化再生产和相对风险规避两种教育不平等机制，结果表明，文化资本影响中等学校学生的学业成绩，相对风险规避对学业抱负具有强烈的影响，但文化资本对学业抱负并无影响。据此，研究者得出结论，社会出身对学业成就的"初始效应（primary effects）"的影响被证明是通过文化资本而非风险规避，是风险规避而非文化资本对学业抱负［与次级效应（primary effects）的理解相关］有影响。[2] 由此来看，风险规避和家庭资源均可能对教育公平产生影响，只是影响的路径和机制有所不同。

（三）教育不平等的社会心理学理论

1. 社会认同理论

群际地位关系，特别是低地位群体成员的自我激励策略，是社

---

[1] Holm, Anders & Jæer, M. M., "Does Relative Risk Aversion explain educational inequality? A dynamic choice approach", *Research in Social Stratification and Mobility*, Vol. 26, 2008, pp. 199-219.

[2] van de Werfhorst, H. G., & Hofstede, S., "Culture capital or relative risk aversion? Two mechanisms for educational inequality compared", *The British Journal of Sociology*, Vol. 58, 2007, pp. 391-415.

会认同理论（Social Identity Theory）研究的一个重要组成部分。在现实生活中，低地位群体成员在群际关系中通常会采用社会流动（social mobility）、社会竞争（social competition）和社会创造（social creativity）等三种策略来维持和提高社会认同，策略选择依赖于他们对本群体和他群体间关系的知觉。社会认同理论认为群际关系的三个社会结构变量——群际边界通透性（permeability）、群体地位合法性（legitimacy）和群际差异稳定性（stability），会影响到人们对地位分层的知觉。在不同的群际关系情况下，个体存在两种信念体系：社会变革信念（social change belief）和社会流动信念（social mobility belief）。[①] 当人们认为群际边界是固定的、不通透的，社会流动低，个人很难从一个低地位群体进入高地位群体时就会产生社会变革信念。此时，低地位群体成员会加强对本群体的认同，要求社会对低地位群体的消极方面的评价进行重新评定（社会创造策略），或者以集体行动来改变社会针对低地位群体的不合理的政治和制度（社会竞争策略）。当人们相信群际边界具有通透性，一个人可以在各群体之间流动时，就会产生社会流动信念。这时候，低地位的群体成员就会努力争取加入到另一个地位较高的群体，从而获得更满意的社会认同，例如，通过接受教育以获得较高的社会地位（社会流动策略）。[②]

在社会认同理论的影响下，一些学者从社会流动信念体系出发，研究社会结构对学习投入和学业成就的影响，特别是群际边界通透性或者社会流动机会知觉与学业成就之间的关系。康纳（Connor）研究发现，社会机会知觉与学习投入存在相关关系，指出应该弄清楚社会认同和学业成绩之间的复杂关系。[③] 哈里斯（Harris）认

[①] Reicher, S., "The context of social identity: Domination, resistance, and change", *Political Psychology*, Vol. 25, 2004, pp. 921-945.

[②] Tajfel, H., "The exit of social mobility and the voice of social change: Nootes on the social psychology of intergroup relations", *Social Science Information*, Vol. 14, 1975, pp. 101-118.

[③] Connor, C. O., "Making Sense of the Complexity of Social Identity in Relation to Achievement: A Sociological Challenge in the New Millennium", *Sociology of Education*, Extra Issue, 2001, pp. 159-168.

为，以往研究之所以得出不一致的研究结论，原因在于混淆了两种社会流动的信念模式（感知到学校教育的价值和感知到障碍而轻视学校教育）。为此，他通过研究验证了黑人和白人在这两种信念感知上的差异及其与学校教育成就的关系。结果表明，相对于白人，黑人在这两种价值上均持有强烈的信念，并且对学校教育具有强烈的情感态度，然而，感知阻碍社会流动的信念与学业成就不相关。据此，哈里斯认为，向上流动信念是机会结构影响个体学校教育行为的机制，明晰不同的社会流动信念系统有助于促进这种机制的理解。[①] 类似地，科尔（Cole）分析了社会阶层和向上流动在非裔美国人生活中的心理意义，认为黑人可能基于阶层地位而表现出不同的教育目的和价值，并特别强调了研究族群、阶层认同影响学业成就心理机制的重要性。[②] 更多研究针对族群认同和族群间流动信念与学业成就之间的关系问题进行了卓有成效的研究，如查沃斯（Chavous）认为民族认同中可能包括有关机会的信息，这些信息反过来会影响青年的机会观念，进而影响其在学业领域投入持续的努力。[③] 这些研究启发我们，阶层（群体）间的流动（机会）信念、认同与学业成就有着密切的联系。

2. 社会支配理论

社会支配理论（Social dominance theory）旨在解释以群体为基础的不平等是如何产生的，以及按阶层形式组织的社会是如何延续下来的，主要包含三个基本假设：（1）年龄和性别为基础的阶层在所有社会中均存在，诸如印度种姓制度、南非种族隔离制度等以广泛的文化因素作为划分基础的社会阶层系统，存在于那些能够产生持续剩余价值的社会中；（2）人类社会的平等状况受到两种相互制约力量的影响，一种是减少阶层间差异，这种力量促使社会趋于平

[①] Harris, A. L., "Optimism in the Face of Despair: Black-White Differences in Beliefs About School as a Means for Upward Social Mobility", *Social Science Quarterly*, Vol. 89, 2008, pp. 608-630.

[②] Cole, E. R., & Omari, S. R., "Race, Class and the Dilemmas of Upward Mobility for African Americans", *Journal of Social Issues*, Vol. 59, 2003, pp. 785-802.

[③] Chavous, T. M., & Bernat, D. H., "Racial Identity and Academic Attainment Among African Adolescents", *Child Development*, Vol. 74, 2007, pp. 1076-1090.

等，这类思想被称为减少阶层合法化的神话（hierarchy-attenuating legitimizing myths），另一种是增加阶层间差异的力量，这种力量会导致且维持以群体为基础的社会不平等，这类思想被称作增强阶层合法化的神话（hierarchy-enhancing legitimizing myths）；（3）大部分群体间的不平等形式，如性别主义、种族主义等，实际上都是一种基本的人格倾向表现，即社会支配倾向。社会支配倾向反映了个体期望内群体优于和支配外群体的程度，高社会支配倾向者希望内群体更多地支配或优于外群体，低社会支配倾向者则希望群体间的关系是平等的。①

从社会支配理论出发，范拉尔等人（Van laar & Sidanius）分析了社会地位和学业成就差异之间的关系，认为存在数个低社会地位转化为低学业成就的机制，并评述了其中三种主要转化机制：（1）低经济资本、社会资本和文化资本效应；（2）个体、机构和制度歧视效应；（3）低社会地位成员对自己低社会地位的反应。具体而言，低社会地位成员利用各类保护机制作为对自己低社会地位的反应，虽然这些机制具有保护自尊的好处，却付出了潜在代价，如降低获致学业成就的动机，进而强化地位等级制度等。由于针对前两种机制已有相当多的实证研究成果，因此，他们特别指出，需要加强低社会地位转换为低学业成就的中介和调节机制研究。在其研究中发现，在种族隔离环境中，低地位群体成员出于保护自我价值感的动机而不认同学业领域，通过外在归因来保护自我评价，从而降低学业成就期望等。② 另外，研究者也发现，面对内群体的负面反馈，对内群体具有较低认同的个体很可能增加他们的群体异质性知觉以便否认关于自我的负面信息，对内群体具有较高认同的个体趋向于为了群体凝聚力而牺牲个体评价，而不同的策略是与成就期望相联系的。③ 这些研究表明，低社会地位成员不仅对自己的社

---

① Sidanius, J. Pratto, F., "Social Dominance Theory: A New Synthesis", In *Social dominance*, NY: Cambridge University Press, 1999.

② Van Laar, C., Sidanius, J., "Social Status and the Academic Achievement gap: A Social Dominance Perspective", *Social Psychology of Education*, Vol. 4, 2001, pp. 235-258.

③ Doosje, B. S., Russell, E. N., & Koomen, W., "Perceived Group Variability in Intergroup Relations: The Distinctive Role of Social Identity", *European Review of Social Psychology*, Vol. 10, 1999, pp. 41-74.

会地位,而且对本群体的社会地位和比自己社会地位高的外群体地位的反应均可能影响到他们的学业成就。

三 教育机会均等问题经验研究成果评析

教育机会均等问题的宏观性分析主要从教育的区域发展不平衡来讨论教育资源分配的宏观结构差异,关注教育政策和制度在制定和执行过程中存在的偏斜对各社会集团教育机会的影响。更多的教育机会均等研究则是对个人的社会和经济地位以及文化背景对教育机会获得不平等影响的探讨。鉴于仅从某些特定变量与教育机会分配的"有关"或"无关"着手,不易了解教育机会不均等发生过程的全貌,为分析的便利,我们将实际上互有重叠的相关研究成果归纳为几个主题,分别概述,最后阐明研究者在某些问题上的看法。

(一) 教育机会均等问题的经验研究主题

1. 教育制度、教育政策与教育机会均等

学者们对教育机会均等的研究往往注重对社会结构条件、家庭背景和职业地位的分析,忽视国家宏观政策的重要影响,而有些学者则进行了积极的探索。希姆库斯(Simkus)等人的研究发现,社会主义国家通过迅速提高教育机会的供给量(尤其在基础教育方面)、减少或免除各级教育学费、向高等教育学生提供奖学金和生活津贴等,极大地减弱了出身背景与教育获得之间的联系。[1] 另有学者探讨了中国宏观政策的强制性安排对各社会集团教育机会的影响。如邓和特雷曼(Deng & Treiman)通过对中国1982年人口调查数据的分析,发现"文革"时期中国政府采取的一系列促进工农阶层受教育机会的强力干预政策使得当时的父代社会经济地位与孩子教育成就的关系弱化。[2] 周雪光等人也发现,在再分配体制下,中国的教育机会分配受到了强大的宏观政治权利调控,这种制度安

---

[1] Simkus, A., & Andorka, R., "Educational Attainment in Hungary", *American Sociological Review*, Vol. 47, 1982, pp. 740-751.

[2] Zhong, D., & Treiman, D. J., "The Impact of Cultural Revolution on Trends in Educational Attainment in the Peoples Republic of China", *American Journal of Sociology*, Vol. 103, 1997, pp. 391-428.

排和宏观的政治过程主导了家庭社会出身与教育获得的关系。[1]

李煜利用全国综合社会调查数据，分析了制度变迁与教育不平等的产生机制，发现"文革"时期"政治挂帅"的教育政策客观上使教育机会平均化，极大削弱了阶层再生产；改革开放初期，家庭教育背景成为这一时期教育不平等的决定因素；1992年社会分化加剧，教育体制受到市场化冲击，家庭阶层背景的效用显现。[2] 李春玲分析了1949年以来我国社会政治变迁对各阶层教育机会分配的影响状况，得出结论：意识形态及政府政策的变动导致了教育不平等的弱化或增强，制度分割因素对教育机会分配的影响则反映出政府政策如何调整原有的制度设置及适应新的市场经济，并使其在新的形势下仍对资源分配产生重要影响。[3]

除了对宏观政治及政策变动对各阶层教育机会分配的强制性影响开展研究之外，研究者也对诸如"重点学校"和"分级办学"等一些具体的或常规的教育政策对教育机会均等的影响进行了积极的研究。张玉林考察了"分级办学"制度下的城乡教育资源分配及城乡教育差距问题，认为"分级办学"在加重农村和农民负担的同时，客观上也迟缓了农村教育的发展，造成了农村与城市之间教育机会不平等的延续乃至扩大。[4] 杨东平的研究发现：城乡、重点/非重点的二元学校制度，是一种基本的教育分层制度，重点学校制度存在一种复制和扩大社会阶层差距的机制。[5] 这些研究结果表明：教育机会分配不平等程度的增长或弱化与政府的相关政策存在紧密的联系，教育机会获得受制于深刻的制度因素。

---

[1] Zhou Xueguang, Phyllis, M., & Nancy, B. T., "Educational Stratification in Urban China: 1949-1994", *Sociology of Education*, Vol. 71, 1998, pp. 199-222.

[2] 李煜：《制度变迁与教育不平等的产生机制——中国城市子女的教育获得（1966—2003）》，《中国社会科学》2006年第4期。

[3] 李春玲：《社会政治变迁与教育机会不平等——家庭背景及制度因素对教育获得的影响（1940—2001）》，《中国社会科学》2003年第3期。

[4] 张玉林：《分级办学制度下的教育资源分配与城乡教育差距：关于教育机会均等问题的政治经济学探讨》，《中国农村观察》2003年第1期。

[5] 杨东平：《高中阶段的社会分层和教育机会获得》，《清华大学教育研究》2005年第6期。

2. 教育扩展与教育机会均等

西方国家从 20 世纪初开始，各教育阶段都在经历着不同程度的扩展，但社会经济背景、性别、种族对教育机会的影响并没有像人们期望的那样普遍下降，许多经验研究都证实家庭经济地位对教育不平等的影响一直保持稳定状态，甚至有所提高。对此，豪（Hout）等人提出了备受学界关注的"最大限度地维持不平等"假设（Maximally Maintained Inequality，简称 MMI），其主要观点认为，只有当上层阶级在特定教育阶段的教育需求达到饱和状态的时候，基于阶级出身的优势比才会下降，否则不平等将继续维持和扩大。[1] 卢卡斯（Lucas）则反驳了 MMI 假设提出的教育不平等仅在未普及的教育层次上出现的观点，提出了更为尖锐的"有效地维持不平等"假设（Effectively Maintained Inequality，简称 EMI），认为对于任何已经普及的教育，社会各阶层间的竞争将围绕教育的类型和质量出现，教育不平等仍在这些层级持续存在。[2]

刘精明研究了改革开放以来我国高等教育机会分配的社会阶层机制，发现高校扩大招生规模导致优势阶层的教育投资趋向转向地位取向明确的正规大学本科，生存取向明确的成人高等教育领域的教育机会扩大，则使下层社会群体获得更多的益处。[3] 杨东平研究发现，高等教育扩招之后，重点高校的农村学生比例明显下降，优势阶层的子女更多集中在热门专业，低阶层家庭子女的高考录取分数普遍高于优势阶层的子女，高等教育入学机会的阶层差距呈现扩大的趋势。[4] 丁小浩也得出了类似结果：若不考虑高等院校内部分层的因素，城镇居民高等教育入学率的均等化程度在 20 世纪 90 年

---

[1] Raftery, A., Hout, M., "Maximally Maintained Inequality: Expansion, Reform, and Opportunity in Irish Education, 1921-75", *Sociology of Education*, Vol. 66, 1993, pp. 41-32.

[2] Lucas, S. R., "Effectively Maintained Inequality: Education Transitions, Track Mobility, and Social Background Effect", *The American Journal of Sociology*, Vol. 106, 2001, pp. 611-660.

[3] 刘精明：《高等教育扩展与入学机会差异：1978—2003》，《社会》2006 年第 3 期。

[4] 杨东平：《高等教育入学机会：扩大之中的阶层差距》，《清华大学教育研究》2006 年第 1 期。

代有了明显的提高；如果考虑高等院校内部分层的因素，则优质高等教育资源有更倾向于经济背景好和社会地位高的家庭子女的趋势。① 杨东平发现，在高中阶段，城市和中高阶层家庭的学生更多集中在重点中学，农村和低阶层家庭的学生多在非重点中学。②

这些对中国教育机会分布的实证研究在不同层面上回应和验证了 MMI 和 EMI 假设，即：从数量上看，随着教育规模的扩大，教育机会均等化程度有了明显提高，这实际上与 MMI 的假设相符合。但考虑质量因素之后，教育机会分布并没有出现均等化的势头，相反，优质教育呈现出更倾向于优势社会阶层。由此来看，EMI 假设对于中国的情况更具解释力。

3. 教育选择与教育机会均等

对于教育选择过程中的阶层再生产研究，西方具有代表性的研究是布迪厄和帕斯隆（Bourdieu & Passeron）对升学和学业成功中的社会不平等进行的分析。他们认为，不平等的出现首先是文化机制，而不是经济上的原因，学业成功的不平等是个体间固有的、天生的不平等的反映，学校则是把世界的不平等变为能力的不平等，从而使个体等级化得以合法化。③ 哈里南（Hallinan）等人讨论了教育分流与不平等之间的关系，认为分流否定了某些群体的平等教育机会，其研究结论支持学校教育的文化再生产理论。④ 贝兰尼（Bellainy）考察了个体如何选择各种中学后的生活，为什么做各种选择，认为文化资本等因素影响选择。⑤ 霍维特（Horvat）以美国非裔女学生经历的选择过程为例，探讨大学选择过程是如何受种族和阶级因素影响的，认为制度和社会结构与个人特征的相互作用维

---

① 丁小浩：《规模扩大与高等教育入学机会均等化》，《北京大学教育评论》2006年第2期。

② 杨东平：《高中阶段的社会分层和教育机会获得》，《清华大学教育研究》2005年第6期。

③ [法] 布尔迪厄、帕斯隆：《继承人：大学生与文化》，邢克超译，商务印书馆2001年版。

④ Hallinan, M. T., & Oakes, J., "Tacking: From Theory to Practice: Comment/Reply", *Sociology of Education*, Vol. 67, 1994, pp. 79–90

⑤ Bellainy, L. A., *Paths on Life's Way: Destination, Determinants, and Decisions in the Transition from High School*, ProQuest Digital Dissertation, 1992.

持了种族和阶级间的不平等。①

在我国,方长春发现,上层家庭子女流向最好高中的比例最高,下层最低,中间各阶层的分布相对较为分散,但也表现出在流向上的差别,升学成绩也表现出很大的阶层差异,并且发现教育分流的累积性,小学后分流将影响到初中后分流。②物质条件和学业成绩的关系并不是很大,不同家庭借助为子女提供非物质条件(家庭教育期望和重视程度,不同家庭孩子对自身的认知与评价)来实现对子女学业获得的影响,进而影响其教育分流。家庭背景对教育分流结果的影响除通过影响学生的学业成绩这样的间接办法来实现之外,也通过直接的人为方式实现,如家长可以借助社会关系或权力为子女择校,"特价生"现象不仅反映了学生家庭在经济条件上的差异,还反映了学生家庭在社会资本上的差异。③陈友华和方长春就"划区就近入学"等制度性安排对教育分流的作用机制进行了研究,发现制度性安排、教育资源分配不均以及家庭对子女教育分流的直接干预,使"划区就近入学"的公平性大打折扣,甚至在某种程度上人为地在制造着一种不平等。④董泽芳则主要从优化教育分流模式的目的出发,探讨初中毕业生的升学比例、高中阶段职业教育学生比例及其相关因素与社会经济发展、教育发展水平和教育条件之间的关联性。⑤刘崇顺等人考察了制约初中生分流和获得新教育机会的社会、个体自身和家庭因素,发现不同学校和不同性别学生的教育机会存在差异,学习成绩与教育机会期待的相关程度最

---

① Horvat, E. M., *African-American Students and College Choice Decision-making in Social Context*, ProQuest Digital Dissertation, 1996.
② 方长春、风笑天:《阶层差异与教育获得:一项关于教育分流的实证研究》,《清华大学教育研究》2005年第5期。
③ 方长春:《家庭背景与教育分流:教育分流过程中的非学业性因素分析》,《社会》2005年第4期。
④ 陈友华、方长春:《社会分层与教育分流——一项对义务教育阶段"划区就近入学"等制度安排公平性的实证研究》,《江苏社会科学》2007年第1期。
⑤ 董泽芳:《百川归流:教育分流研究与国民教育分流意向调查》,华中师范大学出版社1999年版。

高,影响学生教育机会最强的家庭因素是家庭文化资源。①

教育分流意向是人们对教育机会获得的一种期望。风笑天和方长春发现,相对于20世纪90年代中前期,人们的教育分流意向发生了很大变化,表现出对高学历的渴望和对中等职业教育的排斥,制度变革是导致人们教育分流意向变化的主要原因;人们对更高层次教育的期望并没有因为阶层差异而表现出太多的不同,父母亲的文化程度越高,期望子女获得更高层次高等教育的期望越强烈。②董泽芳在对初中生家长的调查中发现,教育分流层次意向与家长的文化程度、经济收入和职业密切相关,多数家长对子女接受职业技术教育持矛盾心态。③

"择校"是一种家长自发的教育选择行为。近年来,我国中小学择校现象不断涌现,家长动用人力资本、经济资本、社会资本等各方面资源为子女择校,如以能力或分数择校、以钱或权择校等。李湘萍通过对我国城市义务教育阶段家庭社会经济地位与子女就读学校水平之间关系的对应性分析,发现相对于不择校家庭,择校家庭的社会经济地位与子女就读学校水平之间的正相关关系更强;在其他条件相同的情况下,择校家庭的社会经济地位对子女就读学校水平的正向影响更强。这说明,义务教育阶段的择校行为在一定程度上强化了社会分层与教育分层之间的对应性,从而进一步引发了教育机会分布的不公平性。④

教育经济学主要从经济学的成本—收益角度分析教育选择行为,这类研究多是通过比较教育的个人成本与教育的个人收益解释人们的教育选择。例如,张学敏和郝风亮发现,由于农村家庭承担的高等教育成本不断提高,而对高等教育期望收益值明显降低,农民在

---

① 刘崇顺、[美]布劳戴德:《城市教育机会分配的制约因素:武汉市五所中学初中毕业生的调查分析》,《社会学研究》1995年第4期。

② 风笑天、方长春:《教育分流意向——差异与影响因素》,《公共管理高层论坛》2006年第3期。

③ 董泽芳、沈白福、王永飞:《初中学生家长教育分流意向的调查与分析》,《教育与经济》1996年第2期。

④ 李湘萍:《义务教育阶段择校行为与教育机会分布公平性研究——基于中国18个城市居民家庭教育选择支出的实证分析》,《教育研究》2008年第3期。

子女初中毕业后即做出了放弃高中教育机会的抉择。[1] 王一涛研究发现：收费政策和就业形势的变化使农民的高等教育选择面临着"高成本"和"高就业风险"的双重约束，使得农民的高等教育选择表现出了浓厚的经济理性。[2] 李芬则注意到流动农民与社会结构之间的互动过程，发现流动农民对其适龄子女的教育选择行动不仅仅是个体经济利益最大的理性选择，也非简单的教育限入政策的阻碍结果，而是主体与结构的二重过程。[3] 值得注意的是，有研究者认为，随着中国农村地区经济水平的发展和农村义务教育经费保障措施的逐步落实，家庭贫困因素已经不再是影响农村义务教育投资决策的关键因素。对此，刘洁和陈宝峰研究发现，家庭人均收入对子女教育投资影响甚微，农村家长的宿命观和功利主义对子女教育投资产生了负面影响，物质主义、利他主义、教育人文观则对教育投资表现出正面效应。[4]

4. 家庭背景与教育机会均等

家庭背景因素可分为主观和客观两方面，前者包括家庭收入、家长的教育程度、家长职业、家庭大小和居住方式等；后者如教育抱负、父母养育子女的方式、父母对子女的关怀、父母对子女的教育期望、子女对父母教育期望的认知等。大多数研究者都指出，父母职位、父母的教育背景、父母的收入对子女的教育机会以及学业成绩都具有非常重要的影响。但也有学者指出，父母教育程度等客观因素虽与子女教育成就密切相关，但这方面的影响多半是透过父母对子女的学业辅导或对子女提供较多资源和协助，而非完全直接来自父母高水平教育水准的刺激，家庭背景通过各种物质形式直接作用于子女学习的程度并不强，教育观念、教育意识、教育期望和

---

[1] 张学敏、郝风亮：《教育放弃：部分农村家庭无奈的抉择》，《高等教育研究》2006年第9期。

[2] 王一涛：《双重约束下的农户高等教育选择：基于英县的个案分析》，《青年研究》2008年第12期。

[3] 李芬：《流动农民对其适龄子女的教育选择分析：结构二重性视角》，《青年研究》2003年第12期。

[4] 刘洁：《农村家庭子女教育投资决策中的价值观影响》，《中国农村观察》2007年第6期。

意向等构成的非物质条件对子女学业获得的影响甚至大于物质条件的影响。①

近年来，由于不是对家庭环境进行直接和全面的测量，以社会经济指数（父母教育、职业、收入水平）来测量家庭背景对教育获得影响程度的方法，已经被证明在把握家庭在不平等的代际传递问题的角色作用上的贡献是很弱的。现在的研究视角已经延伸至社会资本、文化资本或文化惯习与文化再生产，或者综合经济资本、社会资本和文化资本的多维视角。如狄马吉欧（DiMaggio）对美国高中学生学业成绩和文化资本的关系进行了研究，结果发现，在控制家庭背景及能力后，学生参与越多属于高知识教养的音乐、艺术等形式的文化活动，越有助于提升学业成绩。② 科尔曼指出，日益缺乏的家庭社会资本对美国孩子学习成绩的下降起了关键作用，孩子学习表现不佳可能和父母与孩子的关系数量及质量受到侵蚀有关。③

大体而言，国内学者对家庭背景客观方面的研究大多得出了与西方同行类似的结果。一般都指出，不同家庭背景子女接受教育的相对机会并不均等。父母的职业、学历、收入、身份等将决定家庭拥有的经济资源、文化资源、组织资源及社会资源，这些资源通过不同方式影响学生的基础教育和高等教育阶段的受教育机会。方长春和风笑天发现，家庭文化资本有着非常强的代际继承性，直接影响子代的学业成就，家庭经济资本和社会资本则主要通过子代对教育资源的选择而影响子代的学业成就。④ 文东茅指出，经济资本是基础，家庭收入越高，能为子女提供的教育机会越多，父母受教育程度越高，对子女进行家庭教育、参与学校活动、激发子女求学动

---

① 方长春：《家庭背景与教育分流：教育分流过程中的非学业性因素分析》，《社会》2005年第4期。

② DiMaggio, P., "Cultural Capital and School Success: The Impact of Status Cultural Participation on the Grades of U.S. High School Students", *American Sociological Review*, Vol. 47, 1982, pp. 189–201.

③ Coleman, J.S., "Social capital in the creation of human capital", *American Journal of Sociology*, Vol. 94, 1988, pp. 95–120.

④ 方长春、风笑天：《家庭背景与学业成就——义务教育中的阶层差异研究》，《浙江社会科学》2008年第8期。

机等方面的能力就越强。① 值得一提的是，许多研究发现文化资本对子女教育机会获得的影响大于经济资本。郭丛斌和闵维方运用对应分析的方法，发现家庭文化资本对子女高等教育机会获得的影响明显大于家庭经济资本，而家庭文化资本对子女中等教育机会获得的影响略大于家庭经济资本。② 刘精明区分了内生性与外依性两种家庭资源，发现内生性家庭资源因较少受外部社会条件和社会过程的干预，导致的教育不平等是持久而稳定地增长的，外依性家庭资源对机会不平等的影响则可能因教育扩展或其他大规模的平等社会化过程而下降，也可能在相反的社会条件下被强化。③

从以上研究来看，在分析家庭背景时，文化资本通常被认为是教育与阶层地位的再生产机制。但也有不少研究得出了不同的结果，布迪厄所强调的文化资本对教育上的影响可能被过度强调，或因国情及制度之不同，使得其影响力有所差异。④ 我国研究者虽也指出了文化资本在教育获得上的重要性，但这些研究对于文化资本的分析，通常是以验证其有效性为目标的。

在家庭背景影响教育机会不平等路径模式方面的重要探讨是布东（Boudon）对初级效应（primary effect）与次级效应（second effect）的区分。初级效应是一种总体性的、社会阶层间的文化不平等，家庭成员（如父母）为子代直接提供各种重要的学习资源、文化资本和经济方面的支持，以推助儿童达到更好的学业成就，使不同阶层的儿童之间产生文化不平等；次要效应是指不同阶层家庭在升学选择偏好和激励方式方面的差异，当一个家庭因儿童的升学、入学或教育形式而需要做出决定的时候，他们总是根据自身所处的

---

① 文东茅：《家庭背景对我国高等教育机会及毕业生就业的影响》，《北京大学教育评论》2005年第3期。
② 郭丛斌、闵维方：《家庭经济和文化资本对子女教育机会获得的影响》，《高等教育研究》2006年第6期。
③ 刘精明：《中国基础教育领域中的机会不平等及其变化》，《中国社会科学》2008年第5期。
④ Katsillis, J., Rubinson, R., "Cultural capital, student achievement, and educational reproduction: The case of Greece", *American Sociological Review*, Vol. 55, 1990, pp. 270-279.

社会经济位置、条件而做出理性选择。① 类似地，戈德索普（Goldthorpe）发展出一个理性行动理论（rational action theory）来解释教育阶层化过程，他也把教育阶层化过程区分为初级效应与次级效应，但与布东的解释不同，前者涉及许多教育学者关注的智力、心理和文化特质；后者指学生自己或他们的父母在教育期望生涯中的实际行动，包含选择进出教育系统的决定。戈德索普认为，这一整组的选择过程是教育阶层差异的主要来源，这整组的教育选择应该被理解为理性的，反映了学生与父母对于成本与利益的计算，这些计算是在受到不同阶级面临的限制与机会的条件下做出的决定。②

5. 学校教育与教育机会均等

《科尔曼报告》有一个结论：学校或教师对学业成就的影响小于家庭背景或者学生学前阶段特征的影响。威斯曼（Wiseman）的《卜劳顿报告》亦得到类似的结论：影响儿童学业成就的最主要因素在于父母亲的态度，而不是学校资源的投入。对此，海纳曼（Heyneman）等人认为此结论是片面的。根据其对世界29个国家关于学业成就的各种影响因素的统计分析，低收入国家小学生在校学到的东西确实比高收入国家的同龄学生少，但学校和教师的质量对学业成就的影响反而更大。据此，他们认为对学生学业影响最大的因素是学生就学的学校和教师的质量，而且国家的经济水平越低，学校的影响越大。因此，《科尔曼报告》中的结论只是针对部分发达国家而言的。③ 我国研究者较少对学校和家庭因素影响学业成绩的相对大小做出比较。较有代表性的是周浩和巫锡伟对流浪儿童的教育绩效及其影响因素的研究，他们发现影响儿童学业成绩的主要因素在于儿童自身的各种特征及其家庭背景，特别是家庭社会经济地位，但是学校特征将通过儿童自身及家庭的特征，间接地影响学

---

① Boudon, R., *Education, Opportunity, and Social Inequality: Changing Prospects in Western Society*, New York: Wiley, 1974.
② Goldthorpe, J. H., "The Integration of Sociological Research and Theory", *Rationality and Sociology*, Vol. 94, 1997, pp. 1146-1183.
③ Heyneman, S. P., & Loxley, W. A., "The Effect of Primary-School Quality on Academic Achievement across Twenty-nine High-and Low-Income Countries", *American Journal of Sociology*, Vol. 88, 1983, pp. 1162-1194.

生的学业成绩，并改变儿童特征对于学业成绩的作用强度。①

还有学者探讨了课程设置、分配和师生互动如何加剧教育不平等的问题。阿耶伦（Ayalon）探讨了以色列中学的课程设置和分配怎样加剧教育不平等，以及隐蔽课程中的文化再生产现象。② 师生互动中的再生产现象也受到学者的关注，如西尔瓦（Silva）认为，教育制度中包含按照学生社会阶级出身区别对待学生的差异性内部过程，此类差异过程有助于维持现存的社会和经济结构。③ 考拉韦（Callzway）讨论了师生互动与质量是如何受学生拥有的文化资本的影响。④ 在这一领域，李书磊在其著作中叙述了城市本位的教学内容与乡村生活实际脱节所隐含的文化再生产现象。⑤ 余秀兰从城乡差异角度考察了课程、教学和评估等微观过程中的文化再生产现象，发现语文教科书和语文试卷无论在内容还是形式上，都存在一定的文化偏向，不利于农村考生。在教育实践过程中，无论是学术的学习还是非学术的学习，农村孩子习得的东西都更可能使其将来位于较低的社会地位，而且这种安排已经合法化。⑥

6."失学"与"辍学"问题研究

高辍学率和失学率既是教育过程中学生享有教育条件不均等的直接后果，也是学生学业成功机会不均等的典型标志。许多研究从个人教育投资的角度来探讨辍学的原因。如吴飞燕通过对5所农村普通高中生辍学情况的调查，发现个人教育成本负担过重、教育投资预期收益降低和教育投资风险增大以及对农村普通高中教育的失

---

① 周浩、巫锡伟：《流动儿童的教育绩效及其影响因素：多层线性模型分析》，《人口研究》2008年第2期。

② Ayalon, H., "Monopolizing Knowledge? The Ethnic Composition and Curriculum of Israeli High School", *Sociology of Education*, Vol. 67, 1994, pp. 264–275.

③ DaSilva, *Pedagogy and Social Class in a Brazilian Urban Setting*, ProQuest Digital Dissertation, 1984.

④ Callzway, E., *Cultural Capital and Teacher/Student Interaction*, ProQuest Digital Dissertation, 1994.

⑤ 李书磊：《村落中的"国家"——文化变迁中的乡村学校》，浙江人民出版社1999年版。

⑥ 余秀兰：《中国教育的城乡差异：一种文化再生产现象的分析》，教育科学出版社2004年版，第223—236页。

望是农村普通高中生自愿辍学的原因。①刘泽云利用多层线性模型揭示了影响农村儿童失学的个体因素和社区因素,发现女孩受到的入学限制高于男孩,对家庭经济条件的依赖性更大,家庭贫困仍然是导致儿童不能接受更多教育的重要原因。②近年来,有研究发现,因经济困难失学的学生占少数,学习困难、畏难厌学是主因。如蒋中一和戴洪生认为,"子女厌学"是各类农户子女失学的首位原因,而"交不起上学费用"并不构成主要原因。③马万华和郑真真通过对河北某县女童辍学问题的案例分析发现,贫困虽然在贫困地区是导致女童辍学的因素,但并不是唯一原因,厌学、学习目标迷失和教学质量问题都是辍学的重要因素。

谁更容易辍学,什么时候容易辍学,主动权在谁的手中,根源又在哪里?杨润勇发现:县城初中及周边地区较少,乡村初中较多,乡镇所在地初中较少,边远、沿海地区各校最多,女生多于男生,辍学的主动权主要掌握在学生手中,学生离开学校与家庭经济负担没有直接关系。在此基础上,杨润勇指出,差生辍学产生的根源在于教育内部,在于教育机会不均等以及制度化教育产生的弊端,教育内部的教育机会不均等是促成辍学发生的根本性原因,同制度化教育关联的农村初中普遍存在的应试教育则构成了教育内部制造差生的绝好背景,二者相互呼应形成了农村义务教育中的痼疾——辍学现象。④

杨成胜利用布迪厄实践理论对少数民族学生的辍学原因进行了分析,认为在教育场域中,家长的教育认同偏差使"读书无用"的观点在少数民族地区教育惯习的生成过程中被保留下来。⑤有研究

---

① 吴飞燕:《从个人教育投资的角度看农村普通高中生自愿辍学行为——以湖北省Y县和湖南省N县为例》,《河北师范大学学报》(教育科学版) 2009 年第 8 期。
② 刘泽云:《农村儿童为何失学:基于多层模型的经验研究》,《北京师范大学学报》(社科版) 2007 年第 2 期。
③ 蒋中一:《降低农村初中辍学率和义务教育体制的改革》,《中国人口研究》2005 年第 4 期。
④ 杨润勇:《农村地区初中生辍学现象成因探析》,《教育理论与实践》2004 年第 2 期。
⑤ 杨成胜:《布迪厄实践理论视野下少数民族学生辍学原因探析:以湘西凤凰苗族学生为例》,《民族论坛》2008 年第 5 期。

者分析了家庭社会资本对贫困地区儿童辍学的影响,发现父母的情感和社会支持是影响贫困地区儿童辍学的影响因素。[1] 另有研究发现,文化因素对辍学率的影响最大,甚至远远超出了经济因素和对教育的物质投入。[2] 这些解释令人深思,"自愿辍学"并非自愿,"厌学"绝不是全然内发性的,而是有深刻的社会、文化和制度方面的动因。

(二) 对我国"教育机会均等"问题实证研究成果的反思

教育机会均等的实证研究取得了丰硕的成果,加深了我们对教育机会均等问题的认识,但我们也应看到目前学术界对这一问题的研究并不充分,还存在诸多问题有待探讨和解决。

(1) 对教育机会不均等的运行机制研究不够。国内外有关教育机会不均等的研究,大多探讨背景变量对教育机会获得的影响,现状描述较多,加入中介变量来解释背景因素和教育机会获得之间因果机制的研究相对较少。虽有研究以社会资本、文化资本和经济资本为中介,探讨其如何影响教育获得过程,但大多数研究将阶层、职业和教育程度等作为社会资本、文化资本的测量指标,存在以客观家庭背景等同社会资本、文化资本和经济资本的倾向,对文化资本和社会资本的测量过于粗糙,丧失了许多有价值的内涵,使得对经济资本、社会资本和文化资本各自在社会分层中的实际运作机制所知不多。

(2) 多数教育机会均等研究致力于宏观层面的社会结构和制度安排,忽略了微观层面的社会行为对教育机会获得的影响。虽有研究关注个体教育选择行为,但多是从经济学的"成本—收益"的角度分析教育选择行为,仅限于经济或物质资源的投入。现实中的社会行动有着复杂的动因,很多非经济因素是决定人们行动的重要变量,仅从经济单向维度来解释,具有极大的局限性,而且教育经济学研究基于"理性人"假设,忽略文化、价值观对个体教育选择行

---

[1] 李霞:《家庭社会资本对贫困地区儿童辍学的影响:基于父母关注孩子学习的分析角度》,《中国农村教育》2007年第1期。

[2] 丁小浩:《影响小学重读率、辍学率的因素分析》,《教育与经济》1994年第4期。

为的影响。此外,"农民是否具有理性"也是学术界长期争论的一个话题,教育选择不仅表现为经济投资更表现为情感支持等,这都对教育经济学的农民教育选择研究形成了挑战。

(3)多数研究关注客观背景变量对教育机会获得的影响,而对主观因素的关注不够。许多研究表明,父母教育程度等客观因素多半是透过父母教育观念等主观因素发挥作用,或是主观因素的影响有时甚至超过了客观因素对子女学业获得的影响。虽然有研究者对教育态度、教育期望、求学动机和学业抱负进行了研究,但也仅限于相关性分析,很少探讨社会经济地位和这些主观因素之间的因果机制。个体教育选择研究也更多地以主观上的"期望"和"意向"等为主,而实际的教育选择行为毕竟与主观愿望尚有距离,或是侧重于教育选择结果的研究,如选择"升学"还是"就业",而对选择过程关注不够。

(4)从研究方法来看,国内教育学取向的教育社会学对教育机会均等的实证研究多限于现状调查,结论止于对不同阶层群体差异的描述,从而限制了对教育机会均等内在机制的探讨。社会学取向的教育社会学对教育机会均等的研究,更多是基于社会调查,采用路径分析、Logit回归分析与事件史分析等统计技术来获得研究结果,近来有研究者建议采用线性结构方程模型来研究社会流动的路径模式。这些分析技术多基于一定的理论,对于我们的研究很有启发意义。但是,这些分析技术多适合于宏观层面的分析,对教育与社会分层过程中的微观层次的分析则表现出其局限性。

从上述讨论来看,从教育选择与阶层再生产的关系出发探讨教育机会均等问题,我们应该着力于以下问题的思考和解决:

(1)文化资本、社会资本和经济资本及相互作用影响弱势阶层子女受教育机会的内在机制是怎样的?社会结构、制度和家庭(个体)教育选择各自影响弱势阶层子女受教育机会的路径模式是怎样的?也就是说,是他们自身不努力,还是结构壁垒和制度安排的结果,抑或有非正式制度(教育价值观)方面的原因。

(2)如何在研究中将宏观的社会结构和制度因素与微观的个体因素,客观因素与诸如感受、态度和行为等主观因素有机结合起来，找到它们各自发挥作用的空间及其互动模式，进而发现教育机会不平等的维持机制。

（3）教育选择的标准是什么？在现有的理论框架下怎样界定体现这些标准的关键概念（如"教育投入"和"学习投入"等）？这些概念又怎样和理论框架（文化再生产理论，理性选择理论等）整合起来，才能使其在本研究的理论框架内发挥效力，达到问题、理论和概念的配合。

（4）如何根据研究的目的、问题和研究框架选择恰当的研究方法，以及与此相适应的统计分析工具。

第二章

研究设计和研究实施

第一节 研究框架

一 问题聚焦

本研究旨在探讨教育选择与阶层再生产的关系问题，即考察县域内高中教育机会分配中的阶层化机制问题，共涉及两方面的内容：一是教育机会在不同阶层中的分布；二是形成教育机会阶层分布的中间过程和机制。事实和文献表明，弱势阶层子女接受的初中教育质量，能否上高中是影响他们高等教育机会获得的最大瓶颈。这启发本研究首先从初中毕业生的教育分流出发来探讨社会结构、制度安排、学校、家庭和学生自身等因素对各阶层子女升学机会的影响，同时把握与结构限制、制度安排相比，学校、家庭和学生因素对升学机会的影响强度，希望通过对以上问题的探寻来了解教育机会的阶层分布，并从宏观层面上初步回答教育机会的阶层分布机制。研究接着以探究影响学业成就的因素和机制为突破口，从社会结构、制度、学校、家庭和学生等因素之间的张力出发探讨教育机会阶层分布的形成过程或机制，即从社会结构、制度、家庭和个体因素之间的互动过程来揭示宏观水平的教育不平等是如何通过微观情境性的交互作用产生出来的。最后，从实证研究结果出发，整合以往研究成果和理论，建构我国基础教育机会不平等的维持机制和教育机会不平等与社会地位结构的关系模式。

二 理论框架

根据研究目的和文献讨论，本研究提炼了一个理论框架来说明研究的基本内容与逻辑结构（见图 2—1）。此理论框架是对科尔曼的代际资本传递理论和布迪厄等人的文化再生产理论的综合和扩展，并在借鉴刘精明和李煜等学者的理论分析框架的基础上形成的。

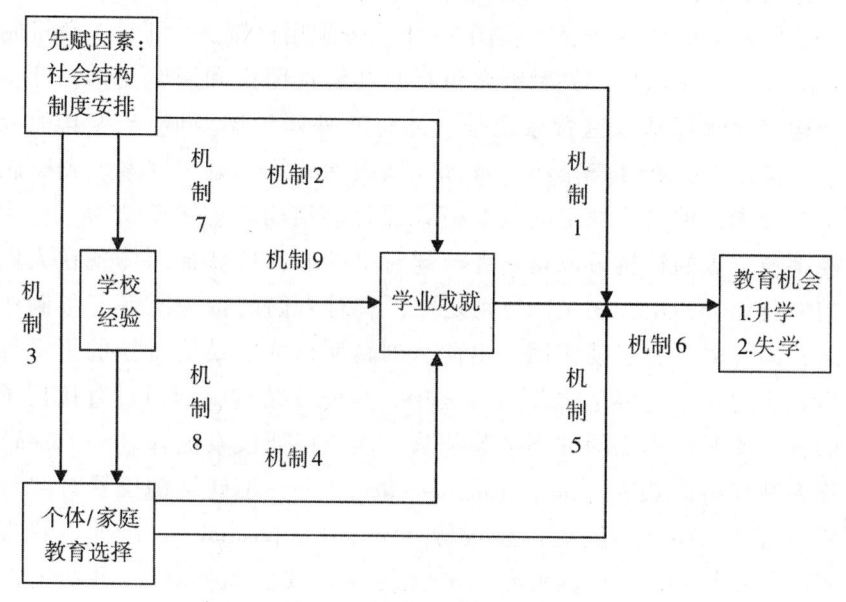

图 2—1 研究的理论框架

注："机制 1"表示直接改变机会配置结构；"机制 2"表示促进儿童能力分化；"机制 3"表示影响个体（家庭）教育选择偏好；"机制 4"表示学生和父母教育期望与自主性努力；"机制 5"表示个体（家庭）直接获取教育机会的行为；"机制 6"表示"绩效原则"下导致的教育机会；"机制 7"表示影响学校经验；"机制 8"表示学校经验对个体和家庭教育选择的影响；"机制 9"表示学校经验对学业成就的影响。

现代教育系统的选拔过程似乎是以能力标准为主，越是勤奋努力的人，越是高智商有才华的人，越可能取得高分数、高学历。然而，许多研究发现，一些非个人能力因素对人们的教育机会获得也具有重要影响，这些因素涉及社会结构、制度、政策和文化传统等方面，使得个人的教育机会获得是自致和先赋两个过程的共同结果，不只是根据个人能力和努力来分配教育机会。正是由于这些先赋因素的作用，导致教育机会分配和教育机会获得过程中存在着种种不公平现象。因此，有必要分别讨论不同先赋因素在各具体自致环节上的影响模式。

刘精明认为，先赋因素对儿童受教育机会的影响存在三个主要路径：一是通过促进儿童之间的能力分化导致机会不平等；二是因个体或家庭的选择偏好导致机会不平等；三是通过直接改变机会配置结构产生机会不平等（在图2—1中分别用机制2、机制3和机制1表示）。[①] 在这里，先赋因素包括社会结构因素和制度安排，社会结构因素除包括家庭背景之外，还将其外延扩展至城/乡等其他社会结构条件，制度安排涉及教育领域内的政策和制度因素。先赋因素被视为一种较为稳定的关系模式或社会结构。吉登斯认为，作为规则与资源的结构可以是一种跨越时空的原则性特征而体现在人们的例行化（routinization）行动之中，它对人们的行为既具有限制作用，同时也具有使动作用。由此，刘精明认为，结构特征的不平等后果也内含于这两个"作用"之中。首先，结构限制通过直接授予的方式改变个体之间的不平等关系，这一特征被索伦森（Sorensen）称为纯粹结构效应（pure structure effect）——不同结构位置对"位置占有者"给予不同的位置报酬（reward to position），这种位置报酬不因占据者的个人特征（如个人努力或能力特征）而发生改变，处于一定的结构位置，意味着占有这一位置所赋予的资源与机会；[②] 其次，结构使动性特征意味着某种结构条件作为行动媒质可增强或削弱行动者的行动能力，它表明，一些结构因素可以通过改变行动者获取资源与机会的行动能力而在行动者之间形成社会不平等。

那么，哪些先赋因素导致能力分化？哪些因素影响个体选择偏好？哪些因素直接改变儿童受教育机会的配置结构？本研究从先赋

[①] 刘精明：《中国基础教育领域中的机会不平等及其变化》，《中国社会科学》2008年第5期。

[②] Sorensen, A. B., "The Structural Basis of Social Inequality", *American Journal of Sociology*, Vol. 101, 1996, pp. 1333–1365.

条件（资源）的基本特征，以及这些资源对儿童学业成就的影响方式入手，借鉴李煜提出的家庭背景影响子女教育获得的三种不同模式来加以阐述。①

家庭背景因素一般包括三个方面的家庭环境：家庭的经济条件、家庭的文化环境和家庭的社会地位，这三个方面的因素也称之为家庭经济资本、家庭文化资本和家庭社会资本。②家庭文化资本主要通过文化再生产模式影响子女的教育获得。文化再生产模式是指拥有较高文化教育背景的父母，其子女在教育机会上享有优势。文化再生产的机制主要有三个：教育期望、文化资本和人力资本。教育期望的作用路径通过机制3和机制4表现出来，教育期望是指父母教育程度较高的家庭，更重视教育（机制3），对子女有较高的教育期望，愿意为此付出更多的代价，子女也会潜移默化地接受这一观念，自我教育期望和学习热情较高，从而提高学习表现（机制4）；文化资本主要通过家庭文化氛围的影响来促进子女的知识学习（如课外阅读等），进而提高学习表现（机制4）；人力资本的作用机制在于教育程度高的家长有能力对其孩子的学习进行辅导，进而提升子女的学习表现（机制4）。家庭的社会资本和经济资本主要通过资源转化模式影响子女的教育获得，即家庭将其社会、经济资源转化为子女的受教育机会。在此种模式下，家庭的经济和社会资本既可以通过影响儿童的学习自觉与能力分化，从而改变教育机会（机制2），也可能通过理性选择（利用经济和社会网络等资源换取教育机会，如"择校"、"捐助"和"托关系"等）获得受教育机会或丧失受教育机会（升学决策时，低阶层因对升学风险承担能力差或对教育预期收益低，而退出升学竞争）（机制5），或利用有利于本阶层的教育制度设计直接改变机会配置结构而获得受教育机会（机制1，如英国的庇护流动模式，中国"文化大革命"时期优先录取工农子弟）。家庭的社会资本和经济资本与家庭的文化资

---

① 李煜：《制度变迁与教育不平等的产生机制——中国城市子女的教育获得（1966—2003）》，《中国社会科学》2006年第4期。

② 李春玲：《断裂与碎片：当代中国社会阶层分化实证分析》，社会科学文献出版社2005年版，第415页。

本相比，是外在的，依赖于劳动力市场状况、制度环境和其他社会环境的变化，易于受到社会制度和社会状况的影响。

　　城/乡等其他家庭出身之外的社会结构条件对儿童受教育机会的影响更多表现为一种纯粹的结构效应，主要通过资源转化模式影响子女的教育获得。在自然环境、经济与文化发展以及社会制度的共同建构与制约过程中，处于外部结构的某种位置而自然地被授予附着在该位置上的资源与机会，距离/位置被转换成一种资源与机会的差异结构，其作用路径主要表现在机制1中。

　　教育领域的制度和政策同社会结构因素交织在一起共同影响受教育机会，在教育不平等的形成过程中具有合力作用。在本理论框架中，将之单列出来讨论，主要是考虑其影响力有时候能够超越家庭背景等社会结构因素对受教育机会的影响，如"文化大革命"时期，工农子弟的教育机会增加，就是政策干预削弱了家庭背景的影响。[①] 教育政策与制度主要通过政策干预模式起作用，起作用的方式更多是直接改变机会配置结构（机制1），也表现在教育行政部门在制定政策时留出的制度空间，家庭（个体）利用制度空间做出的能动选择（机制5），如择校制度。这两种途径的共同特征是通过否定或部分否定"绩效原则"，采取照顾弱势群体或维护优势群体利益的制度设计来影响受教育机会。因此，最终的教育机会并非仅仅按照学业成就来获得（机制6），而是与社会结构、教育制度和教育政策之间的相互影响、相互强化、叠加和累积而共同导致的结果。

　　虽然在教育机会获得的过程中，受到先赋条件的影响，导致种种的教育机会不平等现象。但是，无论产生教育机会不平等的社会结构复杂到何种程度，社会行动者并非处于无助的被动地位，个体是具备能动性的，社会系统并非是涂尔干意义上的与个体行动者无关的"自称一体的实在"。因此，既要承认社会结构的制约性，也不能否认个体能动性。如科尔曼所言，"这种以社会规范为起点的

　　[①] 刘精明：《国家、社会阶层与教育：教育获得社会学研究》，中国人民大学出版社2005年版，第293页。

理论无视人有按照自己愿望行动的自由以及社会限制着这种自由。根据这种理论，自由与平等问题将无从谈起。"[1] 这在本研究的理论模型中已有体现，先赋因素必须通过个体（家庭）教育选择这个中介过程方可实现机制4和机制5。因此，绝不能撇开具体微观层次的个体教育选择来谈论受教育机会。在教育的实施过程中，教育选择的行为主体应该是受教育者及家庭。根据理性选择理论，这里的教育选择可视为微观层面上的个体（家庭）凭借资源的占有情况和受教育机会大小而做出的是否接受教育的选择行为。对于家庭而言，教育选择行为主要表现为家庭是否愿意将其文化资源、社会资源和经济资源转化为投资于教育的资本，即教育投入。对学习者而言，教育选择主要体现在个体的努力程度和上学意愿上，也就是是否愿意在教育上花费自己的精力或资源，这是另一种教育投入，体现为学生的学习主动性。学习投入（Learning engagement）指的是学生开始和执行学习活动时卷入的强度和情感的质量，投入既包括行为成分，又包括情感成分，投入可以通过有活力的行为（如努力、坚持、在困难或失败面前继续尝试）、积极的情感（积极、乐观、好奇和兴趣）和朝向奋斗目标的倾向中得到证明。[2] 这一概念既能体现学习者的自主性和努力程度，也能体现个体对未来社会地位的期望，既受制于社会结构因素，也能体现个体能力差别，所以，本研究将之作为研究学生教育选择的切入点。

　　刘精明和李煜等学者的理论分析框架没有对学校因素给予专门探究，但已有实证研究和理论分析均认为学校因素是影响教育机会获得的重要方面。鉴于此，本研究将学校因素作为可能影响教育机会的重要方面予以探讨。学校因素主要涉及两方面的内容，一是就读学校类型（城/乡，重点/非重点），旨在考量不同类型学校之间的结构性差异对教育机会的影响；二是学校经验，已往研究成果多

---

[1] ［美］科尔曼：《社会理论的基础》，邓方译，社会科学文献出版社2008年版，第6页。

[2] Skinner, E. A., & Belmon, M. J., "Motivation in the classroom: Reciprocal effects of teacher behavior and student engagement across the school year", *Journal of Educationl Psychology*, Vol. 85, 1993, pp. 571-581.

以学校社会资本作为考量指标。[1]科尔曼的理性选择理论和林南提出的社会资本理论旨在解释个人如何利用社会关系网络获得社会资源和社会地位,属于社会资本的微观观点。研究采用此观点,认为学生在学校内的人际关系是资讯和资源的来源,对学业具有很大的帮助,因此学校社会资本内涵含有同伴关系、师生关系和亲师关系等方面的内容。周新富认为,仅探讨学生的社会网络无法涵盖社会资本的全貌,主张学生对学校的信任感、教育价值观及学校规范的实施等主题亦需一并探讨,才能符合社会资本的理论建构[2]。鉴于此,本研究亦将这两项内容纳入到学校社会资本的内涵之内。在本研究的理论框架中,学校社会资本对教育机会的影响主要体现在机制7、机制8和机制9上,即先赋因素通过影响学校社会资本影响学业成就,或是通过影响学校社会资本来影响家庭/个体教育选择,进而影响学业成就,最终导致教育机会获得差异。

三 分析和操作框架

本研究的分析和操作框架见图2—2。首先,本研究从城/乡、社会经济地位等客观标准出发探讨"谁被挡在了普通高中的门外",也就是说,具有哪些背景特征的学生在初中升普通高中的竞争中被分流出去(指进入社会或非普通高中)。在此基础上,从社会结构、制度、学校、家庭和学生等几个方面去找寻被分流出去的原因,即探讨"谁把他们挡在门外?"这个问题。最后,转入学业成就阶层差异及其形成机制的研究,解决的问题是"为什么把他们挡在了门外",主要是从结构限制、制度安排和家庭/学生的教育选择等三方面找寻原因。

对于以上问题的解决,主要从"教育分流"和"学业成就"这两个具体问题上展开研究,这是本研究的具体操作层面。教育分流研究旨在明晰前两个问题,而对于学业成就影响因素及其机制的探

---

[1] Bassani, C., "A test of social capital theory outside of the American context: Family and school social capital and youth's math scores in Canada, Japen, and the United States", *International Journal of Educational Research*, Vol. 45, 2006, pp. 380-403.

[2] 周新富、王财印:《社会资本在家庭代际人力资本传递作用之探讨》,《国立台北教育大学学报》2006年第2期。

究主要是为了解决后一个问题。从分析层次上来看,微观层次主要分析家庭/学生的教育选择,但是,人们对某些教育行为与模式的选择,从根本上看往往是他们赖以生存的那个社会的社会结构和社会生活方式所影响的结果。因此,对父母的教育投入、学生的学习投入和学校教育经验的研究亦能够反映出社会结构限制和制度安排方面的原因。同样,宏观分析层次虽然主要涉及社会结构和制度性因素,但社会行动者也非完全受社会规范的支配。他们可以围绕社会结构和制度在具体的社会情境中展开多种多样的互动,因此,分析层次分为宏观和微观只是为了分析的便利,而非绝对。

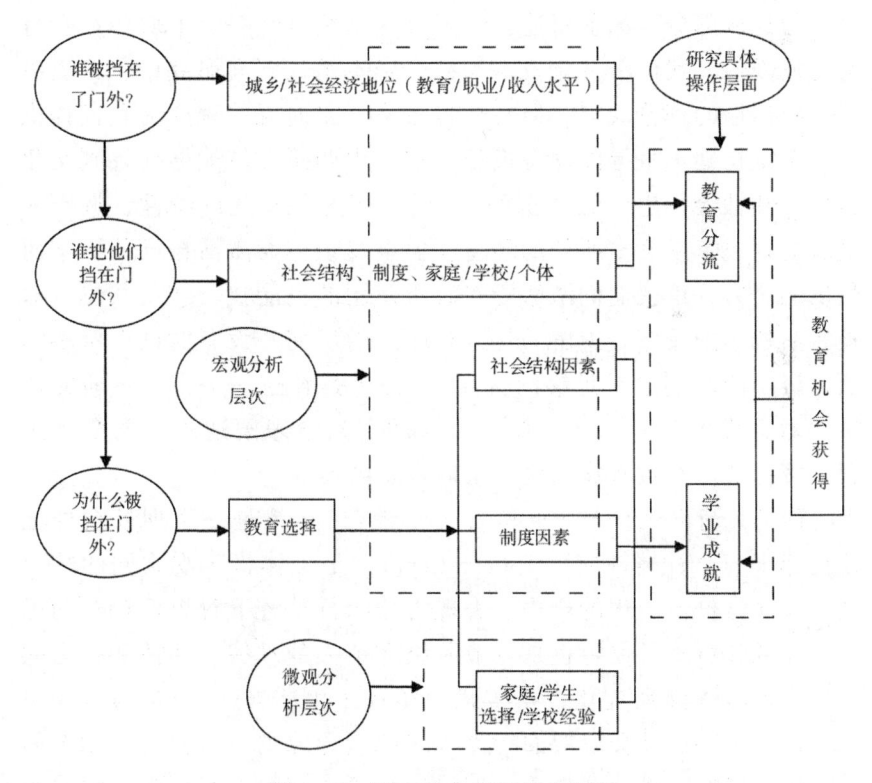

图 2—2 研究的分析与操作框架

四 理论解释策略:理论视角的应用

"再生产理论"和"理性选择理论"是本研究的主要理论分析

视角,在这里,我们结合本研究的问题和研究,进一步对这两个理论在本研究中的应用策略予以阐释,以期能够在研究的问题和分析框架之间搭建起理论解释的基础。

(一) 再生产理论的应用策略

"再生产"理论是解释教育不平等与社会阶层之间关联机制的主要理论工具,其中布迪厄在其文化再生产理论中讨论的"资本"、"场域"和"惯习"等概念,为我们理解阶层再生产机制提供了一个解释语境。布迪厄的文化再生产理论在本研究中的应用具有以下特点:

第一,将经济资本、社会资本和文化资本看作是农民家庭教育投入的组成部分。如前所述,为了改变单纯从经济资本解释社会行为的局限性,我们将文化资本和社会资本纳入到本研究中,这里借鉴了布迪厄的理论观点。但在拉鲁看来,布迪厄的理论为我们提供了一个结构性不平等的动态模型,它使得调研人员能够捕捉到文化再生产和社会再生产的"瞬间"。要了解这些瞬间的特性,调研人员就需要去审视资本所处的环境,去审视个体为激活自己的资本而付出的努力,审视他们激活资本时所使用的技能技巧和公共机构对被激活资本的反应。遗憾的是,布迪厄的研究并没有对拥有资本和激活资本的区别给予足够的关注。[①]为了弥补这一缺憾,本研究使用"教育投入"和"学习投入"这两个概念来阐述资本的激活过程,资源的占有被看作家庭背景的客观内容。

第二,简言之,布迪厄所言之"惯习",就是一系列社会性地建构起来的"性情倾向"(disposition),是个体将客观共同的社会规则、团体价值内化的产物,表现为社会行动者下意识而持久的思维、知觉和行动。惯习也是调节阶级和个人的理解、选择和行为的过程。惯习逐渐系统化,在实践中形成了生活方式(life-style)。[②]惯习构成了特定社会阶层的行为方式的指导原则,为社会行动者的行为设定了结构限制,这样,不同阶层成员倾向于再生产与惯习相

[①] [美]拉鲁:《不平等的童年》,张旭译,北京大学出版社2010年版,第270—273页。

[②] 李强:《社会分层十讲》,社会科学文献出版社2008年版,第288页。

一致的抱负、感觉和实践。所以，底层阶层的子女将不会产生上层阶层的期望或抱负，现存的分层社会结构也就得以维持。鉴于本研究的关注点是教育，我们没有像布迪厄那样，在讨论惯习时囊括了人们对食品、音乐、化妆和电影等诸多偏好，而是主要集中在那些能够体现期望、抱负和实践的教育活动，探讨这些教育活动与阶层再生产的关系。

第三，布迪厄认为，社会资本是实际的或潜在的资源集合体，那些资源同对某种持久性网络的占有密不可分，这一网络是大家共同熟悉的、得到公认的，而且是一种体制化的关系网络。① 在科尔曼的理论中，社会资本是指"个人拥有的社会结构资源"，"它并不是一个简单的实体，而是由具有两种特征的多种不同实体构成的：它们全部由社会结构的某个方面组成，它们促进了处在该结构内的个体的某些行动"。② 由此来看，布迪厄的社会资本由个体获得资源的社会关系本身和这些资源的数量和质量等两部分构成，科尔曼的社会资本由社会关系的结构以及关系对行动者的有效性等两部分构成。布迪厄强调社会资本的工具性，关注的是个人通过参与群体活动不断增加的收益以及为了创造这种资源而对社会能力的精心建构，科尔曼强调社会资本的功能，根据功能对概念下定义。蒋逸民将这两个概念综合为如下几点：社会资本指的是存在于一个家庭之内或家庭之外的支持性关系；家庭之内的社会资本嵌入在父母与孩子的关系中，是父母投入时间和精力与孩子进行正向互动的产物；家庭之外的社会资本存在于与社区其他成员或机构的社会关系中，社会资本的积累规模取决于不同家庭之间、父母之间的互动频率以及与社区机构的互动频率。③ 本研究采用了蒋逸民的这些认识。由于本研究是从教育选择的视角出发来探讨社会资本与阶层再生产的关系（家庭社会资本是家庭教育投入的组成部分，学校社会资本则

---

① ［法］布尔迪厄：《文化资本与社会炼金术——布尔迪厄访谈录》，包亚明译，上海人民出版社 1997 年版，第 202 页。
② ［美］科尔曼：《社会理论的基础》，邓方译，社会科学文献出版社 2008 年版，第 277—297 页。
③ 蒋逸民：《教育机会与家庭资本》，社会科学文献出版社 2008 版，第 58—61 页。

能够体现出行动者与国家公共教育机构之间的互动关系),所以,本研究对社会资本的探讨仅限于家庭社会资本和学校社会资本,对其他社会资本不予探讨。

(二) 理性选择理论的应用策略

理性选择理论虽然受到诸多批评,但并不意味着要完全放弃这种理论的研究范式,而是提醒我们在应用这种范式时需要关注让选择得以进行的架构。泰勒(Taylor)认为,理性选择理论的应用范围不是无限的,只有在下列条件下运用理性选择理论才有效:行动者可作的选择是有限的,不是多到无从选择,也不是少到无可选择;诱因是清楚和具有实质性的;行动选择对个人非常重要,有人曾在类似情境下做出选择,有前车之鉴。[①] 在泰勒观点的基础上,结合丘海雄对理性选择理论应用策略的看法[②],笔者提出了理性选择理论在本研究中的应用策略:

第一,接受社会学对传统理性假设的批评。(1)以"情境理性"代替"完全理性",使理性选择的预设条件与现实生活较为接近。刘爱玉认为,在中国的框架下考虑行动者的行动选择,仅仅考虑制度是不够的,还应该特别予以考虑的是物质环境、结构等要素对于行动的约束。据此,她将情境理性(context bounded rationality)界定为行动者的行动是在制度环境与物质环境及其形塑的资源框架下进行成本与收益计算的基础上做出的选择。[③] 从实践上看,情境理性意味着行动者的行动选择有一种权益性的取向,即根据情境选择适合自己的行动,这种选择在当时情境的约束下不是一种收益最大化的选择,而是一种满意、合适的选择。(2)承认人的行为也有非理性的一面。注意区分人的行为中的理性行为与非理性行为,只把理性行为纳入理性分析的范围。(3)关注制度和文化对个人偏好

[①] Taylor, M., "Structure, Culture and Action in the Explanation of Social Change", *Politics and Society*, Vol. 17, 1989, pp. 115–162.

[②] 丘海雄、张应祥:《理性选择理论述评》,《中山大学学报》(社会科学版)1998年第1期。

[③] 刘爱玉:《选择:国企变革与工人生存行动》,社会科学文献出版社2005年版,第58—61页。

和目的的影响作用，将个人的偏好和目的作为受制度和文化影响的内生变量纳入到研究的范畴。（4）承认人的理性的多样化与变动性，认识到理性的内涵会随着约束条件和机会结构的变化而发生变化。

第二，将理性选择理论"狭义化"或者说"条件化"，清楚和具体地列举理性选择理论可发挥解释效力的条件和时空，在满足条件时才运用理性选择理论。

第三，在制度环境和物质环境的架构下分析个人的行动选择。对行动选择的分析需要考虑这种选择得以进行的自然和社会环境，环境决定了个人实现其利益目标的机会，以及行动者实现其目标的制约和权利。社会环境由一系列制约与激励个人选择的政治、经济与社会制度构成，不同的制度与结构，提供了行动者选择的不同行动空间和备选条件。

总的来说，在本研究中，就是要把个体教育选择看作是在制度环境与物质环境及其形塑的资源框架下进行成本与收益计算的基础上做出的选择，关注制度、文化对个体教育选择的影响，从理性选择理论可发挥效力的有效边界出发，在制度和物质环境的架构下分析个体的教育选择。

第二节　研究方法

一　研究的方法论

社会学方法论存在两种对立的主张：个体主义和整体主义。个体主义者认为个人是社会的真实实体，也是社会科学分析的基本单元，现实中不存在不依个体而存在的独立社会实体，社会现象最终可以还原为个体以及个体之间的互动，并可以通过后者得到解释。整体主义者主张社会是一种客观存在的实体，具有整体性、外在性和强制性特点，社会决定个人，社会现象不能还原为个人现象，应当从社会整体出发来解释社会现象。其实，两种方法均有不足，整体主义者不承认个体在互动中能够创造新的结构，个体主义者认为个人行动不受结构制约。在现代西方社会理论中，很多思想家意识到社会理论中存在的两大对立方法论的问题，试图整合方法论的分歧以消除一系列二元对立的问题。在这些思想家中，吉登斯和科尔曼的努力最为引人注目，对社会学方法论中的这一"经典性"难题做出了较好回答，为我们分析教育与社会分层的关系问题提供了方法论视角。

社会分层研究中存在着与上述两种主张相对应的研究范式：个人主义范式和结构主义范式。无论是个人主义范式还是结构主义范式，都是在研究资本主义国家中的不平等现象时提出并发展起来的。一些研究者在研究社会主义国家的不平等现象时认识到，无论是个人主义范式或是结构主义范式，在探讨不平等现象和不平等的形成机制时都忽略了具体的制度环境。尽管个人条件的差异和结构性因素都对社会成员的社会资源获得产生了影响，但必须把它放入具体的制度环境中，才能深入地考察不平等现象。在这种背景下，逐渐形成了社会分层研究中的制度主义范式。

这三种范式各自提供了独特的视角，对于获得关于社会分层现象的完整理解都是必要的。在这里，我们对吉登斯、科尔曼的方法论和制度主义研究范式逐一介绍，然后提出本研究所采用的研究范式。

（一）吉登斯的结构化理论

在行动与结构的关系问题上，吉登斯力图超越两者的二元对立，用结构的二重性重新阐释行动与结构的关系，形成了自己独成一家的理论体系——结构化理论。[1] 结构的二重性（duality of structure）是指社会结构是由人的主体行动建构的，同时社会结构也是行动得以展开的条件。在结构化理论中，结构就是在一定时空条件下社会再生产过程中反复涉及的规则和资源，外在于时间空间，是主体缺场的，结构不断涉入其中的社会系统则是主体在场且由其种种活动构成的。分析社会系统的结构化过程，意味着研究系统在其中得以通过互动而被生产和再生产出来的方式，这些系统建立在特

---

[1] [英]吉登斯：《社会的构成：结构化理论大纲》，李康、李猛译，生活·读书·新知三联书店1998年版，第89页。

定行动主体的具有理解力的活动基础之上，行动主体在其丰富多样的行动条件下创造出各种规则和资源。① 可以说，结构化理论的核心是试图说明行动和结构的二重性的辩证互动，不能简单地认为结构是对人类能动性的限制，它实际上也是对人类能动性的促进。考察社会实践的结构化就是寻求对以下情形的解释：结构是如何经由行动构成的，反过来行动又是如何被结构性地建构的。

沟通结构与行动对立的关键，是吉登斯提出的一种以实践为基础的行动理论。行动作为人的主体活动，总是对世界进程的介入，因此具有实践品格，而行动者又总能选择别样的行动，由行动建构的世界因此并非一劳永逸地被决定。由此，吉登斯提出了一个行动结构层次观点：第一，对行动的反思性监控，让行动者能够对自己的行动流程起控制作用，调节行动过程中个人与他人的关系，了解自己在其中活动的物质及社会环境。这意味着在行动过程中反思性监控对于调整行动者主体与客体、自我与他人以及内在精神意识同外在客观因素的关系，都具有决定意义；第二，行动的合理化过程，这意味着发展出能使行动者有效处理其社会生活的常规来；第三，行动者的动机和动力，这涉及推动行动者去行动的种种愿望。但人们的许多行动是无意识的，而人们有意识的行动，往往产生非预期的结果。最后，人的行动还受制于许多未意识到的行动条件。显然，仅仅从行动动机、行动个体方面去说明人们的互动及其结果，是很片面的。

吉登斯认为，结构可以概括为行动者在跨越"空间"和"时间"的"互动情境"中利用的规则和资源，正是利用这些规则和资源，行动者在时间和空间中维持和再生产了结构。② 结构本身并不存在于时空中。吉登斯坚持"结构只存在并通过人的主体行动才能存在"。他提出的结构定义完全不同于涂尔干的定义，后者定义结构为外在于人的强制物。吉登斯尽力避免给人留下好似结构外在于

---

① ［英］吉登斯：《社会学方法的新规则：一种对解释社会学的建设性批判》，田佑中等译，社会科学文献出版社2003年版，第296页。
② ［美］特纳：《社会学理论的结构》（第7版），邱泽奇译，华夏出版社2006年版，第451页。

人的行动的印象。因为"结构作为记忆的痕迹,具体体现在各种社会实践中,'内在于'人的活动,而不像涂尔干所说的是'外在'的"。因此,结构对于吉登斯而言不仅具有客观性也具有主观性。总之,结构化理论的关键是二重性原理,根据这一原理,社会系统的结构性特征,既是其不断组织的实践的条件,又是这些实践的结果,结构既对人主体具有制约性,又同时赋予主体以主动性。

(二)科尔曼个人主义方法论

科尔曼认为,社会科学的核心问题是解释社会系统现象,而不是解释个人行为,但对系统行为的解释可以降低到低于系统水平的层面上进行,他将这种方法称为"系统行为的内部分析"。[①] 为此,他提出了一种新的个体主义方法,力图建立一种从微观到宏观并且能够从宏观返回微观的方法论。这种方法论的个人主义源于理性选择理论的"理性行动者"概念,即用理性行动者及其行动(微观)解释一切系统水平的现象、关系、结构和组织(宏观)。基于这样的立场,科尔曼主张通过个人的目的行动来研究社会的系统运动,以低于系统水平上的行动和倾向性而并非总是个人的行动和倾向性为基础解释系统行为,由个人行动的结果影响着他人的行动来实现宏观到微观的转变,由个人行动的结合产生宏观水平的结果来实现微观到宏观的转变。

简言之,科尔曼主张任何以个人行动为基础来阐释系统行为的理论,由以下三部分组成:(1)说明宏观到微观的转变;(2)个人水平的互动在不同的社会背景中,以不同的方式,促成了各种系统行为;(3)微观到宏观的转变。

(三)制度主义研究范式

学术界对不平等的研究,存在着自由主义和马克思主义两个传统,这二者都认为,不平等现象的存在与经济整合原则(市场抑或再分配)有着直接的联系。但在对社会主义社会中的经济体制转型对社会不平等的影响研究中,一些社会学家逐渐认识到不平等现象

---

① [美]科尔曼:《社会理论的基础》,邓方译,社会科学文献出版社2008年版,第4页。

与经济整合原则并没有必然的联系，经济整合原则背后的制度环境才是更为关键的原因所在。也就是说，在不同的制度环境中，不同的经济整合原则对不平等机制形成的作用是不同的。在此背景下，逐渐形成了社会分层的制度主义研究范式，这一范式沿袭了分层研究中的冲突论立场，具有一种强烈的价值介入倾向。其基本的假设是，经济机制嵌入制度背景之中。林克雷将社会分层的制度主义研究范式的主要特征归纳为以下几点：

（1）制度主义范式认为，个人的社会行为、获取社会资源的方式在很大程度上是制度本身的产物。但面对制度性的约束因素，社会成员也不是完全被动的，他会在制度范围内或某些制度边缘，采用某些非正式的运作手段来获取社会资源。这不同于结构主义范式，将个人视作外部结构性因素的玩物。

（2）制度主义范式往往在具体的、经验的层次上考察不平等问题。它不是抽象地谈论个人条件的差异或结构性因素对资源分配的影响，而是把不平等现象放入具体的制度环境中，考察不平等的形成机制，因此，它对"过程"较为敏感。

（3）制度主义范式持一种综合论的视角，往往关注制度安排和演进背后的政治逻辑、权力的作用、统治阶级的意识形态、各种组织变量、社会文化力量、地方利益、路径依赖等因素对资源分配的影响。[1]

（四）本研究的方法论立场

本研究关注宏观的社会结构、制度对教育机会的直接影响，以及两者对个体教育选择行为形塑所导致的教育机会获得差异，也强调个体对教育机会的主动追求。也就是说，在解释水平上，从低于系统水平层次的个体行动选择及其社会性结果进行分析的同时，也从结构、制度和政策等宏观层面来分析。这决定了研究在方法论上的多样性。具体来说，在个体教育选择方面，主要借鉴科尔曼处理宏观与微观关系的方法论立场（见图2—3），在一定程度上，这是

---

[1] 林克雷、陈建利：《当代中国社会分层研究中的制度主义范式》，《社会科学研究》2005年第1期。

个体主义范式和整体主义范式整合的结果,公共教育选择则偏重结构和制度主义立场。

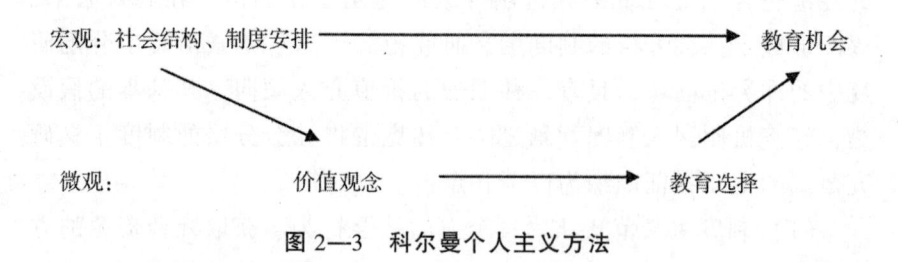

```
宏观：社会结构、制度安排 ─────────────→ 教育机会
                          ↘                ↗
微观：         价值观念 ─────────────→ 教育选择
```

图 2—3　科尔曼个人主义方法

其实,这只是依据研究在不同部分的关注点之不同,为了分析上的便利而做出的划分。制度主义范式并不排斥个人,科尔曼个人主义方法论本身就力图将社会结构、制度与个人选择行为统一起来。因此,制度主义研究范式和科尔曼个人主义方法论并不是相互对立的,而是各有侧重,存在相通共融之处。就本研究看,在对个体教育选择的探讨中,制度是关键的背景变量,在对公共教育选择的探讨中,虽侧重制度安排和演进背后的政治逻辑、权力、路径依赖等因素对机会分配的影响,但个体也作为能动主体出现,只是没有涉及宏观与微观的转化。因此,本研究采用的两种方法论是在不同层次上分析社会的,它们并行不悖地在各自的效力范围内使用。

本研究对个体教育选择的分析侧重于社会结构、制度与物质环境对选择行为的形塑。从瑞泽尔（Ritzer）对社会学理论范式的划分来看,我们的研究立场倾向于社会事实范式。然而,本研究某些部分的分析实际上又是建立在对行动者的态度和行为等分析的基础上,因此,本研究的方法论立场也不否定社会释义范式。从本研究的研究对象、运用的资料、资料的获得方式以及理论框架和分析框架来看,我们的方法论稍微偏重社会事实范式。[①] 总体上,我们试图通过经验资料对宏观与微观、主观与客观之间的有机结合进行尝试,这种尝试用吉登斯的语言来讲,就是在方法论上尝试采用制度

---

① 周晓虹:《社会学理论的基本范式及整合的可能性》,《社会学研究》2002 年第 5 期。

分析方法和策略行为分析方法。具体而言，就是在对教育制度进行分析时，暂时悬置作为行动者的家长和学生的技能与自觉意识，集中考察作为反复不断地再生产出来的规则与资源的制度；对个人教育选择的研究，则暂时悬置在社会层面上不断再生产出来的制度分析，集中考察作为行动者的家长和学生在教育制度的安排下是如何选择、建构自身在社会体系中的位置。

二　具体研究方法的选择与应用

本研究尝试采用定量研究为主、定性研究为辅的混合研究设计。定量研究主要采用问卷调查和实验研究两种方法，定性研究则以实地调查法为主。这主要基于以下两方面的考虑：

1. 与研究的问题相匹配

克雷斯维尔（Creswell）在谈及研究路径的选择时认为：研究的问题是要确定影响结果的因素、干涉的效果，或是理解能预示结果的征兆，那么，最好使用定量研究；如果要理解一个几乎未被研究过的概念或现象时，就可以考虑使用定性研究。在研究者可能要概括出有关总体的结果，又要充实个体对某一现象概念的理解，或先调查大量的个体，然后选取其中一部分进行调查以获得关于研究主题的具体说法和想法时，混合研究设计是有用的。[①] 本研究的主要问题是要确定教育机会分配的影响因素、教育机会不平等的维持机制等，涉及的问题与克雷斯维尔所言的定量研究问题相契合，较为适合定量研究路径，但在具体实施过程中，定性研究也有发挥作用的空间。

本研究要同时考虑社会结构、制度（含非正式制度，如教育价值观）和个体教育选择等诸多变量之间的关系。问卷调查的优势在于能够包括很多不同的问题，研究者可以利用这些问题来发现变量间的相互关系和可能的因果机制，因此，问卷调查较为适合本研究的问题。问卷调查虽在认识相关关系方面具有优势，但在辨认一个

----

① ［美］克雷斯维尔：《研究设计与写作指导：定性、定量与混合研究的路径》，崔延强译，重庆大学出版社 2007 年版，第 16—18 页。

变量具有何种程度的直接因果效应时，则表现出其局限性，因此在对社会地位与学业成就之间的因果关系进行探究时，实验是适合的研究方法。考虑到我们要在深入了解研究现场和研究对象的基础上选择被试、编制问卷和实验材料，需要一些实例或个案来佐证定量研究结果或弥补定量研究的缺陷，在这种情形下，需要定性研究的补充。

2. 对研究实施可行性的考虑

定性研究一般要求研究者到研究现场，浸淫在研究对象的生活中，实现对人及文化的理解。本研究的主要对象是初三学生，因为他们面临升学，学习较为紧张，无论是学校、家长和学生都不愿意花费大量时间配合研究者，这造成研究现场难以进入，研究者难以与研究对象建立起良好的关系，也无法保证研究者长时间地深入实地体验生活从事研究。从研究者的研究训练来看，本研究的研究者接受过较为系统的定量研究训练，且从事过田野调查。因此，定量为主、定性为辅的混合研究设计无疑是一条可取的研究路径。

两种研究路径的平衡是通过这样的一种处理技术实现的。第一，在提出教育选择和阶层再生产的理论分析框架的基础上，在研究初期，研究者深入研究现场，熟悉研究现场和研究对象，为下一步的研究做好准备。第二，在对初三教育分流和学业成就的影响因素和路径模式（社会结构、制度和学生之间的互动关系）进行分析时，较多地采用问卷调查方法。第三，在对社会地位与学习投入和学业成就之间的因果机制进行探究时，在使用问卷法的同时，以实验研究方法为补充。第四，为充实对某一现象的理解，如"扩招"现象，则采用访谈和观察得来的定性研究资料为主要依托。

在研究实施的顺序上，我们先收集定性数据，然后收集定量数据，最后再次收集定性数据。先收集定性数据是为了在研究现场与参与者探究相关主题，对研究问题有一个大概的了解，之后在大量个体中通过问卷调查收集资料来扩展相关理解，最后的定性研究旨在弥补整个研究存在的缺陷，也是对定量结果进行的辅助性解释和说明。在研究实施的优先性上，我们采取定量优先，这是由各自收集的数据资料在研究解释阶段加以整合时的权重所决定的。

第三节 研究工具和研究实施

一 研究程序

研究的实施大致分为文献搜集与梳理、研究设计、具体实施等几个阶段。各个阶段存在时间上的先后顺序,既相互联系又各有侧重,存在逻辑上的递推关系。

第一阶段(2009年8月—2009年11月),文献搜集与梳理阶段。在对中国社会转型过程中农民子女受教育机会这个社会现实问题进行思考的基础上,查阅相关文献资料,搜集事实资料,了解研究对象的背景。

第二阶段(2009年12月—2010年1月),研究设计阶段。在整合文献资料和事实资料的基础上进行研究设计。具体而言,就是明晰研究的问题、构建研究的理论框架和分析框架,细化概念和变量的含义,确定研究方法、分析单位和抽样策略。此时,研究者实施第一次实地调查(探索性调查,为大规模调查和研究设计做先导),依据调研结果完善研究设计,补充相关文献资料。这并不意味着文献梳理和研究设计的结束,在研究的整个过程,研究者均依据研究的进展不断地调整研究设计,补充文献资料。

第三阶段(2010年1月—2011年2月),在完成上述两个阶段之后,研究正式进入具体实施阶段。这个阶段可分为确定调查地点和研究对象、问卷编制与调查、实验设计与实施等三个具体的分阶段。在2010年的1月至2月,研究者在确定研究地点和研究对象之后,深入选定的研究地点,参与学生的生活和学习活动,观察学校和村落,访谈部分家长、老师和学生。在2010年的3月至5月,研究者根据实地收集的资料和对文献的分析,编制和选取相关问卷,进行问卷调查。2010年7月上旬,在中考过后,研究者再次进入研究点,收取抽样学生的中考成绩和毕业去向,访谈学生、家长和教育行政部门的相关人员。在2010年8月至10月,在对数据处理结果进行分析的基础上,进一步完善研究设计的理论框架,然后根据调整之后的理论框架查阅相关文献资料，设计实验和实施实验。需要说明的是，在问卷调查和实验实施期间，研究者会根据研究需要采用参与观察和访谈的方式搜集相关资料。在研究的整个过程中，适时进行论文撰写，最终完成整个研究。

本研究的经验资料主要包括四个方面：（1）问卷调查资料；（2）访谈和观察资料；（3）学生的中考成绩和毕业去向资料；（4）实验数据资料。

二 调查对象的选取及其代表性

（一）调查地点的选取

社会调查有三种基本方式：第一种是普查，普查是对研究范围内的所有对象一个不漏地进行普遍调查；第二种是抽样调查，即从整体中用一定的方法抽取出一部分具有代表性的对象进行调查，并将对样本的调查结果推论到总体；第三种是典型调查，这种研究方式的研究对象只有一个或还不足以构成样本的少数几个"典型"，研究者通过对典型的、全面的、历史的考察和分析，达到对事物性质的深入分析。[①] 本研究采用后两种方式，研究地点选取采用典型调查方式，被试选择采用抽样调查方式。从抽样方式来看，是整群抽样和分层抽样的结合。具体而言，从甘肃省抽取一个典型县（整群抽样），然后在这个县抽取不同学校和不同的班级（分层抽样）。这主要有以下几方面的考虑。

1."小地方，大论题"

人类学研究的起始点通常是对一个特定社会或被描画的社会环境中的小地方的详细研究，同时从一些小空间的研究中提取其最重要的洞见。[②] 本研究采取了这一立场，希望从一个县入手，来研究农民子女的教育机会问题。这里存在的一个疑问是，县级调查能否帮助我们认识全国、特别是西北地区农民子女的受教育机会状况

[①] 费孝通：《社会调查自白：怎样做社会研究》，上海人民出版社2009年版，第12页。

[②] ［挪威］埃里克森：《小地方，大论题：社会文化人类学导论》，董薇译，商务印书馆2008年版，第7—8页。

吗？许多经典研究证实这是一条可取的路径。例如李景汉主持的"定县调查"。李景汉指出：我们调查定县的各种社会问题，"不是单为定县而研究，乃是为全国而研究的"①。毛泽东的《兴国调查》虽是一县调查，但也为当时正在进行的土地革命找到了依据。费孝通当年留学英国的同窗埃德蒙（Edmund）对通过个别社区的微型研究反映中国国情的做法表示怀疑。对此，费孝通认为："在实践中证明他的看法是似是而非。从个别出发是可以接近整体的。"他提到："把一个农村看作是全国农村的典型，用它来代表所有中国农村，那是错误的。但是，把一个农村看成是一切都与众不同、自成一格的独秀，sui generis，也是不对的。"②

费孝通在人类学方法上的一个重要创见，就是"类型比较法"，《云南三村》是这种方法使用的一次试验。费孝通希望用比较方法把中国农村的各种类型分别描绘出来，那就不需要把千千万万个农村一一加以观察而接近于了解中国所有的农村了。③ 本研究基于同样的观点，希望所调查的Q县能够代表其他西北乃至全国的一些县，也能够与其他类型的县作比较，进而认识全国农民子女的教育机会获得问题。不过，人类学的田野调查研究往往缺乏一些量化指标，这就很难进行横向和纵向的比较研究。本研究采用定量研究为主、定性研究为辅的混合研究设计，这就为横向和纵向比较研究提供了基础。就是说，是否其他一些县也具有Q县的一些特征（量化指标呈现），这些县能不能构成一个类型。

2. 地域性因素、社会文化力量对不平等形成的影响

林南在《地方性市场社会主义：中国农村地方法团主义之实际运行》一文中，以天津大邱庄为例，考察了传统社会文化力量—家庭网络对市场转型的影响。④ 从社会分层的角度看，此文的重要意

---

① 李景汉：《定县社会概况调查》，上海人民出版社2005年版。
② 费孝通：《缺席的对话：人的研究在中国——个人的经历》，《读书》1990年第5期。
③ 费孝通、张之毅：《云南三村》，社会科学文献出版社2006年版，第1—5页。
④ 林南：《地方性市场社会主义：中国农村地方法团主义实际运行》，《国外社会学》1996年第5—6期。

义在于指出了在研究市场转型对社会不平等的影响时，不仅要关注经济和政治的力量，而且要关注地域性因素、社会文化力量对不平等形成的影响。众所周知，我国各个地域之间在经济社会发展水平、文化传统方面存在巨大差异。从教育的视角看，一是各地教育发展水平各异，一个县重点中学的教育质量可能不及另外一个县的普通中学，教育资源配置更是差异巨大；二是地方性教育政策和实践千差万别；三是教育价值取向也有差别，有些地方具有重视教育的文化传统，如甘肃会宁，其他地方可能并非如此，此类种种因素都可能导致地域间的教育发展差别。从本研究的实际来看，很难将地域间差异纳入其中。因此，本研究不考虑教育不平等的地域间差异，而是关注地域内因素和文化力量，然后希望通过类型比较，推及其他类似类型，达成本研究的目的。

3. 实施可行性的考虑

抽取不同地域的样本进行调查或是普查，工作量大、经济投入高，很难在短时期内把资料收集起来，也很难在短时间内对大量数据进行处理，得出结果。从研究者掌握的人力、物力和时间看，是不允许的。另外，从定县调查的经验来看，官方许可和支持、社会关系网络是接近调查对象的两个重要方面，这也是研究者在普查中不能够达到的。更为重要的是，各个地区间中考试题不一致，难以找到统一的学业水平考查标准，不能满足研究设计的条件。

教育部部长袁贵仁在教育部 2010 年度工作会议上指出，义务教育要以推进均衡发展为突破口，率先在县域内实现教育均衡。这进一步启发我们，倘若按照费孝通提出的"类型比较法"，从一县之调查，推及其他类似县，将有助于认识我国县域内的教育机会均等现状，可为县域内教育机会均等的实现提供参考。此外，也希望由点及面，为今后的全国普查奠定基础。鉴于以上考虑，本研究决定从一县调查入手来了解农民子女的受教育机会问题。

（二）调查对象的代表性

依据 2007 年甘肃省初中升普通高中的升学率，参照当地的经济发展水平，本研究选择 Q 县作为研究地点。2007 年甘肃省初中升高中（普通高中）的升学率为 45.59%，同年 Q 县所在的 Y 市初中升普通高中的升学率为44.84%，①Q县初中升普通高中的升学率为44.3%。按照《2007：甘肃省县域经济综合竞争力评价》蓝皮书对甘肃省76个县（市、区）的县域经济综合竞争力进行的综合评价和分析排名，Q县处于中游区域。从以上数据看，Q县的初中升高中的升学率接近于甘肃省和Y市的整体状况，经济发展水平处于全省中等水平。

Q县位于甘肃东部，总面积2692平方公里，共辖5镇10乡153个村，总人口33万，其中农业人口24万。全县现有普通高中3所，其中重点高中一所（位于县城），职业中学1所，初级中学21所，其中县城初中2所，农村初中19所。2010年初三在校人数3540人，两所县城初中的初三在校人数805人，占总人数的22.7%；19所农村初中的初三在校人数为2735人，占总人数的77.3%。②

依据2010年Y市教育局公布的高中阶段招生计划，Q县公办普通高中共计招生1512人，其中正招1260人，扩招252人。LD中学（重点中学）的正招分数线为609分，扩招分数线为592分。YM中学的正招分数线为503分，扩招分数线为492分。XC中学招生分数线为492分。第一志愿未录取学生可调剂到其他中学，三所中学的第一志愿的实际录取情况见表2—1。

表2—1　　　　高中报考及录取情况（第一志愿）

高中	分数段					录取情况			报考人数
	491以下	492—502	503—591	592—608	609以上	正招	扩招	录取	
LD中学	177	29	440	134	705	705	134	839	1485
YM中学	840	68	290	13	17	320	68	388	1228
XC中学	501	27	100	2	2	147	—	147	632
总计	1518	124	830	149	724	1172	202	1374	3345

---

① 甘肃省教育厅办公室、甘肃省教育科学研究所：《2008甘肃教育年鉴》，甘肃教育出版社2009年版，第119页。

② Q县的相关数据由Q县教育局提供，以下同。

由于城市初中学生人数相对较少，本研究采取过度抽样，两所城市初中均予以抽取，以增加城市初中样本的人数，使城市初中学生和农村初中学生的样本比例达到平衡。按照2009年中考成绩排名抽取了5所农村初中，以此来保证样本特征的代表性。本次调查共计发放问卷1200份，调查人数占总人数的30.3%，回收问卷1142份，回收率为95.2%，占总人数的28.8%。其中，从两所城市初中回收问卷469份，占城市初中学生总人数的58.3%，全体学生总人数的11.2%，回收问卷的41.0%；从5所农村初中回收问卷673份，占农村初中学生的21.3%，全体学生总人数的17.0%，回收问卷的59.0%。参加Q县2010年中考的人数是3504人，参加率为99.0%。[①]获取抽样学生的中考成绩之后，调查对象流失24人，流失率为2.1%（见表2—2）。[②]

表2—2　　　　　　　　样本分布概况（N=1142）

变量	类别		调查人数	调查百分比	流失人数	成绩频数	成绩百分比
学校类型	城市初中	CQ初中	286	25.0%	4	282	25.2%
		CF初中	183	16.0%	9	174	15.6%
	农村初中	NG初中	94	8.2%	0	94	8.4%
		NB初中	156	13.7%	1	155	13.9%
		NC初中	138	12.1%	7	131	11.7%
		NS初中	143	12.5%	1	142	12.7%
		NJ初中	142	12.4%	2	140	12.5%
户籍	农村户口		967	84.7%	17	950	85.0%
	城市户口		175	15.3%	7	168	15.0%

---

① Q县有一所企业子弟学校，不受Q县教育局领导，但有部分学生参加Q县中考，前面提供的全县初三学生人数和参加中考人数，均不含该校人数，这里参加中考的人数也仅指Q县教育局领导的21所初中学生。

② 据实地调查和资料整理，流失原因主要有：1. 参加其他县或Y市一中的考试，Q县教育局没有统计到成绩；2. 没有参加中考；3. 部分学生在参加中考时改名，无法将其问卷调查结果与中考成绩对应；4. 问卷调查的姓名潦草无法辨认或中考成绩数据库的姓名有误等。

续表

变量	类别	调查人数	调查百分比	流失人数	成绩频数	成绩百分比
性别	男	598	52.4%	14	584	52.2%
	女	544	47.6%	10	534	47.8%
居住地	城郊	42	3.7%	1	41	3.7%
	县城	297	26.0%	9	288	25.8%
	乡镇	88	7.7%	5	83	7.4%
	农村	715	62.6%	9	706	63.1%
总计		1142	100%	24	1118	100%

三 问卷设计和实施

除实验材料外，本研究的主要研究工具为初中生教育资本调查问卷、初中生升学情况调查表和访谈提纲。初中生教育资本调查问卷，用以收集学生的基本背景，家庭的社会经济地位、经济资本、社会资本、文化资本和学校社会资本，以及学习投入、教育价值观、教育分流意向等学生的心理与行为特征。初中生升学情况调查表，用以收集2010届Q县初三毕业生的实际升学状况，包括毕业升学情形、考取的学校类型以及升学考试成绩。访谈提纲，针对Q县的教育政策、学生升学态度、家庭和学校的教育资源等内容，对学生、家长、老师和教育行政人员进行开放式访谈。

（一）调查问卷的编制过程

首先，在编制问卷之前，研究者深入受调查地区，参与学生的生活和学习活动，观察学校和村落，访谈家长、老师和学生；接着，在实地调查的基础上，依据对以往研究的回顾，研究者编制和选取相关问卷，形成问卷初稿，将初稿交付相关专家和接受调查地区的初中教师，并与他们讨论，请他们提出修改建议；之后，研究者选择农村中学和县城中学各一个班（不是最终的样本班级）进行预测，请受预测学生对问卷的内容、表述方式提出意见；最后，根据预测结果和修改意见对问卷初稿进行修改，然后交给相关专家审核，提出建议，根据专家建议再次进行修改后，作为正式问卷。

(二) 初中生教育资本问卷的编制依据、内容和质量检验

1. 基本状况问卷

基本状况问卷涉及就读学校类型、户籍、性别、家庭居住地、兄弟姐妹人数、社会经济地位和从事非农职业状况等。其中，社会经济地位测量是此问卷的重点。

研究者常以父母职业、父母受教育程度和家庭收入或仅从职业声望出发建构量表来测量社会地位。但是，现有量表多出自西方学者之手，适合西方社会情境，即便是中国学者编制，也多以城市居民为对象，仅将农民笼统地划分为一个阶层。① 改革开放以来，中国农民的社会地位分化明显加速，简单地用"农民"已很难恰当地表述中国的农村社会阶层结构，但鲜有专门测量农民社会地位的量表，多处于初步探讨阶段。② 本研究除采用父亲教育水平、家庭收入和父亲从事的职业类型这三类共识性的社会经济地位测量指标之外，将户籍、家庭主要收入来源也用以家庭社会经济地位的测量。这主要基于以下考虑：一方面，在当前中国，城乡结构不只是体现为城乡之间的人口分布、产业结构以及地理位置的关系上，更体现为一种二元身份性的社会地位体系或结构。因此，我们将"户籍"作为地位的测量指标；另一方面，从历史的发展看，非农化是农村成员社会地位分化的根本动力，致使农村成员的职业身份发生变化，完全或部分地从农业劳动中转移出来的农村社会成员，不再是完全意义上的农业劳动者，而成为非农劳动者或兼业型劳动者。③ 在一定程度上，非农化体现在家庭收入来源上，所以，本研究采用家庭主要收入来源作为非农化或兼业程度的指标。在题项设计上，主要参照了已有问卷的设计模式，特别是中国综合社会调查问卷，以及 Q 县的社会经济发展状况（见表 2—3）。

需要说明的是，本问卷的主要测量对象是农民子女，兼顾城镇

---

① 李强：《应用社会学》，中国人民大学出版社 2004 年版，第 385—393 页。
② 付少平：《农村社会地位测量指标初探》，《西北农林科技大学学报》（社会科学版）2002 年第 1 期。
③ 卢福营：《中国特色的非农化与农村社会成员分化》，《天津社会科学》2007 年第 5 期。

居民子女。主要目的是测量城乡的阶层差异和农民的阶层分化程度，而不是阶层地位高低。

表2—3 社会经济地位问卷

指标	项目
1. 户籍	1. 农村户口　　　　　　　2. 城市户口
2. 父亲教育程度	1. 不识字或识字很少　　　2. 小学 3. 初中　　　　　　　　　4. 高中（含职校、技校或中专） 5. 大专　　　　　　　　　6. 本科及以上
3. 2009年家庭月收入	1. 400元及以下　　2. 401—500元　　　3. 501—700元 4. 701—900元　　　5. 901—1100元　　6. 1101—1400元 7. 1401—1700元　　8. 1701—2000元　　9. 2001—2500元 10. 2501—3000元　11. 3001—4000元　12. 4000元以上
4. 家庭主要收入来源	1. 农业生产收入　　　　　2. 父母亲外出打工 3. 父母亲经营店铺　　　　4. 父母亲工资 5. 父母亲摆摊　　　　　　6. 父母亲打零工 7. 父母经营企业　　　　　8. 其他
5. 父亲从事的职业	1. 普通农民　　　　　　　　　2. 村干部 3. 普通工人　　　　　　　　　4. 教师/医生/律师/科技人员 5. 个体户　　　　　　　　　　6. 行政机关/事业单位干部 7. 行政机关/事业单位一般职员　8. 私营企业老板 9. 国有企业管理人员　　　　　10. 商业服务人员 11. 待业、失业或下岗人员　　　12. 其他

2. 家庭教育投入问卷

（1）家庭经济资本问卷

经济资本是指用于生产商品、服务的金钱和物质资料。在已有的研究中，衡量家庭经济资本的指标很多。有些研究者采用的指标是父母具有所有权、使用权和经营权的各种资产的总和。例如，利用家庭月收入、房产及其价值、车及其价值以及是否拥有避暑别墅作为经济资本的测量指标。① 另有研究者不直接以家庭收入作为经济资本的指标,而是以家庭运用到子女教育上的物质投资作为经济资本的测量指标,如涉及书房、书桌,课外读物等教育设施的读书环境布置。② 也有学者认为,经济资本除了表现为有形的物质资源之外,受到父母财力影响的教育投资,如给子女提供补习教育,或是由于家庭资本不足,让学生放学后必须帮助家里工作或赚钱都能反映出家庭的经济资本状况。③ 而更多的研究者则仅使用父母收入作为经济资本的测量指标。

在布迪厄看来,家庭运用在子女教育上的物质投资,是经济资本兑换而拥有的"客观化形式的文化资本",具有两种意义:以经济资本形式呈现的物质性意义,以文化资本形式呈现的象征性意义。④ 本研究将之作为客观化形式的文化资本。此外,父母收入在本研究中是社会经济地位的测量指标,故不将上述两方面作为经济资本的测量指标。鉴于本研究关注经济资源转化为资本的过程,主要测量家庭对子女教育的经济投入,而非经济资源的静态占有。因此,本研究采用家庭对子女的教育和生活费用投入来测量家庭经济资本,共四个题目,内容涉及学习用品花费(元/学期,$M = 122.88$,$SD = 110.60$)、零花钱(元/月,$M = 46.50$,$SD = 40.21$)、伙食费(元/周,$M = 27.16$,$SD = 19.25$)、家教和补习班费用(元/年),基本涵盖了初中生日常教育开销的主要方面,前三题采用填答式测量,数据回收之后,以平均数为中心点,标准差为分组单位,将数据分为五组,分别赋值1—5,家教和补习班费用采用区间法,分为五个区间(1 = 0元,5 = 1501元以上,区间单位为

---

① Jæger, M. M, Holm, A., "Does parents' economic, cultural, and social capital explain the social class effect on educational attainment in the Scandinavian mobility regime", *Social Science Research*, Vol. 36, 2007, pp. 719-744.

② Teachman, J. D., "Family background educational resources and educational attainment", *American Sociological Review*, Vol. 52, 1987, pp. 548-557.

③ 陈怡靖、郑耀男:《台湾地区教育阶层化之变迁——检证社会资本论、文化资本论及财务资本论在台湾的适用性》,《国家科学委员会研究辑刊:人文及社会科学》2000年第10期。

④ Bourdieu, P., "The Forms of Capital", In J. Richardson (Ed.), *Handbook of Theory and Research for the Sociology of Eduation*, New York: Greenwood Press, 1986.

500元)。问卷分数越高,表明经济资本越多。

(2) 家庭文化资本问卷

在实证研究中,"文化资本"的测量指标往往因所用概念之不同,而有不同的研究结果。布迪厄对文化资本的基本观点是大多数文化资本测量的主要依据。布迪厄认为,文化资本有三种形态,第一种是具体化(embodied)文化资本,如谈吐、仪态举止;第二种是客观化(objectified)文化资本,如拥有的艺术品、餐饮和服饰,以及各种须用经济资本取得,且可积累的"物";第三种是制度化(institutionalized)文化资本,如学历、资格。许多研究者从以上三种形态的一种或多种来测量文化资本,也有研究者将文化资本概念扩大,提出了自己的文化资本测量模式。如迪马吉奥(DiMaggio)指出,除了分析文化资本的正面影响(如布迪厄的精致文化)之外,也要分析负面评价的文化风格(negatively valued cultural styles),如庞克(punk)文化会让学生给老师留下不良影响,从而不利于学业。[1] 法卡斯(Farkas)是以学生的学习习惯和风格(包括旷课日数、作业习惯)等作为"文化资本"的指标。[2] 而埃里克森(Erickson)则以个人对各种不同文化活动的参与及熟悉程度,即多元文化资本(cultural variety)来研究其与职业地位取得的关系。[3] 对本研究具有重要借鉴意义的是托蒙特(Tramonte)和威尔姆斯(Willms)对静态文化资本(static cultural capital)和关系文化资本(relational cultural capital)的区分,他们认为要解释教育阶层化,需要考虑两种重要机制,一种是学生拥有的文化资源对他们教育获得的影响;另一种是文化资源从父母到子女的传递,两者是文化资源拥有和激活的差别。静态文化资本指高级文化物品的拥有(如艺术品、乐器)和高雅活动;关系文化资本指体现在亲子之间

---

[1] DiMaggio, P., & Mohr, J., "Cultural capital, educational attainment, and marital selection", *American Journal of Sociology*, Vol. 90, 1985, pp. 1231–1261.

[2] Farkas, G. G., Robert, P., & Sheehan, D., "Cultural resources and school success: Gender, ethnicity, and poverty groups within an urban school district", *American Sociological Review*, Vol. 55, 1990, pp. 126–142.

[3] Erickson, B. H., "Culture, Class, and Connection", *The American Journal of Sociology*, Vol. 102, 1996, pp. 217–251.

的文化资源和活动,如对文化、政治和社会事件以及学校活动的讨论。① 在我们看来,虽其对文化资源激活机制的看法与本研究的旨趣一致,但关系文化资本实际上可囊括在社会资本之中。

这些文化资本的测量模式虽有借鉴价值,但其无论是理论基础或是具体指标均适合于西方文化或都市文化,并不适合中国西部的城乡状况,如参加音乐会、演奏会等精致文化资本指标,多属于休闲娱乐的多元文化资本指标,不但在中国西部农村不具备,即便是县城的孩子也很少有机会参加这些活动,而且,这些指标能否用来测量与教育、学习成就相关的文化资本也值得商榷。另外,经济资本、文化资本和社会资本的测量指标也存在混用现象,如有学者误将补习教育(依据布迪厄的理论,应是经济资本)、亲子文化活动视为文化资本等。② 相比之下,陈青达和郑胜耀编制的《文化资本与学业成就问卷》较为周详细致,更多考虑到中国文化背景的实际,关注文化资本与学业成就的关系,凸现了文化资本的激活,这与本研究的研究架构较为相符。③ 因此,本研究采用的文化资本问卷就是在此问卷的基础上,借鉴其他相关问卷,结合西北城乡初中生的本土特色进行适当修订后形成,修订没有改变原有问卷的理论基础和结构,主要是语句的调整,题目力求接近被试的实际生活情境和西北的地方文化特点。

陈青达和郑胜耀依据布迪厄对三种形式文化资本的界定来建构测量指标。在具体化文化资本方面,采用学生家庭的"文化培育多寡"、学生的"文化自我教化"和"良好生活学习习惯"三项指标;在客观化文化资本方面,采用家庭"文化财产和文化媒介"拥有和家庭"教育物质设备"投资两项指标;在制度化文化资本方面,采用"父亲文化程度"与"母亲文化程度"两项指标。各指标

---

① Tramonte, L., & Willms, D. J.," Cultural capital and its effects on education outcomes", *Economics of Education Review*, Vol. 29, 2009, pp. 200-213.

② 王丽云:《学童社经背景与暑期经验对暑期学习成就影响之研究》,《教育研究集刊》2005 年第 4 期。

③ 陈青达、郑胜耀:《文化资本与学习成就之间的关系研究:以云林县国民小学六年级学生为例》,《新竹教育大学学报》2008 年第 1 期。

的信度分别为：具体化文化资本方面，文化培育的 Cronbach a 系数为 0.74，文化自我教化的 Cronbach a 系数为 0.65，良好生活学习习惯的 Cronbach a 系数为 0.87；客观化文化资本方面，文化财产和文化媒介的 Cronbach a 系数为 0.73，教育物质设备的 Cronbach a 系数为 0.64；制度化文化资本方面，父亲文化程度的 Cronbach a 系数为 0.87，母亲文化程度的 Cronbach a 系数为 0.77。

本次研究仍采用陈青达等人建构的测量指标，但依据我们对文化资本的看法，删除了制度化文化资本维度（依据布迪厄的观点，研究者经常采用父母教育程度测量制度化文化资本，鉴于父母教育程度在本研究中是社会经济地位的测量指标之一，此处未再测量）和其他部分题项（例如：在原问卷中，参加才艺教育的花费属于文化培育，但依本研究观点，应属经济资本），并将具体化和客观化两个维度的各项指标所涵盖题项的测量分数相加得出两个维度的各自总分，未再细分指标。经检验，具体化文化资本包括 8 个题目，主要涉及才艺学习、兴趣爱好、良好的生活和学习习惯等，Cronbach a 系数为 0.74；客观化文化资本包括 4 个题目，内容涉及书房、书桌、学习设备、图书和书画作品的拥有，Cronbach a 系数为 0.68。总问卷的 Cronbach a 系数为 0.75，解释 57.32% 的总变异，表明问卷具有较好的信效度。问卷采用 5 点计分形式作答，分数越高，表明受试者的家庭文化资本越高。

(3) 家庭社会资本问卷

科尔曼认为，社会资本是指建立在信任、规范与互惠原则基础上的社会关系网络，可以区分为家庭内社会资本与家庭外社会资本。家庭内社会资本主要指家庭内的亲子互动关系与父母对子女教育的期望、投入等；家庭外社会资本主要指父母在社区内的人际关系，包括邻里相处、与子女老师的联系、与子女朋友及其父母的联系，以及师生联系等。科尔曼对社会资本的测量主要围绕家庭内社会资本进行，涉及父母对儿童的教育期望和父母与儿童之间的沟通。① 有研究者认为，家庭社会资本主要来源于家庭内部的社会关系网络，如马奇儿班克思（Marjorbanks）和马博雅（Maboya）认为家庭社会资本主要指家庭中成年人与儿童关系的强度，其来源于父母期望与父母卷入。② 福斯坦堡（Furstenberg）认为家庭范围内的社会资本主要表现为父母对儿童的社会投入（social investment）以及家庭与社区的联结，主要通过家庭凝聚力、父母支持、父亲在家时间、父母帮助儿童完成家庭作业、与父母共同活动、父母对儿童学校表现的预期、母亲参加学校会议、父母知道孩子朋友的数量等来测量家庭内部的社会资本。③ 还有研究者从现实的人际关系——同父母及家庭其他成员、师长、同伴间的人际互动出发来测量社会资本，将父母关系对应于家庭社会资本，师长、同伴关系对应于学校社会资本，如黄（Huang）对挪威中学生学业成就与社会资本的关系研究便是如此。④

从中国文化背景出发，周新富和王财印对社会资本的本土化测量进行了积极探索，将家庭社会资本定义为"家庭本位的社会资本"，具体指亲子之间的人际关系与互动，认为家庭社会资本包含父母参与学校、家庭规范、父母教育期望、行为监督和家庭互动等五项因素，据此编制了家庭社会资本问卷，具有良好的信度和效度。⑤ 蒋逸民在综合布迪厄和科尔曼关于社会资本界定的基础上，借鉴马奇儿班克思的社会资本测量指标，依据访谈结果，编制了家庭内社会资本量表。此量表包含5个分量表，共计25个项目：父母对孩子的态度；父母的教育期望；父母的支持；父母的监督；

---

① Coleman, J. S., "Social capital in the creation of human capital", *American Journal of Sociology*, Vol. 94, 1988, pp. 95-120.

② Marjorbanks, K., & Maboya, M., "Family Capital, Goal Orientations and South African Adolescents' Self-concept: A moderation-mediation model", *Educational Psychology*, Vol. 3, 2001, pp. 333-350.

③ Furstenberg, F., Hughes, E., "Social capital and Successful development among at-risk Youth", *Journal of Marriage and the family*, Vol. 3, 1995, pp. 580-592.

④ Huang, L., "Social capital and student achievement in Norwegian secondary schools", *Leaning and Individual Differences*, Vol. 19, 2009, pp. 320-325.

⑤ 周新富、王财印：《社会资本在家庭代际人力资本传递作用之探讨》，《国立台北教育大学学报》2006年第2期。

父母与孩子的共同活动。总量表的 Cronbach a 系数为 0.80，除父母监督分量表的 Cronbach a 系数为 0.61 外，其余各分量表的 Cronbach a 系数在 0.70 至 0.80 之间，均在可接受的范围之内。验证性因素分析表明，量表的理论模型与原始数据的拟合程度达到了统计要求。[①]

本研究所使用问卷是在参照周新富等人量表的基础上，对蒋逸民编制的量表进行修订后形成。探索性因素分析表明，修订后的量表存在 5 个因素，因素 1 涉及父母对子女学业及未来教育成就的期望，命名为"父母教育期望"，Cronbach a 系数为 0.70，共 5 个项目；因素 2 涉及父母参与子女的学习活动或提供学习机会，命名为"父母教育参与"，Cronbach a 系数为 0.75，共 5 个项目；因素 3 涉及父母对子女学校教育活动的了解和重视，命名为"学校教育关注"，Cronbach a 系数为 0.70，共 5 个项目；因素 4 涉及父母对子女教育的关心、支持和鼓励，命名为"父母教育支持"，Cronbach a 系数为 0.72，共 6 个项目。总量表的 Cronbach a 系数为 0.87，解释 48.27% 的总变异，表明量表具有较好的信效度。量表采用 4 点计分方式，从"从不"到"经常"记为 1—4 分。

3. 学校社会资本问卷

学校社会资本的测量指标常因研究者对学校社会资本和家庭外社会资本之间关系的不同认识而有所不同，未曾有明确统一的观点。部分研究者认为家庭外社会资本含有父母与邻里和亲友的互动等社区因素，学校社会资本为家庭外社会资本的一个方面；另有研究者主张的家庭外社会资本仅限于学校因素。前者如周新富等人认为，社区社会资本表现在父母与学校的互动、父母与邻居的互动和父母与亲友的互动等三个方面，学校社会资本应从师生关系、亲师关系、同伴关系、学校信任和学校规范等五个层面来测量。[②] 蒋逸民从父母帮助网、跨代闭合、父母学校参与和学生转学等四个维度

[①] 蒋逸民：《教育机会与家庭资本》，社会科学文献出版社 2008 年版，第 101—103 页。

[②] 周新富、王财印：《社会资本在家庭代际人力资本传递作用之探讨》，《国立台北教育大学学报》2006 年第 2 期。

来测量家庭间社会资本。父母帮助网实际上类似于周新富等人的社区社会资本。① 后者如海格哈特（Haghighat）认为，家庭外社会资本具有三个层面：（1）家长参加学校教育事务情形；（2）学校与家长联系与互动情形；（3）学校提供良好师生环境。② 还有研究者仅将学校社会资本界定为师生关系和同伴关系来测量学校社会资本。③

本研究采用周新富和王财印编制的学校社会资本问卷。此问卷存在5个维度，即师生关系、同伴关系、亲师关系、学校规范和学校信任，可解释43.2%的总变异。④ 在本次测量中，"师生关系"的Cronbach a系数为0.71，包括5个项目；"同伴关系"的Cronbach a系数为0.77，包括6个项目；"亲师关系"的Cronbach a系数为0.83，包括4个项目；"学校规范"的Cronbach a系数为0.70，包括4个项目；"学校信任"的Cronbach a系数为0.83，包括5个项目。总量表共计24个项目，Cronbach a系数为0.84，解释54.78%的总变异，表明问卷具有较好的信效度。问卷采用5点计分形式作答，1表示"完全不符合"，5表示"完全符合"。

4. 学习投入问卷

肖费勒（Schaufeli）等人编制的学习投入量表是目前使用较多，比较有代表性的学习投入测量工具，共计17个项目，包括活力（Vigor）、奉献（Dedication）和专注（Absorption）三个维度。⑤ 经方来坛等人翻译修订成中文版，中文版量表的内部一致性信度系数为0.95，解释了68.40%的总变异，各因素的内部一致性系数在0.85—0.95之间，效标关联效度检验显著，验证性因素分析表明各

---

① 蒋逸民：《教育机会与家庭资本》，社会科学文献出版社2008年版，第101—103页。

② Haghighat, E., "School social capital and pupils' academic performance", *International Studies in Sociology of Education*, Vol. 15, 2005, pp. 213-236.

③ 苏船利、黄毅志：《文化资本透过学校社会资本对台东县国二学生学业成绩之影响》，《教育研究集刊》2009年第3期。

④ 周新富、王财印：《影响国中生学校社会资本因素之探讨及其与学习结果关系之研究》，行政院国家科学委员会专题研究计划成果报告，2006年。

⑤ Schaufeli, W. B., Martinez, I. M., & Pinto, M. A., "Burnout and engagement in university students: A Cross-National study", *Journal of Cross-Cultural Psychology*, Vol. 33, 2002, pp. 464-481.

项拟合指标均达到了心理测量学标准。[1]

参照肖费勒等人编制的原始量表，本研究对方来坛等人修订的中文版学习投入量表进行了重新修订。在本次研究中，"活力"的 Cronbach a 系数为 0.83，包括 6 个项目；"奉献"的 Cronbach a 系数为 0.86，包括 5 个项目；"专注"的 Cronbach a 系数为 0.86，包括 6 个项目；总量表共计 17 个项目，Cronbach a 系数为 0.93，解释了 60.31% 的总变异，表明量表具有较好的信效度。本量表采用 5 点计分方式，1 表示"非常不符合"，5 表示"非常符合"。数据处理只涉及学习投入总分，问卷分数越高，表明学生的学习投入越高。

5. 教育价值观问卷

牛春娟和郑涌将教育价值观界定为：在一定社会历史条件下的主体以自己的需要为基础而形成的对教育价值的认识、判断、评价等观念系统，是人们对教育功能的认识，对教育的需求，接受教育的目的、态度等教育行为倾向性的综合表征。教育价值观结构包括以下四个部分：（1）教育效用，即对教育价值的认知、态度评价，主要针对接受教育带来的经济利益；（2）家族荣誉，即接受高等教育的光环效应，主要针对的是接受高等教育带给家人和家族的荣誉；（3）个人发展，即接受教育对自身发展具有的价值的认知和态度评价，主要针对评价者个人而言；（4）民族传承，即对教育在民族传统文化的传承价值上较为稳定的看法和持有的态度评价。据此，牛春娟和郑涌编制了《西南少数民族教育价值观问卷》，此问卷包含 21 个题项，4 个维度共解释 52.66% 的总变异，各维度及量表总体的 Cronbach a 系数在 0.59—0.76 之间，均达到可接受水平。[2]

鉴于本研究在理论构想方面与此问卷相符，我们对其进行修订之后作为本研究的问卷。由于"民族传承"维度不属于本次研究探讨的内容，故未采用。其他修订主要体现在个别语句的调整上，以符合研究目的、研究地点的文化传统和研究对象的现实状况。在本

---

[1] 方来坛、时勘、张风华：《中文版学习投入量表的信效度研究》，《中国临床心理学研究》2008 年第 6 期。

[2] 牛春娟、郑涌：《西南少数民族教育价值观的调查研究》，《心理科学》2010 年第 1 期。

次测量中，教育价值观问卷存在三个因素，共计 15 个项目。"教育效用"因素的 Cronbach a 系数为 0.72，包含 5 个项目；"个人发展"因素的 Cronbach a 系数为 0.82，包含 7 个项目；考虑到原问卷命名的"荣誉"因素主要涉及教育带给自己和家庭的荣誉，实际是社会声望的体现，本研究将之重新命名为"社会声望"，Cronbach a 系数为 0.59，包含 3 个项目。总量表的 Cronbach a 系数为 0.75，解释 51.46% 的总变异，表明量表具有较好的信效度，符合研究构想。量表采用 4 点计分方式，从"非常不同意"到"非常同意"记为 1—4 分。

6. 升学选择意愿问卷

本问卷旨在了解初三学生毕业后的升学选择意愿，具体内容由初中毕业后的打算、升学意愿的强烈程度和自信构成。初中毕业后的打算由 4 题组成：（1）初中毕业后的打算，请受调查者从务农、外出打工、上高中、上中专、上技校、就业、学手艺和其他八个选项中做出选择；（2）没有考上普通高中，是否会上职业中学；（3）没有考上普通高中，是否会去复读；（4）没有考上普通高中，但可以交费上学，是否会交费上学。后三个题目从"不会"或"会"中勾选。了解升学意愿和升学考试信心的题目为：（1）你目前对毕业后继续升学的意愿如何？（2）你对升学考试是否有信心？采用 4 点计分方式作答（1 = 意愿非常强/极有信心，5 = 意愿很低/不太有信心），分数越高，表示意愿或信心越低。

（三）问卷施测和资料处理

1. 问卷施测

初中生教育资本调查问卷在初三学生毕业考试之前填写。由于问卷过长，为避免学生在填写过程中出现疲劳，问卷分两次发放，时间间隔 1 天。两次发放均由研究者本人采取团体测试方式进行，在半个小时内一次完成。初中生升学情况调查表在初三学生毕业离校之后由教育行政部门或学校老师填写。

2. 资料整理

在问卷调查工作完成之后，研究者随即进行资料的初步整理，剔除废卷，编码登录。首先，将填答内容缺失过多或明显作假者问卷作废；其次，查找非法值和极值，主要是通过查看频数表找出超出变量规定取值范围的取值，然后一一比照问卷所记录的相应信息（原始信息）加以分析、处理。对于资料部分缺失者，仍予以保留而采取部分舍弃的方式处理，缺失的部分以 SPSS 的 MISSING VALUES 来界定，在分析资料时，缺失变量不列入统计分析，也不以其他方式（例如以该变量的平均数或中间数取代）来代替缺失值，但该样本问卷的其他变量照常参与整体的统计分析。对于填答问卷，但未收取到中考成绩的学生数据，在问卷的信效度分析和未涉及学习成绩变量和升学去向变量的研究中，其数据予以采用，凡涉及此两变量的分析，这些学生的数据不予采用。

3. 统计工具和方法

本研究调查结果采用 SPSS（15.0 版）和 LISREL（8.70 版）软件进行数据处理。根据研究目的和待答问题，主要使用了 Logistic 回归分析、线性回归分析、卡方检验、方差分析和结构方程模型等统计分析方法。

第三章

教育分流与阶层再生产

第一节 选择谁：高中教育机会分配的结构特征

一 引言

在我国，高中教育是衔接义务教育和高等教育的中间环节，由普通高中、职业高中、中专和技校等部分组成。不同类型的学校按照不同的要求和标准，采用不同的方法，教授不同的内容，使学生成为不同规格和类型的人才。在学历社会的制度背景下，普通高中具有"地位取向教育"的特征，相比之下，职业学校在帮助人们就业并赋予个人向上流动的能力有限，这导致此时的教育分流在一定程度上为学生从事不同的职业和进入不同的社会阶层打下一定的基础。也就是说，上什么类型的学校，能否进入高中，上什么样的高中，成为进一步获致高等教育机会的前提，影响到未来社会经济地位的获得。虽然，近年来国家提出要大力发展职业教育，把职业教育确立为经济社会发展的重要基础和教育工作的战略重点，但由于文化观念中的"偏普教育意识"和普通高中教育具有的"地位取向特征"，并没有改变人们选择普通高中教育的决心。[①] 与此同时，自1999年以来，高考的升学率超过中考升学率，对高中的竞争要比高考更为激烈。[②] 还有一个不容忽视的现象就是，近年来，许多农村

---

① 周正：《谁念职校——个体选择中等职业教育问题研究》，教育科学出版社2009年版。

② 中华人民共和国教育部：《2010年教育统计数据》（http://www.moe.edu.cn/edoas/website18/level2）。

家庭、贫困家庭和较低阶层家庭出身的孩子,在初中毕业甚至初中未毕业时就放弃学业,进入劳动力市场。升入高中,尤其是升入重点高中的学生的家庭背景层次不断提升。① 这一切均表明,高中教育成为个体获得高等教育机会的瓶颈,高中教育机会的不平等程度有可能在加剧,高等教育机会在阶层中分配的潜在过程,早在基础教育阶段就开始了。

这些现象似乎与我国高中教育迅速发展的景象相矛盾。据2010年全国教育事业发展统计公报,2010年普通高中在校生规模达到了2427.34万人,招生人数为836.24万人,均比2000年翻了一番。那么,普通高中教育扩展是否意味着高中教育公平性程度的提高呢?这是需要解答的一个问题。此外,改革开放以来,国家不断加大"三农"投入力度,"取消农业税"、"新农村建设"及其他惠农扶贫政策和项目的实施使农民收入增长速度加快,极大地改变了农村的社会经济条件。与此相关,改革开放以来,中国农村社会分层的状况发生了重大变化,均质同构的社会结构从根本上被打破,新的社会阶层逐渐形成。处于变化之中的农村社会经济条件和社会结构会对教育机会分配产生什么影响?这些新社会阶层的出现会对教育机会分配产生什么影响?这些新社会阶层在争取教育机会的过程中有什么表现?这些也是特别值得关注的问题。

上述讨论表明,高中教育机会在人口中的分配形态,在一定程度上决定着社会分层的基本特征。谁在这场竞争过程中处于优势地位,取得高中教育机会就成为考察教育公平状况和教育与阶层地位再生产关系的重要视角。鉴于此,本节试图以教育分流为切入点,考察高中教育机会分配的结构特征及其与社会分层的关系。研究问题从两个方面展开:第一,高中教育机会分配的结构特征,主要探讨高中教育机会分配的城乡、性别和社会经济地位差异,阶层结构性因素对高中教育机会分配的影响情形;第二,农村社会经济发展和社会分化对高中教育机会分配的影响,主要探讨高中教育机会在

---

① 参见杨东平《中国教育发展报告》,社会科学文献出版社2009年版,第190—199页。

不同农村社会阶层中的分配状况，农村社会阶层分化与城乡之间教育机会不平等的关系。

二　数据、变量和分析方法

本节研究涉及初中生教育资本调查的两部分数据资料，一部分为社会经济地位，另一部分为2010届初三学生的毕业分流去向。

（一）分析策略

首先采用交叉表探讨性别、城乡和社会经济地位与升学去向之间的关系，接着以二元Logistic回归分析检验性别、户籍和社会经济地位等变量对不同类型普通高中入学机会获得的影响情形。分析变量的描述统计见表3—1。

表3—1　　　　　分析变量的描述统计（N=1118）

指标		合计	户籍	
			农村户口	非农户口
性别（男性,%）		52.2	52.2	52.4
户籍（非农户口,%）		15.0	—	—
就读学校类型（城市初中,%）		40.8	33.2	83.9
居住地（%）	农村	63.1	72.2	11.9
	城郊	3.7	3.4	5.4
	县城	25.8	16.5	78.0
	乡镇	7.4	7.9	4.8
父亲职业（%）	普通农民	61.9	70.0	16.1
	普通工人	12.8	12.0	17.3
	科技、管理和办事人员	10.5	4.3	45.2
	个体、私营和商业人员	13.3	12.2	19.6
	其他	1.5	1.5	1.8

续表

指标		合计	户籍	
			农村户口	非农户口
父亲教育程度（%）	不识字或识字很少	6.0	6.7	1.8
	小学	30.4	33.8	11.3
	初中	40.5	43.1	26.2
	高中	17.1	14.6	31.0
	大专、本科及以上	6.0	1.8	29.8
家庭月收入（%）	500元以下	28.4	31.9	8.9
	501—1400元	43.2	46.4	25.0
	1400元以上	28.4	21.7	66.1
家庭主要收入来源（%）	农业生产收入	34.7	39.8	6.0
	父母打工、摆摊和打零工	34.5	38.6	11.3
	父母经营店铺或企业	14.6	13.3	22.0
	父母亲工资	13.8	6.1	57.1
	其他	2.4	2.2	3.6
兄弟姐妹人数（%）	1个	5.3	3.4	16.1
	2个	54.4	52.2	66.7
	3个及以上	40.3	44.4	17.3
毕业去向（%）	未升入普通高中	50.4	49.9	53.0
	升入非重点普通高中	27.1	28.6	18.5
	升入重点普通高中	22.5	21.5	28.6
个案数（N）		1118	950	168

（二）变量和 Logistic 回归模型

本研究建立高中教育机会模型来考察阶层和城乡等因素对高中教育机会获得的影响情形，建立农民阶层内部高中教育机会获得模型，以考察农村社会阶层分化对农民子女高中教育机会获得的影响状况。①

1. 因变量

本研究采用了三类因变量，分别为："是否获得普通高中教育机会（未区分重点和非重点）"；"是否获得重点普通高中教育机会"和"是否获得非重点普通高中教育机会"（是＝1，否＝0）。这里的普通高中教育机会获得是指中考成绩达到普通高中录取分数线，获得普通高中教育入学资格。②

2. 自变量

本研究测量阶层之间普通高中教育机会获得的自变量包括父亲职业、父亲教育程度、家庭月收入、家庭主要收入来源。受被调查者数量的限制，父亲职业类别的数据较为分散，将其合并为5类，分别为普通农民（普通农民，村干部）、普通工人（普通工人，待业、失业和下岗人员）、个体、私营和商业人员（个体户，私营企业老板和商业服务人员）、科技、管理和办事人员（教师/医生/律师/科技人员，行政机关/事业管理干部，行政机关/事业管理一般人员，国有企业管理人员）和其他，生成4个虚拟变量（普通农民＝0）。父亲教育程度共5个类别，生成4个虚拟变量（不识字＝0）。家庭月收入重新编码后分为3个类别（低、中和高），生成2个虚拟变量（低收入阶层＝0）。③ 将家庭主要收入来源的8个分类合并为5个，分别为：农业生产收入，父母打工、摆摊和打零工，父母亲工资，父母经营店铺或企业和其他，生成4个虚拟变量（农业生产收入＝0）。性别教育机会获得差异的虚拟变量设定为：男＝1，女＝0。城乡之间教育机会获得差异的自变量是受调查者的

---

① 这里的农民是以户籍来划分的。
② 文中除非特别说明，高中仅指普通高中，不包括职业高中，普通高中教育机会指不分重点与非重点的高中教育机会。
③ 重新编码的方法：按照收入的高低排列，找出高低分组人数之27%的分数，然后以此分数来分组，月收入在500元以下者为低收入组，月收入在501—1400元之间者为中等收入组，1400元以上者为高收入组。

户籍,非农户口=1,农业户口=0。家中兄弟姐妹数主要作为控制变量,区分为三类,独生子女(参照类)、兄弟姐妹两个和兄弟姐妹三个以上。

测量农民阶层内部高中教育机会获得的自变量排除户籍变量,加入居住地、就读学校类型两个变量,居住地共4个类别,生成3个虚拟变量(农村=0)。就读学校类型的虚拟变量设定为:城市中学=1,农村中学=0。其余诸自变量均纳入农村子女高中升学机会的模型。统计模型以 Logistic 模型为基础,函数形式如下:

$$\log_e\left\{\frac{p_i}{1-p_i}\right\} = \beta_0 + \sum_k \beta_k X_{ik}$$

p_i 是获得高中入学机会的概率,X_{ik} 是被调查者在第 k 个自变量上的状态,β_k 是从数据中估计得到的参数。

上述自变量可以分为三类。第一类是人口统计学变量,包括户籍、性别,为了考察不同户籍内部的性别差异是否显著,加入了户籍和性别的交互项;第二类变量为家庭背景变量,包括父亲职业、父亲教育程度、家庭月收入、主要收入来源和兄弟姐妹人数;第三类是仅与农民子女教育机会获得相关的变量,为居住地和就读学校类型;依次纳入前两类自变量,形成相互嵌套的模型,来探讨教育机会获得的阶层差别(表3—2和表3—3)。在嵌套模型之后,建立农民阶层内部高中教育机会获得模型,来探讨农民阶层内部高中教育机会获得是否存在差异(表3—4)。自变量的筛选方法采用最大似然估计的向前逐步回归法。

三 数据分析结果

(一)性别、户籍、家庭结构和社会经济地位与升学去向的关联性分析

交叉表分析表明:除兄弟姐妹人数外,升学去向在性别、户籍、父亲教育程度、父亲职业、家庭月收入、家庭主要收入来源、学校类型和居住地等变量上的差异均显著(见表3—5)。具体情形

如下：（1）女生未升入高中的比例高出男生 8.7 个百分点，相形之下，男生升入非重点高中和重点高中的比例分别高出女生 2.1 和 6.6 个百分点；（2）城市学生未升入普通高中的比例高于农村学生 3.1 个百分点，升入重点高中的比例高出农村学生 7.1 个百分点，农村学生升入非重点高中的比例高出城市学生 10.1 个百分点；（3）父亲教育程度越低，子女未升入普通高中的比例越高，父亲教育程度越高，子女升入重点中学的比例越高，父亲教育程度低的学生升入非重点普通高中的比例高于父亲教育程度高的学生；（4）家庭月收入在 1400 元以上的学生未升入普通高中和升入重点高中的比例都比其他两个收入组高，与其他两个收入组相比，家庭月收入在 500 元以下的学生升入非重点高中的比例为最高，升入重点高中的比例最低，家庭月收入在 501—1400 元之间的学生无论是未升入普通高中的比例或是升入其他两种类型高中的比例均处于中游水平；（5）父亲职业为"个体、私营和商业人员"的学生未升入普通高中的比例最高，升入重点高中的比例最低，父亲职业为"科技、管理和办事人员"的学生未升入普通高中的比例最低，升入重点高中的比例最高，父亲职业为"普通农民"的学生升入非重点高中的比例最高；（6）家庭主要收入来源为"父母亲工资"的学生升入重点高中的比例最高，家庭主要收入来源为"农业生产收入"的学生升入非重点高中的比例最高，未升学的比例最低，相比之下，家庭主要收入来源为"父母打工、摆摊和打零工"和"父母经营店铺或企业"的学生未升学的比例都相对较高，升入重点高中的比例相对较低；（7）就读农村初中的学生未升学和升入重点高中的比例均低于就读城市初中的学生，升入非重点高中的比例高于就读城市初中的学生；（8）居住在县城和城郊的学生未升入普通高中的比例最高，升入重点高中的比例也高于居住在农村的学生，居住在农村的学生升入非重点高中的比例最高，居住在乡镇的学生升入重点高中的比例最高，升入非重点高中的比例也高于居住在城郊和县城的学生，未升学的比例最低。

(二) 不分重点与非重点的高中教育机会的影响因素

表3—2所列数据是以"是否获得普通高中教育机会"为因变量的Logistic模型的分析结果，表明影响普通高中教育机会获得的重要因素是性别、父亲教育程度和家庭收入来源。在控制家庭背景变量之后，性别差异并未缩小，男性获得的普通高中教育机会是女性的1.4倍。父亲教育程度是高中的学生上普通高中的机会是父亲教育程度为不识字或识字很少学生的1.9倍，若父亲教育程度为大专以上则上升为2.9倍。有意思的是，家庭收入来源之间存在差异，回归系数是负值，这意味着来自主要收入来源为"农业生产"的那些家庭的学生上普通高中的概率高于来自主要收入来源为"父母打工、摆摊和打零工"、"父母经营店铺或企业"和"父母亲工资"家庭的学生，在同等条件下——相同的家庭背景、户籍和性别身份——后三类家庭的子女上普通高中的机会只是前一类家庭子女的69%、51%和56%。来自家庭收入主要是"农业生产"的城市家庭的样本数量较少（10人次），显然，这主要是针对农村家庭的。从农村家庭来看，后三类家庭一般疏于对子女的照顾，备受关注的留守儿童问题就是表现之一，反而，主要收入来源为"农业生产"的家庭不存在这样的问题。

户籍、户籍和性别之间的交互作用对普通高中教育机会的影响不显著，这说明女孩在城乡间的机会差距与男孩在城乡间的差距是相同的。不过，此处需要说明的是，表现城乡教育机会不平等的户籍变量的影响不明显，并不意味着不存在城乡不平等，城乡教育机会的不平等更多地表现在质量上而非数量上，这在后续的数据分析中得以证实。Logistic回归分析表明，父亲职业并不影响普通高中教育机会的获得，这可能是在西部县域内，高层管理人员、富裕私营企业主、经理人员等社会上层数量极少，没有如大中城市那样，职业地位分化明显，职业之间地位差距较大。考虑城乡差别的已有研究所使用的人口抽样调查数据和中国综合社会调查数据（CGSS）是大范围的社会调查，样本中含有这些社会上层，从而导致了样本选择性偏误。[①]

[①] 吴愈晓：《中国城乡居民的教育机会不平等及其演变（1978—2008）》，《中国社会科学》2013年第3期。

实际上，城乡之间、不同地域和级别城市之间以及宏观制度性因素的差别能够解释阶层地位和机会获得差异的更大一部分。因此，这里的职业地位差异不显著并不意味着职业地位不起作用，只是可能与县域内职业地位分化差异较小有关。

表 3—2　　普通高中教育机会获得模型（Logistic Model）①

自变量		模型 1			模型 2		
		B	Exp（B）	S.E	B	Exp（B）	S.E
性别（男性＝1）		0.36**	1.43	0.12	0.35**	1.47	0.12
父亲教育程度（参照组：不识字）	小学				0.10	1.10	0.27
	初中				0.09	1.09	0.27
	高中				0.63*	1.88	0.30
	大专、本科及以上				1.07**	2.91	0.40
收入来源（参照组：农业收入）	父母打工、摆摊和打零工				-0.38*	0.69	0.15
	父母经营店铺或企业				-0.68**	0.51	0.20
	父母亲工资				-0.59*	0.56	0.23
-2Log-Likelihood		1541.49			1529.72		
自由度（df）		1			9		
模型显著性		0.004			0.000		

*$p<0.05$；**$p<0.01$；因变量为："是否获得了普通高中入学机会"，是＝1，否＝0。

　　Logistic 回归分析发现，家庭月收入对普通高中教育机会获得的影响不显著。近年来，国家实行免费义务教育政策和免除农业税等政策，农民的经济能力增强，使得经济条件对基础教育机会不均等的影响力减弱。本研究结果证实了这一点，虽其原因有待于进一步研究，但至少说明在 Q 县的基础教育阶段，因经济条件导致某些孩子失去教育机会的现象已不具有普遍性。作为控制变量的兄弟姐妹数对普通高中教育机会获得不存在影响，则说明 Q 县已很少存在因为兄弟姐妹过多而影响受教育机会的现象。

---

　　① 出于模型简洁性的考虑，未将不显著的变量列入表内，为行文简便，下文不再说明。

(三) 重点和非重点高中教育机会的影响因素

根据 EMI 假设，在某个教育阶段上可能会出现教育年限这样量的平等，但是特定的教育文凭会以一种质性的、更为不平等的方式替代以前量的不平等。在我国，重点高中和非重点高中虽然同属普通高中教育，但其教育资源、教育质量等方面并不相同，在未来的高等教育竞争中处于不同的位置上，因而这两类教育机会的不平等也会不同。

表3—3 列出了两个 Logistic 模型的分析结果，模型 3 和模型 4 的因变量为"是否获得重点普通高中入学机会"，模型 5 和模型 6 的因变量为"是否获得非重点普通高中入学机会"。模型 3 表明，性别和户籍对于重点高中教育入学机会具有影响，男性获得重点高中教育的机会是女性的 1.5 倍，城市孩子获得重点高中教育的机会是农村孩子的 1.5 倍。模型 4 表明：在控制家庭背景变量之后，性别依然对重点高中教育机会产生影响，只是略有减小，户籍对重点高中教育机会影响不显著，父亲教育程度的影响显著，父亲职业、家庭月收入、主要收入来源、兄弟姐妹人数和就读学校类型等变量对重点高中教育机会影响不显著。

这表明重点高中教育机会获得主要是性别、城乡之间的差异，而城乡之间的差异更多是由城乡之间的文化差别造成，父亲教育程度是高中的学生获得重点高中教育的机会是父亲教育程度是不识字或识字很少学生的 2.3 倍，若父亲教育程度为大专以上则上升到 4.9 倍。家庭月收入、父亲职业和收入来源不起作用的原因可能在于：一方面，如前所述，这与县域内职业分化较小和农村经济发展、国家政策扶助有关系；另一方面，能力培养易于受到文化资本的影响，父母文化水平较高的学生更可能取得成功进入重点高中，那些职业地位较高，但文化水平较低的父母只能通过利用经济资本帮助孩子进入普通高中，这一策略更易于在非重点高中教育机会中发挥作用，恰恰当前的非重点高中教育入学机会较为充裕，使得经济资本的相对效力减弱。模型 5 显示，只有户籍变量对"是否获得非重点普通高中入学机会"的影响显著，回归系数是负值，若加入家庭背景变量，则所有变量的影响均不显著（模型 6）。这意味着农村孩子上非重点高中的概率高于城市孩子，非重点高中入学机会在量上较为充裕。

综合上述数据分析结果，可以确定，在重点普通高中教育机会上，城市孩子占有优势，这种差异的出现主要是文化水平差异导致的，非重点高中的机会平等甚至有利于农村孩子，则是建立在高中教育机会量的充裕性之上。

（四）农民阶层内部教育机会的影响因素

农民阶层内部高中教育机会获得模型由三个 Logistic 模型组成，分别分析"普通高中入学机会（不分重点与非重点，模型7）"、"重点普通高中入学机会（模型8）"和"非重点普通高中入学机会（模型9）"（见表3—4）。

统计分析表明，农村男孩子上普通高中和重点普通高中的机会分别是农村女孩的1.54倍和1.50倍。父亲教育程度对子女普通高中教育机会和重点高中教育机会获得影响显著，父亲教育程度是高中的学生获得的普通高中机会是父亲教育程度是不识字或识字很少学生的1.70倍，若父亲教育程度为大专以上，则上升为4.36倍；在重点高中教育机会获得上，则依次为1.96倍和4.90倍。就读学校类型对"是否获得普通高中入学机会"和"是否获得非重点普通高中入学机会"的负效应显著，对"是否获得重点普通高中入学机会"则无影响，就读城市初中的农村孩子上普通高中和非重点高中的机会分别是就读农村中学孩子的68%和58%，这表明，农村孩子就读在农村初中，有利于他们获得普通高中教育机会和非重点高中教育机会。

在三个模型中，父亲职业、家庭月收入、收入来源和居住地对三类高中教育机会的影响均不显著。这说明农村职业分层和经济分层并没有对普通高中教育机会产生影响。从能够体现非农化程度的居住地和收入来源的特征来看，居住在城镇和城郊的学生占27.8%，家庭主要收入来源为非农业生产的比例为60.2%，这说明许多农民虽然"非农化"了，但仅仅是"离土不离乡"，城市化水平并不高，主要从事打工、摆摊和打零工等职业（占农民非农职业人口的64%），职业类别的改变并没有带来社会地位的升迁，经济条件改善也有限。因此，就不难理解农民职业分化或非农化对高中教育机会获得没有影响这一结果了。

表3—3 **重点和非重点高中教育机会获得模型（Logistic Model）**

因变量 自变量	是否获得重点高中入学机会			是否获得重点普通高中入学机会			是否获得非重点普通高中入学机会		
	模型3			模型4			模型5			模型6		
	B	Exp (B)	S.E	B	Exp (B)	S.E	B	Exp (B)	S.E	B	Exp (B)	S.E
性别（男性=1）	0.38**	1.47	0.15	0.37*	1.45	0.15						
户籍（城市户口=1）	0.38*	1.47	0.19	-0.23	0.80	0.23	-57**	0.57	0.21			
父亲教育程度 （参照组：不识字） 小学				-0.02	0.99	0.35						
初中				0.14	1.15	0.34						
高中				0.81*	2.23	0.36						
大专、本科及以上				1.61**	4.95	0.44						
-2Log-Likelihood	1182.35			1148.74			1298.43					
自由度（df）	2			6			1					
模型显著性	0.004			0.000			0.005					

*p<0.05；**p<0.01；因变量为："是否获得重点/非重点普通高中入学机会"，是=1，否=0。

表 3—4　农民阶层内部高中教育机会获得模型（Logistic Model）

因变量 / 自变量		是否获得普通高中入学机会 模型 7			是否获得重点普通高中入学机会 模型 8			是否获得非重点普通高中入学机会 模型 9		
		B	$Exp(B)$	$S.E$	B	$Exp(B)$	$S.E$	B	$Exp(B)$	$S.E$
性别（男性=1）		0.43	1.54	0.13**	0.40*	1.50	0.16			
就读学校类型（城市初中=1）		−0.39	0.68	0.14**				−0.54**	0.58	0.16
父亲教育程度 （参照组：不识字）	小学	0.17	1.19	0.28	−0.04	0.96	0.35			
	初中	0.08	1.08	0.27	0.12	1.12	0.34			
	高中	0.53*	1.69	0.31	0.67*	1.96	0.37			
	大专、本科及以上	1.47	4.36	0.64*	1.59**	4.89	0.59			
−2Log-Likelihood		1289.15			963.94			1125.96		
自由度（df）		6			5			1		
模型显著性		0.000			0.000			0.001		

*$p<0.05$；**$p<0.01$；因变量为："是否获得普通高中/重点普通高中/非重点普通高中入学机会"，是=1，否=0。

表3-5　性别、城乡、家庭结构和社会经济变量与毕业去向的交叉分析（%）　　N=1118

背景变量		未升普高	非重点	重点	总计（N）	背景变量		未升普高	非重点	重点	总计（N）
性别	男	46.2	28.1	25.7	100（584）	户籍	农村户口	49.9	28.6	21.5	100（950）
	女	54.9	26.0	19.1	100（534）		城市户口	53.0	18.5	28.6	100（168）
	Chi-Square Test	$\chi^2=9.93$			$p<0.01$		Chi-Square Test	$\chi^2=8.92$			$p<0.05$
父亲教育程度	不识字或识字很少	53.7	28.4	17.9	100（67）	家庭月收入	500元以下	50.6	30.2	19.2	100（318）
	小学	52.4	30.3	17.4	100（340）		501—1400元	48.2	29.0	22.8	100（483）
	初中	53.4	26.9	19.6	100（453）		1400元以上	53.3	21.1	25.6	100（317）
	高中	43.5	25.1	31.4	100（191）		Chi-Square Test	$\chi^2=9.78$			$p<0.05$
	大专、本科及以上	35.8	16.4	47.8	100（67）	家庭主要收入来源	农业生产收入	44.6	32.0	23.5	100（388）
	Chi-Square Test	$\chi^2=42.56$			$p<0.001$		父母打工、摆摊和打零工	53.9	27.2	18.9	100（386）
父亲职业	普通农民	49.1	30.2	20.7	100（692）		父母经营店铺或企业	57.7	21.5	20.9	100（163）
	普通工人	51.0	24.5	24.5	100（143）		父母亲工资	47.4	21.4	31.2	100（154）
	科技、管理和办事人员	43.6	21.4	35.0	100（117）		其他	55.6	22.2	22.2	100（27）
	个体、私营和商业人员	60.4	20.1	19.5	100（149）		Chi-Square Test	$\chi^2=20.70$			$p<0.01$
	其他	52.9	23.5	23.5	100（17）	就读学校类型	农村中学	48.0	31.6	20.4	100（662）
	Chi-Square Test	$\chi^2=21.34$			$p<0.01$		城市中学	53.7	20.6	25.7	100（456）
居住地	农村	49.2	30.9	20.0	100（706）		Chi-Square Test	$\chi^2=17.02$			$p<0.001$
	城郊	53.7	19.5	26.8	100（41）	兄弟姐妹人数	1个	42.4	27.1	30.5	100（59）
	县城	53.5	19.8	26.7	100（288）		2个	48.7	26.6	24.7	100（608）
	乡镇	48.2	24.1	27.7	100（83）		3个及以上	53.7	27.7	18.6	100（451）
	Chi-Square Test	$\chi^2=17.10$			$p<0.01$		Chi-Square Test	$\chi^2=8.03$			$p=0.87$

四 结论与讨论

（一）高中教育机会获得的结构分布特征

交叉表分析说明：（1）教育分流过程中存在性别阶层化现象，无论是非重点高中还是重点高中教育机会，女生都不具优势；（2）父亲职业为"个体、私营和商业人员"和家庭收入来源为"父母经营店铺或企业"的学生虽然在经济条件上具优势，但无论何种高中教育机会获得都处于较低位置，家庭月收入在1400元以上的学生升入重点高中和未升学的比例都最高，这在一定程度上说明，经济优势不一定会带来高中教育机会获得优势，经济条件需要与其他条件一起在教育获得过程中发挥优势作用，其单独效应是有限的；（3）父亲教育程度越高、父亲职业为"科技、管理和办事人员"、收入来源为"父母亲工资"的学生，无论在何种教育机会上都处于优势地位，这三类结构特征往往与拥有较多文化资本相关联，这体现出文化资本在教育阶层化过程中的显著作用；（4）农村户口、父亲教育程度较低、家庭月收入500元以下的学生进入非重点高中的比例最大，但获取重点高中教育机会的比例较小，说明高中教育机会在数量上的阶层差别已不明显，主要体现在质量的竞争上，这与Logistic回归分析的结果是一致的。总之，以上结果无一例外地说明背景变量越占优势的学生，获取高中教育机会——特别是重点高中——的可能性越大，这表明了教育分流过程中阶层结构再生产和社会地位代际传递现象的存在。

（二）高中教育机会获得的影响因素

以往对MMI假设和EMI假设的验证和探讨多停留在高等教育阶段，本研究结果在中等教育阶段进一步验证和支持了MMI假设和EMI假设。从城乡分层来看，随着普通高中教育机会供给量的增长，普通高中教育机会的城乡差异趋于淡化，甚至非重点高中教育有利于农村孩子，但城市孩子在重点高中教育机会获得上的优势地位依然存在。从性别分层看，女孩子在普通高中教育机会获得上处于不利地位，虽然非重点高中教育机会获得的性别差异不明显，但在重点高中教育机会获得上的劣势地位突出。总之，城乡之间的高中教育机会差别在数量上已不明显，性别之间仍存在数量上的差别，这符合 MMI 的假设。但在质量上，城乡和性别之间的差别都依然明显，优质教育资源倾向于城市孩子和男孩子，由此来看，EMI 假设对于中国的中等教育情况更具解释力。

虽然研究结果同时表明，在控制父亲教育程度的情况下，用以测量城乡之间教育机会不平等的户籍变量的影响不显著，但并不能就此说明户籍制度造成的城乡分割、地位差别对普通高中教育机会的影响消失。在市场转型过程中，农民在教育上的经济投入能力增加，职业流动性提高，国家"两免一补"政策的实施，十多年的基础教育扩张等政策和制度安排，都在一定程度上降低了户籍制度在基础教育阶段与职业地位和经济条件的关联性，但对城乡之间文化程度差异的消除却极为有限。从父亲教育程度的城乡差别看，城市孩子的父亲教育程度为"高中"和"大专、本科及以上"的比例分别为 31.0% 和 29.8%，农村孩子的父亲教育程度这两类分别只有 14.6% 和 1.8%。因此，文化分层是城乡分层的一个至关重要的因素。吴晓刚指出：户籍制度使得农村中从事非农职业、没有改变户口性质的农民子女还要继续务农，只允许农村中受过很高教育的人获得城市户口。① 余秀兰认为，农村孩子的学业失败，意味着必须留在农村，因为只有考上大学才能转为城市户口，城市孩子却由于户口的优越性，不管其学习成功或失败，都不大可能流出城市，这就形成了两个相对封闭、地位不等的循环圈，农村劣势文化圈和城市优势文化圈。② 因此，户籍制度依然和教育程度黏附在一起，在一定程度上助长了城乡之间的文化分层，直接或间接地影响到城乡之间的教育机会不平等，造成城乡二元结构的巩固和强化。

本研究发现，无论是不分群体还是农民阶层内部的普通高中教育机会、重点高中教育机会模型，父亲教育程度造成的影响都显著，父亲职业、家庭收入对各类高中教育机会获得没有影响，亦支持上述观点。也就是说，市场转型虽然带来了较多流动机会，职业类别

---

① 吴晓刚：《中国的户籍制度与代际职业流动》，《社会学研究》2007 年第 6 期。
② 余秀兰：《文化再生产：我国教育的城乡差距探析》，《华东师范大学学报》（教育科学版），2006 年第 2 期。

的转化，基础教育扩展和政府的扶助政策都可以减少经济条件、社会地位导致的教育机会不平等。但文化分层对教育机会的影响往往比较"顽固"，不太容易受其他家庭背景变量因素的"干扰"而出现大幅度的波动，相反，它倒是能在相当程度上，"淡化"家庭经济阶层和职业阶层对教育机会的影响。这在一定程度上支持了刘精明的观点，自然养育环境导致的教育获得不平等最难发生变化，其次是资源拥有导致的不平等，最容易发生变化的是政策干预带来的教育不平等。[①]

那么，我们是否能够据此将城乡之间的普通高中教育机会不平等的原因完全留给文化呢？赖特主张，对阶层的分析必须区分"阶级结构"和"阶级形成"两个层次，阶级结构被定义为一种决定个人或家庭的阶级利益的社会关系，阶级形成则是"在这种阶级结构之中，基于由结构所决定的利益基础而形成的组织化的集体行动"。[②] 受此启发，如果我们从阶级形成的动态过程来看待这一问题时，就会发现城乡之间的文化分层其实就是制度、政策和社会结构分割导致的结果，如前面论及的户籍制度和文化分层的关系问题，而非是农村孩子自身的文化价值观在作祟。不仅户籍制度造成的资源配置和利益分配的城乡差别会导致教育机会不平等，户籍制度导致的客观分层结构在行为、认同和社会意识等各个领域产生的后果和影响，也会对教育机会不平等造成影响，而且户籍制度造成的后一类教育机会不平等更为"顽固"。当然，其中作用机制尚待更进一步的探讨和检验分析，尤其是制度、客观分层结构如何影响人们的教育价值观念和教育决策，并如何由此导致教育机会不平等。

大量研究显示，女性是教育扩展的最大受益群体。[③] 近几十年来，中国教育的迅速发展，使女性的平均受教育机会正在日益接近男性。但是，在不同地区以及城乡之间，基础教育领域的性别差异

---

① 刘精明：《中国基础教育领域中的机会不平等及其变化》，《中国社会科学》2008年第5期。

② [美] 赖特：《阶级》，刘磊、吕梁山译，高等教育出版社2006年版，第9—10页。

③ Buchmann, C., & DiPrete, T. A., "The Groeing Female Adavantage in college Completion: The Role of Family Background and Acadamic Achievement", *American Sociologcal Review*, Vol. 71, 2006, pp. 515-541.

依然不同程度地存在，基础教育中的性别平等还没有完全实现。本研究结果显示，在西部经济不发达地区，高中教育机会获得过程中的性别差距依然存在，甚至比城乡差距更为明显。洪岩壁在对我国西部地区高中升学概率的研究中也发现，汉族女性的升学概率仍显著低于汉族男性。[①] 这表明，教育机会差异在城市和农村，在西部和东部的表现形式有所不同，在城市和东部的受教育机会的性别差距日益缩小时，甚至表现出某种竞争优势的时候，西部，特别是西部农村地区的性别差距依然存在。

(三) 农民阶层内的高中教育机会获得的影响因素

由本研究结果来看，非农化并没有为农民阶层带来普通高中教育机会的提升，甚至具有反向作用。这似乎有悖于人们的期望，那些非农化程度高的农民阶层子女将会获得更多的受教育机会。如果我们将这一结果与城市化进程的农村社会结构变化、农民职业流动与阶层属性变化、城乡二元结构等因素结合起来考虑时，就会发现这一结论的合理性了。依据调查数据，Q县的非农化程度较高，以农业生产为主要收入来源的农民只占39.8%，而农民的非农职业流动主要是打工、摆摊和打零工（占39.6%）。实地调查发现，当地的农业经济较为发达，加之近年来国家农村税费改革和粮食直补政策的实施，农业收入与外出打工或经商收入相差无几，甚至高于后者收入，选择务农是许多农民理性选择的结果，外出打工或经商的农民在教育上的经济投入能力未必会高于依靠农业生产收入的农民。[②] 另外，中国农民的社会阶层地位属性的改变，并非像西方农民那样，较少受到国家制度的干预，主要通过职业与生活路径的改变而实现，而且在城乡二元社会分层结构中，中国农民社会地位的改变，更多地受到制度性条件的制约。[③] 在这样的制度性约束条件

[①] 洪岩壁：《族群与教育机会不平等：我国西部少数民族教育获得的一项实证研究》，《社会》2010年第2期。

[②] 当地农民的收入来源分为两类，一类以"农业收入"为主，农闲打工或搞副业；一类以"打工经商为主"，农忙时雇工或在亲友帮助下进行农业生产，完全脱离农业生产或是完全从事非农职业的家庭较少。

[③] 刘精明：《向非农职业流动：农民生活史的一项研究》，《社会学研究》2001年第6期。

下，农民在职业转换的同时，阶层地位的向上流动却受到了阻碍。也就是说，农民的社会分化，更多是职业流动，社会身份的转变还十分迟缓，阶层地位的均质同构程度依然很高。相比农业生产者，由非农化或由职业流动获得的经济资本和社会资本极为有限，对子女教育机会的干预能力并没有得到实质性的提高。相应地，农村人口外出打工或经商使得他们疏于照顾子女，从而影响到"留守儿童"的学习成绩。因此，在农民阶层内部，非农化程度和职业流动对普通高中教育机会获得的影响有限，反而那些外出从事非农职业的农民因疏于对子女的照顾，而影响到子女教育机会的获得。

那么，在农民阶层内部，影响普通高中教育机会获得的主要因素是什么？从本研究的数据分析结果看，毫无疑问，依然是以父亲教育程度为划分标准的文化差别。在中国传统观念中，知识或是文化在社会分层结构中具有非同寻常的意义。费孝通在《皇权与绅权》一书中指出，"知识可以成为社会分化的基础……传统社会里的知识阶级是一个没有技术知识的阶级，可以独占着社会规范决定者的威权"[1]。因此，在中国乡村社会，表现为知识的文化资本，不仅本身有利于教育机会的获得，亦可转化为经济资本和社会资本，推动教育机会的获得。布迪厄也指出，"在剔除了经济位置和社会出身因素的影响后，那些来自更有文化教养家庭的学生，不仅具有更高的学术成功率，而且几乎在所有领域中，都表现了与其他家庭出身学生不同的文化消费和文化表现的类型"[2]。在我国，许多经验研究都验证了文化资本理论的合理性，张翼发现，改革开放以后，父亲受教育程度比父亲职业地位更能够决定子女教育资本的获得。[3]吴愈晓对新中国成立后中国社会的经验研究也表明，即便是在宏观的政治环境剧烈动荡、家庭社会经济地位作用丧失的情况下，家庭

---

[1] 费孝通、吴晗：《皇权与绅权》，观察社1948年版，第10—22页。
[2] ［法］布迪厄、华康德：《实践与反思：反思社会学导引》，李猛、李康译，中央编译出版社1998年版，第212页。
[3] 张翼：《中国人社会地位的获得——阶级继承和代内流动》，《社会学研究》2004年第4期。

文化资本也一直是影响个人教育获得的重要因素。[1] 在其随后的研究中，他发现，1978年中国农村经济体制改革后，那些继承了家庭精英文化的人，将有助于他们把握新的机会结构实现经济上的成功，并成为农村中的精英阶层。据此，他提出了"精英文化的代际传承"观点。[2] 本研究在一定程度上证实了这些理论主张和经验研究成果，并扩展和支持了吴愈晓的研究，即在教育机会的获得上，也存在"精英文化的代际传承"现象。在当前农村，那些继承家庭文化资本的人不仅有助于实现经济上的成功，而且能够在新的机会结构中实现教育上的成功。

简言之，按照李煜提出的资源转化和文化再生产模式。我们认为，城乡社会结构变动对教育不平等代际传递的影响体现在两方面：一方面，市场转型、教育扩展和政策干预等都有助于弱化资源转化模式的效能，但比政策更为稳定的城乡二元户籍制度却依然对农村子女教育机会获得制造着负面影响；另一方面，表现为拥有较高父母文化背景的学生在教育机会上享有优势的文化再生产模式，较少受到政策变动的干预，对农村子女教育机会获得的影响更加明显。因此，在城乡二元分割的制度背景之下，文化再生产模式会愈加稳固和强化。

此外，研究发现，农村孩子就读农村中学，有利于他们获得普通高中教育机会和非重点高中教育机会。对于其背后的机制问题还需进一步的研究论证，但启发我们思考，在当前学校布局调整中将中学集中于县城的做法对农村孩子而言是否公平，是否有利于提高他们的受教育机会。让农村孩子在县城和城里孩子享受一样的教育资源之后，是否会真正提高他们的学业成绩乃至教育机会，这与农村孩子在家门口就可以享受与城里孩子一样的优质资源得到的结果是否一致。从本研究结果看，如果我们在农村初中配置优质的教育资源，提高非重点高中的教育质量，缩小重点和非重点高中的校际

---

[1] Wu, Yuxiao, "Cultural Capital, the State, and Educational Inequality in China, 1949-1996", *Sociological Perspectives*, Vol. 51, 2008, pp. 201-227.
[2] 吴愈晓：《家庭背景、体制转型与中国农村精英的代际传承》，《社会学研究》2010年第2期。

差异，或许更能够提高农村孩子的受教育机会。

第二节 高中教育机会获得中的行动者：基于教育价值观和教育投入的分析

一 引言

教育机会不平等研究大多沿袭了社会分层研究的三种范式：制度主义范式关注制度变迁对教育机会不平等产生机制的影响；结构主义范式关注客观分层结构和教育机会获得之间的关联，经济结构和劳动力市场结构变化对教育机会分配的影响。[1]但是，这两种范式均体现了较强的结构决定取向，个体完全是被动的，行为或命运的选择完全由制度或结构性因素形塑或决定。这样的理论预设是与社会现实不符的，社会行动者能够主动积极地调整自己的行为以应对制度或结构变化。在社会研究中，忽略对个体主观能动性和微观或个体层面机制的探讨，得出的结论可能是片面的甚至是误导性的，因此，一些研究者主张放弃功能主义和目的论假设而提供更多阶层分化的微观基础，将研究焦点放在个体、微观和主观层面，从具体化的微观过程来解释个体教育机会获得的成功和失败，即个人主义范式。例如，教育获得过程的心理模型，解释教育分化的理性行为理论等。[2]当然，这种取向也经常因在分层过程中没有注意到个体特质之外的社会结构约束而备受批评。

实际上，不同理论传统关注教育机会获得问题的侧重点有所不同，但都在不同层面上揭示了教育机会不平等的运行机制。就从个体层面分析教育机会获得而言，这种路径有助于探悉社会行动者在教育机会获得过程中的行动策略特征，并可从更具体、更真实的生活层面反映出宏观的社会历史现实。鉴于此，本节研究试图从个人主义范式出发探讨社会行动者在追求教育机会时的行动策略和过

---

[1] 林克雷、陈建利：《当代中国社会分层研究中的制度主义范式》，《社会科学研究》2005 年第 1 期。

[2] [美] 格伦斯基：《社会分层》（第 2 版），王俊译，北京大学出版社 2009 年版，第 352—418 页。

程。具体而言，就是从家庭教育投入和学生学习投入等方面探讨家庭和学生的行动策略与价值观念对教育机会获得的影响。当然，这并不意味着我们没有注意到社会结构和制度对于社会行动者的约束，只是本节主旨不在于分析个体和社会结构、制度之间的制约关系对教育机会获得的影响，而在于力图更精确地探询社会行动和价值观念在教育机会获得过程中扮演的角色。

二 数据、变量和分析策略

（一）数据和变量

本节数据涉及初中生教育资本问卷调查的两类资料：第一类资料涉及个体行动策略和价值观念，具体变量如下：（1）教育投入，涉及家庭的文化资本（由于本节重在讨论资本的投入过程，制度化文化资本属于比较稳定的文化资本，而非是激活的文化资本，在测量上也与社会经济地位的父亲教育程度重合，因此，本节文化资本仅含具体化和客观化两个维度）、社会资本和经济资本等三个层面；（2）学习投入；（3）教育价值观，含教育效用、社会期望和个人发展等维度；（4）毕业去向意愿。第二类资料涉及教育机会获得，体现为学生的毕业去向。

（二）分析策略

首先采用交叉表讨论性别、户籍和社会经济地位与升学选择意愿之间的关系；接着以T检验、单因素方差分析讨论教育投入、学习投入和教育价值观等变量在性别、户籍和社会经济地位方面的差异；最后以Logistic回归分析检验教育投入、学习投入和教育价值观对学生"是否获得普通高中入学机会"和"是否获得重点普通高中入学机会"的影响情形。

由于本节数据分析重在了解自变量对因变量的解释情形，所以，自变量筛选方法采用同时回归法，没有如上节那样旨在用最少的变量达成对因变量的预测，采用逐步回归法。[①]

[①] 邱皓政：《量化研究与统计分析：SPSS中文视窗版数据分析范例》，重庆大学出版社2009年版，第258—259页。

三　数据分析结果

（一）性别、户籍和社会经济地位与毕业去向意愿之间的关系

总体来看，78.6%的学生选择升普通高中，选择上中专和上技校的学生分别为3.0%和6.7%，选择毕业后"学手艺"的学生为6.5%，选择务农和外出打工的学生分别为0.9%和1.8%，选择就业的学生为1.3%。这表明，选择普通高中是绝大多数学生的选择，选择中专和技校的比例较小，选择就业、务农和外出打工的比例最小。值得注意的是，"上技校"和"学手艺"的比例相差无几，选择中专的学生比例低于选择"学手艺"的学生比例3.5个百分点。一般情况下，职业中学的录取分数线低于普通高中，如考不上普通高中，可以进入职业中学学习。为此，我们调查了在未考上普通高中的情况下，选择职业中学和交费上高中的意愿。调查表明，47.3%的学生选择"会"上职业中学，52.6%的学生选择"不会"上职业中学；56.9%的学生不愿意缴费上普通高中，43.1%的学生愿意缴费上普通高中。

交叉表分析表明（见表3—6）：毕业去向意愿在性别、户籍和父亲教育程度方面不存在显著差异，这说明男生和女生、城市学生和农村学生、来自不同父亲教育程度家庭学生的毕业去向意愿是相同的。不过，描述统计显示，随着父亲教育程度的提高，选择高中的比例呈现上升趋势，学手艺的比例呈现下降趋势。毕业去向意愿在父亲职业、家庭月收入和主要收入来源方面存在显著差异。科技、管理和办事人员子女选择高中的意愿高于其他职业人员子女，普通农民和个体、私营和商业人员子女选择"学手艺"的比例高于其他职业类型人员子女，其中普通农民选择"学手艺"的比例最高；月收入501元以上家庭选择普通高中的比例高于月收入500元以下的家庭，月收入在500元以下家庭选择"学手艺"的比例最高；从家庭收入来源来看，选择高中的比例差异不大，依靠农业生产收入和以父母打工、摆摊和打零工为主要收入来源家庭的子女选择"上技校"和"学手艺"的比例高于其他收入来源类型。

表 3—6　性别、城乡和社会经济地位与毕业去向选择的交叉分析

背景变量		务农	外出打工	上高中	上中专	上技校	就业	学手艺	其他	总计
户籍	农村户口	8 (0.8%)	20 (2.1%)	734 (78.3%)	27 (2.8%)	67 (7.1)	9 (0.9%)	65 (6.9%)	10 (1.1%)	949 (100%)
	城市户口	2 (1.2%)	0 (0.0%)	135 (80.4%)	7 (4.2%)	8 (4.8%)	5 (3.0%)	8 (4.8%)	3 (1.8%)	168 (100%)
Chi-Square Test		$\chi^2=12.04$							$p=0.10$	
性别	男	8 (1.4%)	8 (1.4%)	463 (79.3%)	17 (2.9%)	34 (5.8%)	10 (1.7%)	37 (6.3%)	7 (1.2%)	584 (100%)
	女	2 (0.4%)	12 (2.3%)	415 (77.9%)	17 (3.2%)	41 (7.7%)	4 (0.8%)	36 (6.8%)	6 (1.1%)	533 (100%)
Chi-Square Test		$\chi^2=8.03$							$p=0.33$	
父亲教育程度	不识字或识字很少	1 (1.5%)	1 (1.5%)	45 (67.2%)	1 (1.5%)	5 (7.5%)	2 (3.0%)	9 (13.4%)	3 (4.5%)	67 (100%)
	小学	2 (0.6%)	8 (2.4%)	262 (77.1%)	8 (2.4%)	25 (7.4%)	5 (1.5%)	29 (8.5%)	1 (0.3%)	340 (100%)
	初中	4 (0.9%)	10 (2.2%)	355 (78.5%)	17 (3.8%)	33 (7.3%)	4 (0.9%)	24 (5.3%)	5 (1.1%)	452 (100%)
	高中	2 (1.0%)	0 (0.0%)	158 (82.7%)	7 (3.7%)	9 (4.7%)	2 (1.0%)	10 (5.2%)	3 (1.6%)	191 (100%)
	大专、本科及以上	1 (1.5%)	1 (1.5%)	58 (86.6%)	1 (1.5%)	3 (4.5%)	1 (1.5%)	1 (1.5%)	1 (1.5%)	67 (100%)
Chi-Square Test		$\chi^2=34.66$							$p=0.18$	

续表

背景变量		毕业去向选择							
		务农	外出打工	上高中	上中专	上技校	就业	学手艺	其他	总计
父亲职业	普通农民	6 (0.9%)	18 (2.4%)	518 (75.0%)	22 (3.2%)	56 (8.1%)	8 (1.2%)	58 (8.4%)	5 (0.7%)	691 (100%)
	普通工人	2 (1.4%)	0 (0.0%)	118 (82.5%)	4 (2.8%)	9 (6.3%)	2 (1.4%)	5 (3.5%)	3 (2.1%)	143 (100%)
	科技、管理和办事人员	1 (0.9%)	0 (0.0%)	104 (88.9%)	1 (0.9%)	7 (6.0%)	2 (1.7%)	1 (0.9%)	1 (0.9%)	117 (100%)
	个体、私营和商业人员	1 (0.7%)	2 (1.3%)	124 (83.2%)	6 (4.0%)	3 (2.0%)	2 (1.3%)	9 (6.0%)	2 (1.3%)	149 (100%)
	其他	0 (0.0%)	0 (0.0%)	14 (82.4%)	1 (5.9%)	0 (0.0%)	0 (0.0%)	0 (0.0%)	2 (11.8%)	17 (100%)
	Chi-Square Test	$\chi^2 = 54.67$ $p < 0.01$								
家庭月收入	500元以下	1 (0.3%)	7 (2.2%)	239 (75.4%)	5 (1.6%)	27 (8.5%)	4 (1.3%)	34 (10.7%)	0 (0.0%)	317 (100%)
	501—1400元	4 (0.8%)	10 (2.1%)	386 (79.9%)	15 (3.1%)	31 (6.4%)	4 (0.8%)	28 (5.8%)	5 (1.0%)	483 (100%)
	1400元以上	5 (1.6%)	3 (0.9%)	253 (79.8%)	14 (4.4%)	17 (5.4%)	6 (1.9%)	11 (3.5%)	8 (2.5%)	317 (100%)
	Chi-Square Test	$\chi^2 = 35.89$ $p < 0.001$								
家庭主要收入来源	农业生产收入	2 (0.5%)	10 (2.6%)	308 (79.6%)	8 (2.1%)	28 (7.2%)	4 (1.0%)	27 (7.0%)	0 (0.0%)	387 (100%)
	父母打工、摆摊和打零工	5 (1.3%)	7 (1.8%)	295 (76.4%)	12 (3.1%)	29 (7.5%)	2 (0.5%)	32 (8.3%)	4 (1.0%)	386 (100%)
	父母经营店铺或企业	1 (0.6%)	3 (1.8%)	130 (79.8%)	7 (4.3%)	7 (4.3%)	3 (1.8%)	9 (5.5%)	3 (1.8%)	163 (100%)
	父母亲工资	2 (1.3%)	0 (0.0%)	126 (81.8%)	6 (3.9%)	10 (6.5%)	4 (2.6%)	4 (2.6%)	2 (1.3%)	154 (100%)
	其他	0 (0.0)	0 (0.0%)	19 (70.4%)	1 (3.7%)	1 (3.7%)	1 (3.7%)	1 (3.7%)	4 (14.8%)	27 (100%)
	Chi-Square Test	$\chi^2 = 72.51$ $p < 0.001$								
总计		10 (0.9%)	20 (1.8%)	878 (78.6%)	34 (3.0%)	75 (6.7%)	14 (1.3%)	73 (6.5%)	13 (1.2%)	1117 (100%)

（二）教育投入的性别、户籍和社会经济地位特征

总体上看，经济资本得分低于 2.5 分的中间值（$M=2.26$，$MD=0.85$），社会资本（$M=3.14$，$MD=0.42$）和文化资本（$M=2.91$，$MD=0.59$）均高于中间值，其中社会资本最高（见表3—7）。

表3—7　　　　　**不同背景学生经济资本的描述统计**

背景变量		M	SD	N	背景变量		M	SD	N
性别	男	2.28	0.83	576	性别×户籍	农村户口×男	2.20	0.80	489
	女	2.24	0.86	526		农村户口×女	2.13	0.81	449
户籍	农村户口	2.16	0.80	938		城市户口×男	2.70	0.88	87
	城市户口	2.79	0.87	164		城市户口×女	2.88	0.85	77
家庭月收入	500元以下	1.93	0.68	313	居住地×农村户口	农村户口×农村	2.04	0.73	680
	501—1400元	2.17	0.79	480		农村户口×城郊	2.29	0.97	30
	1400元以上	2.73	0.88	309		农村户口×县城	2.59	0.83	154
父亲职业	普通农民	2.04	0.75	684		农村户口×乡镇	2.35	0.91	74
	普通工人	2.43	0.82	141	兄弟姐妹人数	1个	2.73	0.98	57
	科技、管理和办事人员	2.65	0.92	115		2个	2.29	0.83	600
						3个及以上	2.16	0.82	445
	个体、私营和商业人员	2.76	0.85	147	家庭主要收入来源	农业生产收入	2.00	0.70	384
	其他	2.53	0.98	15		父母打工、摆摊和打零工	2.14	0.77	380
父亲教育程度	不识字或识字很少	1.90	0.74	67		父母经营店铺或企业	2.77	0.89	162
	小学	2.10	0.75	333					
	初中	2.25	0.84	448		父母亲工资	2.63	0.91	150
	高中	2.51	0.88	188		其他	2.43	1.03	26
	大专、本科及以上	2.78	0.88	66	总计		2.26	0.84	1102

1. 经济资本

双因素方差分析表明：性别主效应不显著 [$F(1, 1098)=$

0.56，ns]，户籍主效应显著 [F (4, 1098) = 83.53, $p<0.001$]，户籍与性别的交互作用不显著 [F (1, 1098) = 0.33, ns]。

单因素方差分析表明：

(1) 不同父亲教育程度学生之间的经济资本存在显著差异 [F (4, 1097) = -17.40, $p<0.001$]。事后比较（Scheffe）显示，父亲教育程度为初中、高中和大专、本科及以上学生的经济资本显著高于父亲教育程度为不识字或识字很少的学生，父亲教育程度为小学和父亲教育程度为不识字或识字很少的学生之间在经济资本方面的差异不显著，父亲教育程度为高中和大专、本科及以上学生的经济资本显著高于父亲教育程度为小学的学生，父亲教育程度为初中与父亲教育程度为小学的学生在经济资本方面的差异不显著，父亲教育程度为高中和大专、本科及以上学生的经济资本显著高于父亲教育程度为初中的学生，父亲教育程度为大专及以上的学生和父亲教育程度为高中的学生在经济资本方面的差异不显著。

(2) 不同家庭月收入学生之间的经济资本存在显著差异 [F (2, 1099) = -85.25, $p<0.001$]。事后比较显示，家庭月收入在501—1400元和1400元以上学生的经济资本显著高于家庭月收入在500元以下的学生，家庭月收入在501—1400元和1400元以上学生之间的经济资本也存在显著差异。

(3) 不同家庭主要收入来源学生之间的经济资本存在显著差异 [F (4, 1097) = 37.48, $p<0.001$]。事后比较显示，家庭主要收入来源为"父母亲工资"和"父母经营店铺或企业"学生的经济资本显著高于家庭主要收入来源为"农业生产收入"和"父母打工、摆摊和打零工"的学生，家庭主要收入来源为"农业生产收入"和家庭主要收入来源为"父母打工、摆摊和打零工"的学生之间的经济资本不存在显著差异，家庭主要收入来源为"父母亲工资"和家庭主要收入来源为"父母经营店铺或企业"的学生之间的经济资本不存在显著差异。

(4) 不同父亲职业学生之间的经济资本存在显著差异 [F (4,

1097) = 36.70, $p<0.001$]。事后比较表明,父亲职业为"普通工人"、"科技、管理和办事人员"和"个体、私营和商业人员"学生的经济资本显著高于父亲职业为"普通农民"的学生,父亲职业为"科技、管理和办事人员"与父亲职业为"普通工人"的学生之间的经济资本不存在显著差异,父亲职业为"个体、私营和商业人员"的学生的经济资本显著高于父亲职业为"普通工人"的学生,父亲职业为"个体、私营和商业人员"与父亲职业为"科技、管理和办事人员"的学生之间的经济资本不存在显著差异。

(5) 不同兄弟姐妹人数学生之间的经济资本存在显著差异 [F (2, 1099) = 12.64, $p<0.001$]。事后比较表明:兄弟姐妹人数为"独生子女"和"两个兄弟姐妹"的学生的经济资本显著高于"三个及以上兄弟姐妹"的学生,"独生子女"学生的经济资本显著高于"两个兄弟姐妹"的学生。

不同居住地的农村学生在经济资本方面存在显著差异 [F (4, 1097) = 22.93, $p<0.001$]。事后比较表明,在县城和乡镇居住的学生的经济资本显著地高于在农村居住的学生,其余居住类型学生之间的经济资本差异不显著。

总之,经济资本的性别差异不显著,城市学生的经济资本高于农村学生;父亲教育程度和家庭月收入越高,学生的经济资本越高;家庭主要收入来源为"父母亲工资"和"父母经营店铺或企业"的学生的经济资本显著高于家庭主要收入来源为"农业生产收入"和"父母打工、摆摊和打零工"的学生;父亲职业为"普通农民"的学生的经济资本最低,父亲职业为"个体、私营和商业人员"的学生的经济资本最高;兄弟姐妹人数越多,学生的经济资本越少;在县城和乡镇居住的农村学生的经济资本显著高于在农村居住的农村学生。

2. 文化资本

利用多元方差分析检验性别、户籍在文化资本各维度存在的差异状况(见表3—8)。户籍的 Wilks' Lambda (F = 92.91, $p<0.001$)说明,不同户籍学生在文化资本各维度存在差异,客观化

文化资本 $[F(1, 1114) = 145.22, p<0.001]$ 的主效应显著，具体化文化资本 $[F(1, 1114) = 5.58, ns]$ 的主效应不显著，这表明城市学生的客观化文化资本显著高于农村学生。性别的 Wilks' Lambda $(F=92.91, p=0.06)$ 说明文化资本各维度不存在性别差异。性别与户籍交互作用的 Wilks' Lambda $(F=3.61, p<0.05)$ 说明性别与户籍的交互作用显著。条件筛选进行单纯主要效果比较表明：农村学生的具体化文化资本 $[F(1, 948) = 0.54, ns]$ 不存在性别差异，客观化文化资本存在性别差异 $[F(1, 948) = 6.42, p<0.05]$，即农村男生的客观化文化资本显著高于农村女生。城市学生的具体化文化资本存在性别差异 $[F(1, 948) = 4.66, p<0.05]$，客观化文化资本不存在性别差异 $[F(1, 948) = 2.21, ns]$，即城市女生的具体化文化资本得分显著高于城市男生。

单因素方差分析表明：

（1）不同父亲教育程度学生之间在具体化文化资本 $[F(4, 1113) = 2.87, p<0.05]$ 和客观化文化资本 $[F(4, 1113) = 60.48, p<0.001]$ 这两个维度均存在显著差异。事后比较（Scheffe）表明，不同父母教育程度学生之间的具体化文化资本差异均不显著；不同父亲文化程度学生之间的客观化文化资本差异均显著，呈现出父亲教育程度越高，学生的客观化文化资本越高的趋势。

（2）不同父亲职业学生之间在客观化文化资本维度存在显著差异 $[F(4, 1113) = 53.78, p<0.001]$，在具体化文化资本维度不存在差异 $[F(4, 1113) = 0.74, ns]$。事后比较表明，父亲职业为"普通工人"、"科技、管理和办事人员"和"个体、私营和商业人员"的学生的客观化文化资本均显著高于父亲职业为"普通农民"的学生，父亲职业为"科技、管理和办事人员"和"个体、私营和商业人员"的学生的客观化文化资本均显著高于父亲职业为"普通工人"的学生，父亲职业为"科技、管理和办事人员"的学生的客观化文化资本显著高于父亲职业为"个体、私营和商业人员"的学生。

表 3—8　　　　不同背景学生文化资本的描述统计

背景变量		具体化文化资本 M	SD	客观化文化资本 M	SD	N
户籍	农村户口	2.95	0.60	2.71	0.84	950
	城市户口	2.91	0.64	3.56	0.95	168
性别	男	2.92	0.64	2.88	0.93	584
	女	2.97	0.58	2.79	0.89	532
性别×户籍	农村户口×男	2.94	0.63	2.77	0.86	496
	农村户口×女	2.97	0.57	2.64	0.82	454
	城市户口×男	2.81	0.65	3.45	1.06	88
	城市户口×女	3.02	0.62	3.68	0.79	80
父亲教育程度	不识字或识字很少	2.77	0.55	2.11	0.55	67
	小学	2.91	0.63	2.58	0.83	340
	初中	2.95	0.60	2.81	0.83	453
	高中	3.04	0.61	3.24	0.87	191
	大专、本科及以上	3.00	0.62	3.91	0.81	67
父亲职业	普通农民	2.94	0.60	2.60	0.81	692
	普通工人	2.89	0.62	2.88	0.87	143
	科技、管理和办事人员	3.02	0.66	3.70	0.82	117
	个体、私营和商业人员	2.96	0.61	3.22	0.90	149
	其他	2.93	0.69	3.00	0.96	17
家庭月收入	500 元以下	2.98	0.63	2.56	0.86	318
	501—1400 元	2.91	0.59	2.70	0.82	483
	1400 元以上	2.96	0.61	3.33	0.90	317
家庭主要收入来源	农业生产收入	2.97	0.61	2.61	0.82	388
	父母打工、摆摊和打零工	2.92	0.59	2.60	0.79	386
	父母经营店铺或企业	2.96	0.64	3.27	0.88	163
	父母亲工资	2.93	0.61	3.50	0.91	154
	其他	3.03	0.72	3.14	0.97	27
总计		2.94	0.61	2.84	0.91	1118

(3) 不同家庭主要收入来源学生之间在客观化文化资本维度存在显著差异 [$F_{(4, 1113)} = 51.00$, $p<0.001$]，在具体化文化资本维度不存在差异 [$F_{(4, 1113)} = 0.53$, ns]。事后比较表明，家庭主要收入来源为"父母亲工资"和"父母经营店铺或企业"的学生的客观化文化资本显著高于家庭主要收入来源为"农业生产收入"和"父母打工、摆摊和打零工"的学生，其他家庭收入来源类型学生之间的客观化文化资本差异均不显著。

(4) 不同家庭月收入学生之间在客观化文化资本维度存在差异 [$F_{(4, 1113)} = 75.77$, $p<0.001$]，在具体化文化资本维度不存在差异 [$F_{(4, 1113)} = 1.10$, ns]。事后比较表明，家庭月收入在1400元以上的学生的客观化文化资本显著高于家庭月收入在500元以下和501—1400元的学生，家庭月收入500元以下和501—1400元的学生之间的客观化文化资本不存在显著差异。

总之，除性别外，客观化文化资本在各背景变量上的差异均显著，具体化文化资本除在城市学生内部存在性别差异外，在各个背景变量上的差异均不显著。具体而言，城市学生的客观化文化资本显著高于农村学生，农村男生的客观化文化资本显著高于农村女生，城市女生的具体化文化资本显著高于城市男生；父亲教育程度越高，学生的客观化文化资本越高；家庭主要收入来源为"父母亲工资"以及"父母经营店铺或企业"学生的客观化文化资本最高，家庭主要收入来源为"农业生产收入"和"父母打工、摆摊和打零工"的学生的客观化文化资本最低；父亲职业为"普通农民"的学生的客观化文化资本最低，父亲职业为"科技、管理和办事人员"的学生的客观化文化资本最高。家庭月收入在1400元以上的学生的客观化文化资本显著高于家庭月收入在500元以下和501—1400元的学生。

3. 社会资本

多元方差分析表明：户籍的 Wilks' Lambda（$F = 5.99$, $p<0.001$）说明不同户籍学生在社会资本各维度存在差异，父母教育参与 [$F_{(1, 1114)} = 17.95$, $p<0.001$] 和父母教育支持 [$F_{(1, 1114)} = 7.45$, $p<0.01$] 的主效应显著，教育期望 [$F_{(1,}$

1114) = 3.22, ns] 和学校教育关注 [F (1, 1114) = 0.59, ns] 的主效应不显著。这表明城市学生的父母教育参与和父母教育支持显著高于农村学生。性别的 Wilks' Lambda (F = 1.92, p = 0.11) 说明不同性别学生在社会资本各维度不存在差异。性别与户籍交互作用的 Wilks' Lambda (F = 1.81, p = 0.13) 表明性别与户籍的交互作用不显著。

单因素方差分析表明：

(1) 不同父亲教育程度学生之间在父母教育期望 [F (4, 1113) = 3.59, p<0.01]、父母教育参与 [F (4, 1113) = 31.44, p<0.001]、父母教育支持 [F (4, 1113) = 7.10, p<0.001] 和学校教育关注 [F (4, 1113) = 7.12, p<0.001] 等四个维度均存在显著差异。事后比较表明，不同父母教育程度学生之间的父母教育期望差异均不显著；父亲教育程度为初中、高中和大专、本科及以上学生的父母教育参与显著高于父亲教育程度为小学和不识字或识字很少的学生，父亲教育程度为高中和大专、本科及以上学生的父母教育参与显著高于父亲教育程度为初中的学生，其余不同父亲教育程度之间学生的父母教育参与差异不显著；父亲教育程度为高中和大专、本科及以上学生的父母教育支持显著高于父亲教育程度为小学和不识字或识字很少的学生，其余不同父亲教育程度学生之间的父母教育支持差异不显著；父母教育程度为高中的学生的学校教育关注显著高于父母教育程度为小学和不识字或识字很少的学生，其余不同父亲教育程度的学生之间的学校教育关注差异不显著。

(2) 不同父亲职业学生之间的父母教育参与 [F (4, 1113) = 8.55, p<0.001] 存在显著差异，在父母教育期望 [F (4, 1113) = 0.44, ns]、父母教育支持 [F (4, 1113) = 1.60, ns] 和学校教育关注 [F (4, 1113) = 1.18, ns] 等维度不存在差异。事后比较表明，父亲职业为"科技、管理和办事人员"的学生的父母教育参与显著高于父亲职业为"普通工人"和"普通农民"的学生，其余不同父亲职业的学生之间的父母教育参与差异不显著。

(3) 不同家庭主要收入来源学生之间的父母教育期望 $[F(4, 1113) = 12.30, p<0.05]$ 和父母教育参与 $[F(4, 1113) = 6.62, p<0.001]$ 的差异显著，父母教育支持 $[F(4, 1113) = 2.15, ns]$ 和学校教育关注 $[F(4, 1113) = 1.76, ns]$ 的差异不显著。事后比较表明，不同家庭收入来源学生之间的父母教育期望的差异不显著，家庭主要收入来源为"父母亲工资"学生的父母教育参与显著高于家庭主要收入来源为"农业生产收入"和"父母打工、摆摊和打零工"的学生，其余不同家庭收入来源学生之间的父母教育参与差异不显著。

(4) 不同家庭月收入学生之间除在父母教育参与维度 $[F(4, 1113) = 6.24, p<0.01]$ 的差异显著外，在父母教育期望 $[F(4, 1113) = 0.20, ns]$、父母教育支持 $[F(4, 1113) = 1.63, ns]$ 和学校教育关注 $[F(4, 1113) = 1.04, ns]$ 维度的差异均不显著。事后比较表明，家庭月收入在1400元以上的学生的父母教育参与显著高于家庭月收入在500元以下和501—1400元的学生。

简言之，父母教育期望除在父亲文化程度和家庭主要收入来源两个背景变量上的整体检验存在差异之外（但事后检验均不显著），在其余背景变量上的差异均不显著。父母教育参与在各个背景变量上的差异均显著，表现为城市孩子的父母教育参与高于农村孩子的父母教育参与；父亲教育程度和家庭收入越高，父母教育参与越高；父亲职业为"科技、管理和办事人员"的学生的父母教育参与显著高于父亲职业为"普通工人"和"普通农民"的学生；家庭主要收入来源为"父母亲工资"的学生的父母教育参与显著高于家庭主要收入来源为"农业生产收入"和"父母打工、摆摊和打零工"的学生。父母教育支持在户籍和父亲教育程度方面存在差异，表现为城市户口、父亲教育程度为高中以上的学生得到比农村户口、父亲教育程度为初中以下学生更多的父母教育支持；学校教育关注除在父母教育程度方面存在差异之外，在其余背景变量上的差异均不显著（见表3—9）。

表 3—9　　　　　　不同背景学生社会资本的描述统计

背景变量		父母教育期望 M	SD	父母教育参与 M	SD	父母教育支持 M	SD	学校教育关注 M	SD	N
户籍	农村户口	3.61	0.41	2.60	0.66	3.34	0.49	2.88	0.53	950
	城市户口	3.67	0.39	2.85	0.88	3.45	0.45	2.92	0.54	168
性别	男	3.62	0.40	2.66	0.73	3.35	0.47	2.90	0.52	584
	女	3.61	0.41	2.62	0.66	3.37	0.51	2.87	0.55	534
性别×户籍	农村户口×男	3.61	0.40	2.60	0.65	3.33	0.47	2.91	0.51	496
	农村户口×女	3.60	0.42	2.59	0.68	3.35	0.52	2.86	0.56	454
	城市户口×男	3.67	0.42	2.95	1.03	3.43	0.49	2.91	0.59	88
	城市户口×女	3.66	0.34	2.74	0.67	3.48	0.41	2.92	0.49	80
父亲教育程度	不识字或识字很少	3.51	0.51	2.26	0.73	3.16	0.56	2.73	0.52	67
	小学	3.57	0.42	2.43	0.63	3.32	0.50	2.82	0.53	340
	初中	3.63	0.37	2.65	0.65	3.35	0.47	2.89	0.53	453
	高中	3.67	0.41	2.98	0.58	3.45	0.46	3.03	0.51	191
	大专、本科及以上	3.68	0.34	3.03	1.07	3.52	0.45	2.99	0.57	67
父亲职业	普通农民	3.61	0.41	2.57	0.65	3.34	0.50	2.90	0.54	692
	普通工人	3.64	0.36	2.66	0.72	3.34	0.49	2.84	0.51	143
	科技、管理和办事人员	3.61	0.40	2.95	0.92	3.45	0.46	2.95	0.52	117
	个体、私营和商业人员	3.64	0.43	2.71	0.67	3.40	0.43	2.87	0.55	149
	其他	3.58	0.41	2.34	0.64	3.37	0.53	2.72	0.57	17
家庭月收入	500元以下	3.61	0.42	2.56	0.70	3.36	0.52	2.90	0.55	318
	501—1400元	3.61	0.39	2.61	0.65	3.33	0.48	2.86	0.53	483
	1400元以上	3.63	0.41	2.75	0.78	3.40	0.48	2.92	0.52	317
家庭主要收入来源	农业生产收入	3.64	0.37	2.60	0.66	3.35	0.50	2.92	0.52	388
	父母打工、摆摊和打零工	3.57	0.43	2.55	0.64	3.32	0.51	2.83	0.55	386
	父母经营店铺或企业	3.67	0.40	2.72	0.69	3.39	0.45	2.92	0.57	163
	父母亲工资	3.63	0.43	2.86	0.89	3.42	0.47	2.93	0.52	154
	其他	3.58	0.33	2.61	0.66	3.52	0.36	2.91	0.43	27
总计		3.61	0.40	2.64	0.70	3.36	0.49	2.89	0.54	1118

（三）学习投入的性别、户籍和社会经济地位特征

T检验表明，不同性别学生之间的学习投入不存在显著差异 [t (1116) = -0.68, ns]，农村学生的学习投入显著高于城市学生 [t (1116) = 4.89, $p<0.001$]，在农村初中就读的学生的学习投入显著高于就读于城市初中的学生 [t (1116) = 4.03, $p<0.001$]。

单因素方差分析表明：

（1）不同父亲教育程度学生之间的学习投入差异不显著 [F (4, 1113) = 1.88, ns]；

（2）不同家庭月收入学生之间的学习投入存在显著差异 [F (2, 1115) = 12.83, $p<0.001$]。事后比较表明，家庭月收入在500元以下和501—1400元之间的学生的学习投入显著高于家庭月收入在1400元以上的学生；

（3）不同父亲职业学生之间的学习投入存在显著差异 [F (4, 1113) = 8.48, $p<0.001$]。事后比较表明，父亲职业为"普通农民"的学生的学习投入显著高于父亲职业为"科技、管理和办事人员"和"个体、私营和商业人员"的学生；其他不同父亲职业学生之间的学习投入不存在差异；

（4）不同家庭主要收入来源学生之间的学习投入存在显著差异 [F (4, 1113) = 12.15, $p<0.001$]。事后比较表明，家庭主要收入来源为"农业生产收入"的学生的学习投入显著高于家庭收入来源为"父母亲工资"和"父母经营店铺或企业"的学生，家庭主要收入来源为"父母打工、摆摊和打零工"的学生的学习投入显著高于家庭收入来源为"父母亲工资"的学生，其余不同家庭收入来源学生之间的学习投入差异不显著。

综上，学习投入的性别差异不显著，农村学生的学习投入显著高于城市学生，就读农村初中的学生的学习投入显著高于就读城市初中的学生。不同父亲教育程度学生之间的学习投入差异不显著。家庭月收入越高，学习投入越低。父亲职业为"普通农民"和家庭主要收入来源为"农业生产收入"的学生的学习投入最高，家庭主要收入来源为"父母打工、摆摊和打零工"的学生的学习投入次之（见表3—10）。

表 3—10　　　　　　　不同背景学生学习投入的描述统计

背景变量		M	SD	N	背景变量		M	SD	N
性别	男	3.34	0.70	584	父亲职业	普通农民	3.44	0.66	692
	女	3.37	0.69	534		普通工人	3.30	0.75	143
户籍	农村户口	3.39	0.68	950		科技、管理和办事人员	3.09	0.73	117
	城市户口	3.11	0.77	168					
家庭月收入	500元以下	3.49	0.71	318		个体、私营和商业人员	3.22	0.74	149
	501—1400元	3.36	0.67	483		其他	3.31	0.39	17
	1400元以上	3.21	0.70	317	家庭主要收入来源	农业生产收入	3.50	0.67	388
父亲教育程度	不识字或识字很少	3.40	0.74	67		父母打工、摆摊和打零工	3.37	0.65	386
	小学	3.37	0.71	340		父母经营店铺或企业	3.23	0.77	163
	初中	3.37	0.68	453		父母亲工资	3.08	0.73	154
	高中	3.34	0.67	191		其他	3.28	0.53	27
	大专、本科及以上	3.13	0.74	67	学校类型	农村初中	3.42	0.67	662
						城市初中	3.25	0.72	456
总计							3.35	0.70	1118

(四) 教育价值观的性别、户籍和社会经济特征

表 3—11 表明：教育价值观诸维度的得分均高于 2.5 分的中间值，个人发展最高（$M = 3.44$，$MD = 0.46$），教育效应次之（$M = 3.42$，$MD = 0.53$），社会期望最低（$M = 2.64$，$MD = 0.72$）。这说明学生普遍认为教育对自身发展具有重要作用，接受教育能够带来利益和声望。

T 检验表明：社会声望 [$t(1116) = 0.37$, ns] 和个人发展 [$t(1116) = -1.85$, ns] 的性别差异不显著，女生的教育效用高于男生 [$t(1116) = -2.45$, $p<0.05$]；教育效用 [$t(1116) = -0.74$, ns] 和社会声望 [$t(1116) = -0.46$, ns] 和个人发展 [$t(1116) = -0.60$, ns] 的户籍差异均不显著。

表 3—11　　不同背景学生教育价值观的描述统计

背景变量		教育效用		社会声望		个人发展		N
		M	SD	M	SD	M	SD	
户籍	农村户口	3.42	0.52	2.69	0.66	3.43	0.45	950
	城市户口	3.45	0.62	2.66	0.71	3.46	0.52	168
性别	男	3.38	0.55	2.69	0.64	3.41	0.47	584
	女	3.46	0.51	2.67	0.70	3.46	0.46	534
父亲教育程度	不识字或识字很少	3.36	0.51	2.71	0.68	3.46	0.43	67
	小学	3.38	0.51	2.72	0.62	3.48	0.43	340
	初中	3.43	0.54	2.69	0.66	3.38	0.48	453
	高中	3.47	0.54	2.61	0.72	3.47	0.46	191
	大专、本科及以上	3.50	0.59	2.64	0.72	3.47	0.55	67
父亲职业	普通农民	3.41	0.52	2.69	0.66	3.44	0.43	692
	普通工人	3.41	0.58	2.68	0.66	3.40	0.49	143
	科技、管理和办事人员	3.49	0.55	2.65	0.64	3.42	0.51	117
	个体、私营和商业人员	3.45	0.52	2.65	0.71	3.47	0.53	149
	其他	3.36	0.49	2.75	0.76	3.41	0.43	17
家庭月收入	500 元以下	3.42	0.52	2.72	0.66	3.46	0.47	318
	501—1400 元	3.40	0.52	2.68	0.66	3.43	0.41	483
	1400 元以上	3.45	0.56	2.65	0.68	3.42	0.53	317
家庭主要收入来源	农业生产收入	3.42	0.49	2.67	0.65	3.45	0.43	388
	父母打工、摆摊和打零工	3.40	0.55	2.70	0.65	3.42	0.47	386
	父母经营店铺或企业	3.45	0.55	2.72	0.74	3.46	0.49	163
	父母亲工资	3.44	0.60	2.66	0.67	3.43	0.52	154
	其他	3.42	0.44	2.59	0.63	3.43	0.41	27
	总计	3.42	0.53	2.68	0.66	3.44	0.46	1118

单因素方差分析表明：(1) 不同父亲教育程度学生之间的教育效用 [$F(4, 1113) = 1.38, ns$] 和社会声望 [$F(4, 1113) = 1.02, ns$] 的差异不显著，个人发展的差异显著 [$F(4, 1113) =$

2.56，$p<0.05$]，但事后比较表明不同父亲教育程度学生之间的个人发展差异不显著；（2）不同父亲职业学生之间的教育效用 [$F(4, 1113) = 0.86$, ns]、社会声望 [$F(4, 1113) = 0.26$, ns] 和个人发展 [$F(4, 1113) = 0.42$, ns] 的差异均不显著；（3）不同家庭月收入学生之间的教育效用 [$F(4, 1115) = 0.67$, ns]、社会声望 [$F(4, 1115) = 1.01$, ns] 和个人发展 [$F(4, 1115) = 0.79$, ns] 的差异均不显著；（4）不同家庭主要收入来源学生的教育效用 [$F(4, 1113) = 0.33$, ns]、社会声望 [$F(4, 1113) = 0.45$, ns] 和个人发展 [$F(4, 1113) = 0.41$, ns] 的差异均不显著。

总之，初中毕业生在教育价值观各维度上的得分均较高，特别在教育效用和个人发展维度上。除教育效用存在性别差异之外，三个维度在其余各背景变量上的差异均不显著。

（五）教育投入、学习投入和教育价值观与高中教育机会获得

利用 Logistic 回归模型分析教育投入、学习投入和教育价值观对学生"是否获得普通高中入学机会"和"是否获得重点普通高中入学机会"的影响情形（见表3—12）。

表3—12　　教育投入、学习投入和教育价值观对高中升学机会的回归（Logistic Model）

自变量			模型1			模型2		
			B	$Exp(B)$	$S.E$	B	$Exp(B)$	$S.E$
学习投入			0.49***	1.62	0.11	0.38**	1.46	0.12
教育投入		经济资本	-0.17*	0.84	0.08	-0.09	0.91	0.10
	文化资本	具体文化资本	-0.23	0.80	0.12	-0.26	0.77	0.15
		客观文化资本	-0.02	0.98	0.08	0.02	1.02	0.10
	社会资本	父母教育期望	0.42*	1.53	0.19	-0.02	0.98	0.23
		父母教育参与	-0.13	0.88	0.12	-0.02	0.98	0.14
		父母教育支持	-0.03	0.97	0.18	0.17	1.19	0.21
		学校教育关注	0.18	1.20	0.16	0.13	1.13	0.18

续表

自变量		模型1			模型2		
		B	Exp (B)	S.E	B	Exp (B)	S.E
教育价值观	教育效用	0.10***	1.11	0.03	0.36*	1.43	0.16
	社会声望	-0.21*	0.81	0.10	-0.07	0.93	0.12
	个人发展	-0.17	0.84	0.16	-0.12	0.89	0.18
-2Log-Likelihood		1447.223			1153.935		
自由度 (df)		11			11		
模型显著性		0.000			0.000		

*$p<0.05$；**$p<0.01$；***$p<0.001$；模型1的因变量为："是否获得普通高中入学机会"，模型2的因变量为："是否获得重点高中入学机会"，是=1，否=0。

模型1显示，学习投入、经济资本、父母教育期望、教育效用和社会声望对"是否获得普通高中入学机会"的影响显著，其中"经济资本"和"社会声望"呈现负向影响。这说明学生的学习投入、父母教育期望和教育效用评价越高，其进入普通高中的可能性越大，经济资本和社会声望得分越高，进入普通高中的可能性越低。模型2显示：学习投入和教育效用对"是否获得重点普通高中入学机会"具有正向效应，其他变量的影响不显著。这说明，学生的学习投入和教育效应评价越高，进入重点高中的机会越大。

四 结论与讨论

（一）初三学生的毕业去向意愿特征

本研究发现，不同背景学生一致趋向于选择普通高中，特别是那些父亲文化程度较高和父亲职业地位较优越的学生，接受职业教育成为不同背景学生共同退而求其次的选择。但是，研究也发现，尽管不同背景的学生接受职业教育的意愿都较低，但父亲职业为农民、收入来源依靠"农业生产收入"和"父母打工、摆摊和打零工"的学生表现出比其他群体相对较高的职业教育选择意愿。另外，在不同职业教育类型之间也有所不同，选择"学手艺"和"上技校"的比例高于选择"上中专"的比例。

这些结果反映了在学历社会的背景下，不同阶层的人们为了获得称心的职业，进而获得社会阶层中的有利地位而追求高学历，特别是那些职业地位和经济条件优越的阶层更不愿意接受职业教育。其主要原因有：一是当前中等职业毕业生在劳动力市场上的竞争力减弱；二是中等职业教育不能赋予个体向上流动的能力，也难以提供个人向上流动的渠道。即便是选择职业教育，由国家提供的学校职业教育并未得到人们的认可，许多学生还是选择"学手艺"这种传统的非学校职业教育，作为获取将来谋生手段的方式。这反映出接受正规学校职业教育未必会提高个人在劳动力市场上的竞争力，职业教育的个人和市场认可度不高，学校职业教育成为大多数人的"鸡肋"选择。

在农村学生中，选择务农和外出打工的比例最低，外出打工略高于务农，这说明务农和打工都不是农村学生的最优选择，但务工稍好于务农。陆学艺研究发现，当前在农村已经形成这样一种广泛的共识：务农是最没有出息了。[①] 在这种情形下，当前未考上普通高中学生最后才会选择务农。第五次全国人口普查数据表明，16岁以下的农民工占10%，因此，选择外出打工比例较小不全然是初三学生年龄尚小，不到劳动年龄，原因可能在于，"无一技之长"将很难在劳动力市场中顺利就业，多从事低收入、劳动强度较大的工作，也可能与农民工的社会地位低下、受到社会排斥和歧视有关，更深层次的原因则需更进一步的研究。

（二）不同背景学生的家庭教育投入特点

数据分析显示，无论是经济资本或是社会资本，各维度都不存在性别差异。由此来看，不同阶层家庭能够对男孩和女孩的教育给予同样的重视和同等的家庭资源投入和支持，教育投入上的"重男轻女"和儒家文化倡导的"女子无才便是德"的传统观念正趋于淡化。不过，中国社会的性别不平等与城乡不平等往往存在交叉作用。本研究发现，城市家庭对女孩的具体化文化资本投入高于男

[①] 陆学艺：《当代中国社会流动》，社会科学文献出版社2004年版，第306—337页。

孩，但农村家庭对女孩的客观化文化资本投入低于男孩。这说明，在城市家庭，相比男孩，更加重视女孩的才艺、兴趣和习惯的培养；在农村家庭，相比女孩，更加重视男孩的学习设施的投入。韩怡梅（Hannum）在对我国甘肃农村家庭教育资源性别不平等的研究中发现，父母提供的经济资源、学习环境条件已不存在性别差异，但父母希望女孩比男孩做更多的常规家务活儿，给予男孩更高的学历期望。[①] 本研究结果部分支持了韩怡梅的研究，不同之处可能在于测量指标和视角之不同。本研究是从学生的父母教育资源投入视角来研究家庭教育资源投入的，韩怡梅的研究采用父母自评方式，从测量指标来看，洗碗、帮厨等家务活儿在中国文化背景下是具有女性特点的性别分工，不能据此说明父母希望女孩做更多的家务活儿，因为男孩可能比女孩子干更多的农活儿。此外，本研究也未采用学历期望作为教育期望的测量指标。因此，本研究结果与韩怡梅的结论并不矛盾。不过，我们不能据此认为女性教育的传统观念已经完全得以改观，特别是在农村地区，实际的情形可能是经济资本等物质性投入方面实现了平等，观念和价值方面却一时难以改变。因此，对家庭教育资源投入的性别不平等尚待进一步的研究，不能据某方面或形式上的平等就断然确定完全平等的实现，应持更为谨慎的态度。可以确定的是，城市居民家庭教育资源投入的性别不平等已经趋于消失，并且女孩在某些家庭资源投入方面还显示出某些优势，不过，农村居民家庭教育资源投入的性别不平等虽然已经缩小，但在某些家庭教育资源投入方面的性别差距依然存在。

在家庭教育资源投入性别不平等日益缩小的同时，城乡和阶层之间的差距依然较大。经济资本的城乡差距与已有调查结果一致，据"中国西部省份社会与经济监测研究" 2006年发布的数据报告显示，5—25岁在校生上半年教育总支出在200元以下的农村居民占21.7%，200—499元的占37.4%，1000—4999元的占12.8%，

---

① Hannum, E., Kong, P. & Zhang, Y., "Family sources of educational gender inequality in rural China: A critical assessment", *International Journal of Educational Development*, Vol. 29, 2009, pp. 474-486.

相应地，城镇居民分别占 2.7%、13.5%和 45.8%。① 我们在实地调查中发现，城乡在教育费用支出类型上有所不同，农村居民的教育费用支出主要是与学校教育相关的学习用品和生活费开销，城市居民子女除了学校内的花费之外，学校之外也有许多花费，如家教和补习班费用等，这也增加了家庭经济资本投入的城乡差距。与此同时，本研究发现，父亲职业为"普通农民"的经济资本投入最低，居住在县城和乡镇的农村学生的经济资本投入显著高于居住在农村的学生。这表明"非农化"和"城镇化"发展有助于提高农民在教育上的经济投入能力。从经济资本的阶层差异来看，有研究显示，家庭社会经济地位越高，其子女越能从家里获得较充足的金钱、物质资源，接受越多的补习教育。② 本研究也发现，父亲教育程度和家庭月收入越高、父亲职业地位越优越的学生的经济资本投入越高，因此，本研究结果与这些研究结果相一致。另外，许多研究发现，兄弟姐妹人数多，对经济资本有稀释作用，这就是"资源稀释假设"③，本研究结果证实了这一假设。

统计结果显示，城市孩子拥有的客观化文化资本优于农村孩子，父亲教育程度和家庭月收入越高、父亲职业地位越优越的学生拥有的客观化文化资本越多。依据布迪厄的观点，客观化文化资本是以文化商品、物质化的形式存在的，表现为文化耐用品和书籍等，这类文化资本最易由经济资本转化而来，因此，客观化文化资本和经济资本之间具有一定的关联性。本研究发现经济资本和客观化文化资本都存在城乡和阶层差异，证实了这种关联的合理性。埃里克森依据在北美和法国的研究，指出上层阶级在文化活动上的"杂食性"，即高地位阶层虽然较多地参与高度文化修养的活动，但他们并非总是那么高雅，他们也会参与其他各种文化活动，而且，

---

① 中国科学技术促进发展研究中心社会发展研究部、挪威 Fafo 应用国际研究所：《西部人民的生活——"中国西部省份社会与经济发展监测研究"数据报告》，中国统计出版社 2006 版，第 87 页。

② Teachman, J. D., Paasch, K., & Carver, K.,"Social capital interacts with human capital", *Social Forces*, Vol. 75, 1997, pp. 1343-1359.

③ Downey, D. B., "When bigger is better: Family size parental resouses and children's education performance", *American Sociological Review*, Vol. 60, 1995, pp. 746-761.

文化资本的阶层差异也因地区文化传统而不同。[1] 据此来看，具体化文化资本在城乡、不同父亲教育程度、父亲职业、家庭月收入和收入来源之间的差异均不明显，原因可能在于，本研究对象居住在同一县域内，具体化文化资本会受到地域文化氛围的影响，县域内的文化修养活动不像大城市那样丰富多样，社会流动性相对较低，在这样一个低社会流动、高文化同质性的社会里，与上层社会文化相关联的文化资本较少，阶层文化多样性相对较低，从而提高了县域内家庭具体化文化资本的同质性，造成具体化文化资本的阶层差异不明显。因此，县域内城乡和阶层之间的文化资本投入差异，主要表现在易于由经济资本转化而来的客观化文化资本方面，而不是体现在性情倾向、文化修养的具体化文化资本方面。

在社会资本方面，不同家庭月收入学生的父亲教育参与存在差异，父母教育期望、父母教育支持和学校教育关注不存在差异。这提醒我们经济贫困未必会降低人们的教育期望、学校教育的重视和对子女教育的关心支持，但会影响人们参与子女学习活动和提供教育机会的能力。也就是说：经济资本缺乏的父母不一定不重视学校教育和期望子女进入大学，但参与子女学习活动的能力一定会受到限制。如甘肃会宁是很有名的教育大县，这是因为与这个县的经济发展水平相比，其教育发展水平、质量相对较好，高考升学率也比较高，这里的家长重视子女接受学校教育，给予子女很高的教育期望，这个案例也说明经济条件并不必然影响人们的教育期望和对学校教育的重视。

社会资本各维度在父亲教育程度和职业地位方面的差异与大多数研究一致。拉鲁（Lareau）在对家庭和学校关系中的社会阶级差异所做的研究中发现：相对教育程度低的父母，教育程度高的父母参与学校活动的程度更高，能更多地了解孩子学校生活的信息，更愿意和学校交流，经常和老师联系讨论孩子的学习问题。本研究结果与拉鲁的研究相一致，证实了父亲教育程度越高的学生，其父母

---

[1] Erickson, B. H., "Culture, Class, and Connection", *The American Journal of Sociology*, Vol. 102, 1996, pp. 217-251.

学校教育关注程度越高。① 同样在意料之中，且与已有研究发现较为一致的是，城市孩子、父亲职业地位越优越、父亲教育程度和家庭月收入越高的学生，其父母教育参与程度越高，城市孩子、父母教育程度越高的学生的父母教育支持程度越高。如卡恩（Khan）等人发现，父母教育参与和支持受到父母教育程度、家庭收入等社会经济地位变量的影响。② 这些结果反映出社会资本的城乡和阶层差异更多反映在不同父亲教育程度和父亲职业的学生之间，更多表现在与能力和资源相关的社会资本方面，而非表现在与价值和观念相关的社会资本方面。也就是说，文化程度越高、职业地位越优越的家长越有充足的资源提供给儿童，更有能力参与子女的学习活动，但对子女教育重视、支持的观念和态度却不因父亲教育程度和职业出现差异，由此立场看，教育期望不存在阶层和城乡差异亦在情理之中。

（三）不同背景学生的教育价值观特点

数据分析表明：除女生的教育效用得分显著高于男生外，教育价值观各维度不存在性别、阶层和城乡差异，均普遍认为教育对自身发展具有重要作用，接受教育能够带来利益和荣誉。教育期望在一定程度上体现着人们的教育价值观，教育价值观和父母教育期望均无阶层和城乡差异，两者结果的一致性反映出重视教育是各阶层的共有信念，亦验证了研究者一般都强调的，重视教育是中国社会特有价值的这一观点，并与诸多经验研究结果一致。章英华和陈志柔发现，在理想教育期望上，不论大陆东南地区或是台湾，个人的社会经济特性的影响更不明显，"对教育的特别重视"似乎是两岸社会共有的特质。③ 另一项针对华裔大学生的深度访谈研究指出，不同阶层的华人父母对子女完成高等教育的期望几乎相同，只是采

---

① 薛晓源、曹荣湘：《全球化与文化资本》，社会科学文献出版社 2005 年版，第 367—394 页。

② Chohan, B. I. & Khan, R. M., "Impact of Parental Support on the Academic Performance and Self Concept of the Student", *Journal of Research and Reflections in Education*, Vol. 4, 2010, pp. 14-26.

③ 周晓虹、谢曙光：《中国研究》（2008 年春秋季合卷总第 7—8 期），社会科学文献出版社 2010 年版，第 215—241 页。

取的途径不同而已。① 我们在实地调查中发现：Q县是个文化之乡，人们普遍对教育很重视，学生中存在"苦学"的观念，家长中存在"苦帮"的认识，这与陈柏峰的调查也较为一致。陈柏峰发现，现在的年轻农民都重视培养小孩，家里再穷再困难，也要把小孩培养起来，没有人只讲面子不顾培养小孩的。② 谢宇研究发现，父母对子女教育期望越高，子女对教育的重视程度也高。③ 本研究也发现子女感知到父母教育期望与其教育价值观之间存在正相关。这就是说，生活在重视教育的社会和家庭环境中，必然会提高学生对教育价值的认识。因此，从学生教育价值观和父母教育期望均不存在城乡和阶层差异，均表现出普遍较高的教育期望和对教育价值的较高认识这一结果来看，重视教育的价值信念应该是华人社会的共同价值观念。

倘若仔细分析，我们会发现，经济资本、客观化文化资本更多体现的是个体拥有的客观物质资源，父母教育参与、父母教育支持和学校教育关注更多是个体行为能力的体现，父母教育期望、具体化文化资本和教育价值观更多体现的是个体的倾向、价值观念。由此来看，教育投入的阶层和城乡差异更多表现在与能力和资源相关的资本方面，而非表现在与价值观念相关的资本方面。

（四）不同背景学生的学习投入特点

本研究发现，农村学生的学习投入高于城市孩子，家庭经济收入越低学生的学习投入越高，主要家庭收入来源依赖"农业生产收入"和父亲职业为"普通农民"的学生的学习投入最高。此结果与现有文献中所推证的预想是矛盾的，按照我们在引言中引用的自愿失学比例上升的状况，似乎学习投入的城乡和阶层差别不应该是本研究所发现的这样。研究得出与预想相矛盾的结果不应该是数据不准确导致的。这是因为本研究采用的工具在诸多研究中使用验证，

---

① Louie, V., "Parents' Aapirations and Investment: The Role of Social Class in the Experence of 1.5-and Second Generation Chinese", *Harvard Educational Review*, Vol. 71, 2001, pp. 438-476.

② 陈柏峰、郭俊霞：《农民生活及其价值世界：皖北李圩村调查》，山东人民出版社2009年版，第27页。

③ Goyette, K., & Xie, Y., "Education Expectations of Asian American Youths: Determinants and Ethnic Differences", *Sociology of Education*, Vol. 72, 1999, pp. 22-36.

具有良好的信效度,测量也严格按照程序规范,学习投入量表与学习投入时间和学习努力程度的相关系数均达到显著性水平,得出的结果很一致。此外,这也与我们的实地调查结果是一致的,当地学生的"苦学"精神更是低收入、农村家庭孩子学习投入高的鲜活体现。因此,本研究得出的结果应该是可信的。

表面看来,本研究结果与奥格布的文化抗拒理论相矛盾,与唐尼的研究结论较为一致。我们这里探讨的阶层和城乡分层与美国族群分层之间有诸多不同,中国社会具有尊师重教的传统,更加重视通过教育获得向上层社会流动的机会。谢宇发现,亚裔美国人比美国白人更加重视在现存社会经济结构下动用自己的文化和物质资源,通过教育实现地位提升。[1] 因此,本研究针对的文化、社会情境和研究对象与文化抗拒理论完全不同,但这个理论仍给予我们的重要启示是,弱势地位学生是否愿意在教育上花费精力的关键在于,他们是否把教育看作是能够帮助自己发展的一条途径,这点也已得到社会心理学研究的证实。[2] 本研究发现,处于弱势地位的学生表现出更高的学习投入、更为重视教育作用,与自愿移民的少数民族的适应反应特点是一致的,从这一点上来看,本研究结果与奥格布的理论并不矛盾。但从已得出的研究结果看,农民子女并没有像自愿少数民族那样获得较多教育机会,这又与奥格布的理论不尽一致。由此来看,学习投入与学业成绩和教育机会获得之间并不存在完全的直接对应关系,学习投入并不能完全解释教育机会获得和学业成绩差异,解释剩余差异的任务远远没有完结,这正是本研究接下来要着力解决的问题。

(五)教育投入、学习投入和教育价值观对高中教育机会获得的影响

那么,教育投入、学习投入和教育价值观对高中教育机会获得具有什么样的作用呢?本研究发现,虽然除教育期望之外的家庭教

---

[1] Xie, Y. Goyette, K., "Social mobility and the educational choices of Asian Americans", *Social Science Research*, Vol. 32, 2003, pp. 467-498.

[2] Destin, M., & Oyserman, D., "Incentivizing education: Seeing schoolwork as an investment, not a chore", *Journal of Experimental Social Psychology*, Vol. 46, 2010, pp. 846-849.

育资本投入的阶层和城乡差异显著,却并不影响高中教育机会获得,甚至经济资本呈现负向作用,反而阶层、城乡差异不显著的教育效用和教育期望,弱势地位学生表现突出的学习投入等变量对高中教育机会获得具有重要作用。即学习投入越高、父母教育期望越高和对教育越重视,越有助于学生进入普通高中,经济资本和社会声望对普通高中教育机会获得具有负向作用,学习投入和教育效用对重点高中教育机会获得具有正向积极作用。不过,学习投入、教育效用虽然对所有教育机会都有正向影响,效力却有所不同,我们认为,门槛不同的教育机会,这些因素的决定作用也不同,从而使学习投入和教育效用的效力发生变化。由于普通高中教育在量上的充足,使得学习投入对重点高中影响相对较小,对普通高中入学教育影响相对较大,教育效用的影响呈现相反趋势。

我们该如何理解以上发现呢?这实际上是对教育获得机制问题或教育机会"决定性因素"的探讨。从已有的研究结果看,那些存在阶层差异的教育投入变量并不决定教育机会的获得,这好像是家庭资源投入对高中教育机会获得没有影响。但是,我们却不能就此轻率地断言家庭教育投入已对高中教育机会获得失去效力。李路路指出,无论是在市场经济社会中还是在再分配经济社会中,相当多的教育资源分配,在很大程度上都受到不同社会群体政治经济利益的影响。因此,在对教育变量进行解释时,应该持一种比较谨慎的态度。[1] 从本研究的进展状况来看,我们对诸多问题和环节的认识依然不够清晰明了。我们发现,学习投入影响高中教育机会获得,但对家庭教育投入如何影响学习投入,以及其如何透过学习投入影响学业成绩,直至最终影响到高中教育机会的机制还不明确。另外,我们还未涉及学校因素,这就使得我们对家庭教育投入、学校因素和学习投入及其之间的关系是如何影响高中教育机会的也是了解不多。有学者指出,中国社会当前的阶层化机制趋于间接和隐蔽,[2]

---

[1] 李路路:《制度转型和阶层化机制的变迁:从"间接再生产"到"间接与直接再生产"并存》,《社会学研究》2003年第5期。

[2] 方长春:《趋于隐蔽的再生产:从职业地位获得看阶层结构的生成机制》,《开放时代》2009年第7期。

因此，在诸多中间环节和调节机制知之甚少的情况下，我们就贸然认为家庭教育投入不影响高中教育机会获得，是一种不可取的态度。可以明确的是，家庭教育投入并非完全直接影响高中教育机会获得，也就是说，家庭教育投入对高中教育机会获得的直接决定作用有限，更多影响可能是通过发挥中介和调节作用达成。

让人疑惑的是，已发现的那些决定高中教育机会获得的行为和观念变量恰恰是那些弱势阶层学生较为占优的因素，而不是那些优势阶层学生占优的因素。其实，真正让人感到疑惑的并不是学习投入和教育效用影响高中机会获得，因为要获得教育机会，努力学习和重视教育显然是充分条件，也不是家庭教育投入不影响教育机会获得，而是教育阶层化机制到底如何发挥作用？如果说勤奋努力、重视教育的观念决定高中教育机会获得，那么，在一定程度上就可以说明是按照"绩效原则"分配教育机会，但事实却非如此。因为，从前述研究结果来看，高中教育机会分布呈现阶层化趋势，阶层地位优势明显。依此看来，高中教育机会获得绝不是人们的完全自主选择。

简言之，本节得出的结论是，弱势阶层家庭的教育投入能力相对有限，弱势地位学生没有获得高中教育入学机会，不是因为学习不努力，也不是他们不重视学校教育，更不是他们的自愿选择，教育投入对高中教育机会获得的直接影响有限，学习投入和重视教育的观念有助于高中教育机会获得。但是，弱势地位学生的教育期望和学习热情是否会在制度性和结构性力量面前依然发挥效力抑或效力减弱，或者是完全失效？依然不明朗，从现有的研究结果看，我们对此不抱乐观态度。

第三节　结构抑或行动：高中教育机会获得的路径模式

一　引言

学习投入对教育机会获得具有正向积极作用，相比而言，弱势地位学生的确做到了在学习上比优势地位学生更为投入，但最终的教育机会分配结果却不利于弱势地位学生。这让我们不得不回到一直纠结着社会学家的"结构与行动"的关系问题上。在教育机会获得问题上,存在着制度主义、结构主义和关注行动等三种理论传统,实际上是结构决定、制度安排和个体行动及价值观念两种维度关系的分歧,就是结构力量和个人意志哪个在教育机会获得过程中起作用的问题。那么,人们的受教育机会究竟是由结构决定、制度安排还是人们的自主选择?抑或是两个维度共同作用的结果?回答这个问题不仅有助于我们了解现实中到底是哪些因素决定了不同阶层子女的高中教育机会获得,以及他们如何获取教育机会,从中亦可把握客观的制度政策、社会结构和主观的价值观念以及实际行动之间的关系,从而破解我们对前述研究结果在表面上似乎存在矛盾的困惑。

此外,本章前两节研究的注意力分别集中在影响高中教育机会分配的制度性和结构性力量以及行动者的行动策略和价值观念上,却没有对作为行动者实施策略的空间——学校给予关注,这使得对在学校内部产生不平等的过程知之甚少。许多理论探讨了学校在阶层再生产过程中的重要作用,功能主义者认为学校是"(人的)社会化的代办处",灌输忠诚;冲突主义者认为学校不再是进步和个人流动的一种工具,而是社会控制和再生产的机构。不过,无论功能主义者认为学校的主要职能是再生产共同价值,还是冲突主义者坚称学校再生产冲突的社会关系,都认为学校具有再生产性。再生产者相对地漠视学校的日常生活,认为相对于宏观社会学水平上发挥作用的(因素)而言,个体从来就是软弱无力的。同再生产的宏观社会学理论不同,"抵制文化"等理论关注再生产经过怎样的文化过程以在微观社会学水平上得以实现,而且,一些再生产理论的社会学家也努力将"宏观"和"微观"水平结合起来,构建了一些中介性概念,如布迪厄的惯习等。作为再生产性学校之宏观社会学理论的一种替代范式,微观社会学水平看重情境、交互作用和其产生的过程,将注意力集中在行动者身上。① 其实,后者否定的不是社会再生产这一事实,而是认为儿童的社会环境与其学业历程的关系是行动者具体实践的结果,行动者通过诸如与教师的关系、学校选择等这样一些具体的行为实践,调动社会地位所赋予的所有资源来为其子女提供优越的条件,而不是为再生产服务的学校运作的产物。但是,本研究在前文中只是通过学校类型在宏观水平上探讨了学校整体功能对教育机会的影响,忽略了学校日常生活对教育机会的影响。已有文献显示,学校社会资本正是从微观水平出发,阐释学生日常学校生活的一个关键概念,因此,引入"学校社会资本"来分析其与教育机会获得的关系将有助于弥补这一缺憾。

简言之,本节首先引入"学校社会资本",从微观层面阐明同伴关系、师生关系和学校规范等学校社会资本与高中教育机会获得的关系,从而把握行动者在学校体制中的具体实践对教育机会获得的影响。最后,整合社会结构、制度、社会行动者的行动策略和价值观念以及学校社会资本等变量,分析诸变量与高中教育机会获得之间的关联性,从而确定高中教育机会获得到底是"结构"决定抑或是"行动"选择,还是两种兼而有之,只是决定能力或范围不同。

二 数据、变量和分析策略

(一) 数据和变量

本节数据涉及初中生教育资本问卷调查中的四类变量:第一类变量是结构性因素,涉及户籍、性别、社会经济地位、就读学校类型和居住地等;第二类变量是行动策略和价值观念,涉及学习投入、教育投入和教育价值观等;第三类是学校社会资本变量,包含学校规范、师生关系、亲师关系、学校信任和同伴关系等五个维度;第四类变量涉及教育机会获得,具体指中考成绩达到普通高中录取分数线,获得普通高中教育入学资格。

---

① [法]杜里—柏拉、冯·让丹:《学校社会学》,汪凌译,华东师范大学出版社2001年版,第63—79页。

(二) 分析策略

1. 基本思路

本节数据分析分为三个阶段：第一阶段，以 T 检验、方差分析了解学校社会资本在性别、户籍和社会经济地位等方面的差异；第二阶段，采用二元 Logistic 回归分析检验学校社会资本各维度对不同背景学生"是否获得普通高中入学机会"和"是否获得重点普通高中入学机会"的影响情形；第三阶段，为判别具体是哪些因素（社会结构、制度、行动策略和价值观念以及学校社会资本等）对高中教育机会具有显著影响。我们先建立一个包含各类变量的综合二元 Logistic 回归模型，筛选出对两个因变量影响显著的自变量。接着，在有统计控制的条件下以数理化的统计模式检验这些自变量各自变化对因变量的作用幅度，比较不同自变量对因变量的贡献大小，依据贡献率大小对影响两类普通高中入学机会的因素进行排序，从而廓清高中教育机会获得的决定因素。

2. 综合 Logistic 回归分析模型

自变量分为五组：第一组为人口统计学变量，包括性别和户籍；第二组为地区变量，涉及居住地和就读学校类型；第三组为社会经济地位变量，包括父亲教育程度、月收入、收入来源和父亲职业等。这三组自变量为结构性因素，皆为定类变量，虚拟变量编码方式同前。第四组变量涉及行动策略和价值观念，即学习投入、教育投入、教育价值观等；第五组变量是学校社会资本。第四组和第五组变量均为连续性变量。依次纳入这五组变量，形成相互嵌套的模型，来探讨不同类型自变量对高中教育机会获得的影响。

因变量为"是否获得普通高中入学机会"和"是否获得重点普通高中入学机会"。

三 数据分析结果

(一) 性别、户籍和社会经济地位与学校社会资本

总体上看，亲师关系得分最低，接近 3 分，同伴关系得分最高，达到 4 分，学校规范、学校信任和师生关系三个维度的得分处于 3 分至 4 分之间（见表 3—13）。

表 3—13　不同背景学生的学校社会资本描述统计

变量	维度	学校规范 M	学校规范 SD	学校信任 M	学校信任 SD	师生关系 M	师生关系 SD	亲师关系 M	亲师关系 SD	同伴关系 M	同伴关系 SD	N
性别	男	3.55	0.81	3.42	0.89	3.62	0.79	3.00	0.88	3.93	0.64	584
	女	3.80	0.77	3.54	0.80	3.66	0.76	2.97	0.94	4.09	0.61	534
户籍	农村户口	3.70	0.80	3.53	0.83	3.66	0.76	3.01	0.90	4.01	0.61	950
	城市户口	3.52	0.83	3.16	0.90	3.55	0.85	2.89	0.96	3.96	0.75	168
父亲职业	普通农民	3.74	0.77	3.62	0.83	3.69	0.76	3.04	0.88	4.02	0.60	692
	普通工人	3.60	0.85	3.36	0.88	3.64	0.80	3.03	0.94	4.00	0.67	143
	科技、管理和办事人员	3.51	0.81	3.23	0.83	3.45	0.77	2.84	1.00	3.93	0.70	117
	个体、私营和商业人员	3.54	0.85	3.16	0.84	3.58	0.80	2.89	0.96	4.02	0.66	149
	其他	3.69	0.68	3.22	0.77	3.53	0.74	2.78	0.54	3.80	0.59	17
父亲教育程度	不识字或识字很少	3.66	0.77	3.56	0.73	3.62	0.89	3.11	0.99	4.00	0.62	67
	小学	3.76	0.76	3.55	0.81	3.65	0.76	2.92	0.88	3.97	0.62	340
	初中	3.67	0.84	3.52	0.88	3.66	0.76	3.01	0.88	3.99	0.64	453
	高中	3.57	0.80	3.30	0.88	3.64	0.79	3.05	0.96	4.08	0.58	191
	大专、本科及以上	3.51	0.80	3.17	0.74	3.52	0.81	2.92	1.00	4.02	0.75	67

续表

变量	维度	学校规范 M	学校规范 SD	学校信任 M	学校信任 SD	师生关系 M	师生关系 SD	亲师关系 M	亲师关系 SD	同伴关系 M	同伴关系 SD	N
家庭月收入	500元以下	3.78	0.80	3.66	0.85	3.72	0.76	3.06	0.94	4.08	0.58	318
	501—1400元	3.67	0.75	3.49	0.84	3.66	0.74	3.00	0.84	3.97	0.61	483
	1400元以上	3.56	0.87	3.28	0.84	3.54	0.84	2.89	0.98	3.99	0.69	317
主要收入来源	农业生产收入	3.75	0.76	3.61	0.79	3.69	0.72	3.02	0.90	4.03	0.58	388
	父母打工、摆摊和打零工	3.67	0.84	3.55	0.85	3.70	0.77	3.03	0.88	4.01	0.62	386
	父母经营店铺或企业	3.61	0.87	3.24	0.93	3.55	0.88	3.00	1.01	4.02	0.68	163
	父母亲工资	3.52	0.74	3.22	0.81	3.45	0.78	2.86	0.94	3.93	0.73	154
	其他	3.75	0.69	3.20	0.82	3.62	0.63	2.88	0.60	3.99	0.51	27
学校类型	农村初中	3.74	0.78	3.63	0.82	3.69	0.72	3.00	0.90	4.02	0.60	662
	城市初中	3.56	0.83	3.26	0.86	3.57	0.85	2.97	0.92	3.98	0.66	456
总计		3.67	0.80	3.48	0.85	3.64	0.78	2.99	0.91	4.00	0.63	1118

T 检验表明：女生的学校规范 [t (1116) = -5.31, $p<0.001$]、学校信任 [t (1116) = -2.43, $p<0.001$] 和同伴关系 [t (1116) = -4.34, $p<0.001$] 显著高于男生，师生关系 [t (1116) = -0.88, ns] 和亲师关系 [t (1116) = 0.43, ns] 的性别差异不显著；农村学生的学校规范 [t (1116) = 2.67, $p<0.01$] 和学校信任 [t (1116) = 5.21, $p<0.001$] 显著高于城市学生，师生关系 [t (1116) = 1.59, ns]、亲师关系 [t (1116) = 1.53, ns] 和同伴关系 [t (1116) = 0.89, ns] 的户籍差异不显著；就读农村初中的学生的学校规范 [t (1116) = 3.71, $p<0.001$]、学校信任 [t (1116) = 7.28, $p<0.001$] 和师生关系 [t (1116) = 2.41, $p<0.05$] 显著高于就读城市初中的学生；亲师关系 [t (1116) = 0.52, ns] 和同伴关系 [t (1116) = 0.86, ns] 的学校类型差异不显著。

单因素方差分析表明：

(1) 不同父亲教育程度学生的学校信任 [F (4, 1113) = 3.83, $p<0.001$] 和学校规范 [F (4, 1113) = 2.59, $p<0.05$] 的差异显著，在师生关系 [F (4, 1113) = 0.49, ns]、亲师关系 [F (4, 1113) = 1.20, ns] 和同伴关系 [F (4, 1113) = 1.07, ns] 维度不存在差异。事后比较表明，不同父亲教育程度学生之间的学校规范差异均不显著，父亲教育程度为高中和大专、本科及以上学生的学校信任显著低于父亲教育程度为小学的学生，父亲教育程度为大专、本科及以上学生的学校信任显著低于父亲教育程度为初中的学生。

(2) 不同父亲职业学生的学校规范 [F (4, 1113) = 3.62, $p<0.01$]、学校信任 [F (4, 1113) = 13.69, $p<0.001$] 和师生关系 [F (4, 1113) = 3.62, $p<0.05$] 存在显著差异，在亲师关系 [F (4, 1113) = 1.90, ns] 和同伴关系 [F (4, 1113) = 0.90, ns] 维度不存在差异。事后比较表明，不同父亲职业学生之间的学校规范差异不显著，父亲职业为"普通农民"的学生的学校信任显著高于父亲职业为"普通工人"、"科技、管理和办事人员"和"个体、私营和商业人员"的学生，父亲职业为"普通农民"的学生的师生关系显著高于父亲职业为"科技、管理和办事人员"的学生。

（3）不同家庭月收入学生的学校规范［$F(4,1113)=6.19$, $p<0.01$］、学校信任［$F(4,1113)=16.30, p<0.001$］和师生关系［$F(4,1113)=4.07, p<0.05$］存在显著差异，在亲师关系［$F(4,1113)=2.78, ns$］和同伴关系［$F(4,1113)=3.10, ns$］维度不存在差异。事后比较表明：家庭月收入在"500元以下"的学生的学校规范、学校信任和师生关系显著高于家庭月收入在"1401元以上"的学生，家庭月收入在"501—1400元"的学生的学校信任显著高于家庭月收入在"1400元以上"的学生。

（4）不同家庭主要收入来源学生的学校规范［$F(4,1113)=2.49, p<0.05$］、学校信任［$F(4,1113)=13.69, p<0.001$］和师生关系［$F(4,1113)=3.62, p<0.001$］存在显著差异，在亲师关系［$F(4,1113)=1.07, ns$］和同伴关系［$F(4,1113)=0.67, ns$］维度不存在差异。事后比较表明：不同家庭主要收入来源学生的学校规范差异不显著，家庭主要收入来源为"农业生产收入"的学生的学校信任显著高于家庭主要收入来源为"父母经营店铺或企业"和"父母亲工资"的学生，家庭主要收入来源为"父母打工、摆摊和打零工"的学生的学校信任显著高于家庭收入来源为"父母经营店铺或企业"和"父母亲工资"的学生，家庭主要收入来源为"父母亲工资"的学生的师生关系显著低于家庭收入来源为"农业生产收入"和"父母打工、摆摊和打零工"的学生。

综上所述，学校规范和学校信任在所有背景变量上的差异均显著；同伴关系除存在性别差异外，在其余背景变量上的差异均不显著；师生关系除在性别、户籍和父亲教育程度等变量上不存在差异之外，在其余背景变量上的差异均显著；亲师关系在所有变量上的差异均不显著。

（二）学校社会资本对高中教育机会获得的 Logistic 回归分析

模型 1 显示，师生关系、亲师关系和同伴关系对"是否获得普通高中入学机会"的影响显著，其中师生关系和同伴关系呈现正向影响，亲师关系为负向影响。

模型 2 显示：同伴关系和亲师关系对"是否获得重点普通高中入学机会"的影响显著，同伴关系具有正向效应，亲师关系为负向影响（见表3—14）。

表3—14 学校社会资本对普通高中/重点高中教育机会影响的 Logistic 回归分析

自变量	模型1			模型2		
	B	Exp (B)	S.E	B	Exp (B)	S.E
学校规范	-0.04	0.97	0.09	-0.09	0.92	0.10
学校信任	0.14	1.14	0.08	0.02	1.02	0.10
师生关系	0.22*	1.25	0.09	0.12	1.13	0.11
亲师关系	-0.22**	0.81	0.08	-0.17	0.84*	0.09
同伴关系	0.26*	1.30	0.11	0.33	1.39*	0.13
-2Log-Likelihood	1528.40			1181.19		
自由度（df）	5			5		
模型显著性	0.001			0.034		

*$p<0.05$；**$p<0.01$；***$p<0.001$；模型1的因变量为："是否获得普通高中入学机会"，模型2的因变量为："是否获得重点高中入学机会"，是=1，否=0。

（三）不同类型变量对高中教育机会获得的 Logistic 回归分析

数据分析表明（见表3—15）：男生比女生获得高中教育机会的可能性大；父亲教育程度高的学生比父亲教育程度低的学生获得高中教育机会的可能性大，特别是父亲教育程度为"高中"和"大专、本科及以上"的学生显著高于父亲教育程度为"不识字或识字很少"的学生；家庭收入来源为"农业生产收入"的学生要比其他家庭收入来源类型的学生获得普通高中教育机会的可能性大，特别是显著高于来自主要收入来源为"打工、摆摊和打零工"家庭的学生。有意思的是，在引入社会经济地位变量之后，性别因素对普通高中教育机会的影响略有降低（模型3），但在引入行动策略、价值观和学校社会资本诸变量之后，影响没有降低，反而变得更大，父亲教育程度和家庭收入来源在引入行动策略、价值观和学校社会资本之后也表现出同样情形（模型4）。在控制性别、户籍和社会经济地位等结构性变量之后，学习投入、教育效用和父母教育期望

138　教育选择与阶层再生产

表 3—15　普通高中教育机会获得模型（Logistic Model）

自变量	模型	模型 1 B	模型 1 S.E	模型 1 Exp(B)	模型 2 B	模型 2 S.E	模型 2 Exp(B)	模型 3 B	模型 3 S.E	模型 3 Exp(B)	模型 4 B	模型 4 S.E	模型 4 Exp(B)	模型 5 B	模型 5 S.E	模型 5 Exp(B)
性别（男性=1）		0.34**	0.12	1.40	0.29*		1.34		0.13		0.37*	0.13	1.44	0.39*	0.14	1.48
父亲教育程度	小学				0.15		1.16		0.27		0.26	0.29	1.30	0.22	0.29	1.25
（参照组：不识字）	初中				0.13		1.14		0.27		0.23	0.29	1.26	0.20	0.29	1.22
	高中				0.70*		2.01		0.30		0.87**	0.33	2.40	0.85*	0.33	2.34
	大专、本科及以上				1.13*		3.10		0.44		1.36*	0.48	3.89	1.35**	0.50	3.87
主要收入来源	打工、摆摊和打零工				−0.41**		0.67		0.16		−0.33*	0.16	0.72	−0.33*	0.16	0.72
（参照组：经营店铺或企业）	农业生产工资				−0.45		0.64		0.25		−0.26	0.26	0.77	−0.21	0.26	0.81
	父母亲工资收入				−0.47		0.61		0.30		−0.28	0.32	0.76	−0.27	0.32	0.76
教育投入	父母教育期望										0.46*	0.20	1.58	0.39*	0.21	1.47
	父母教育参与										−0.26*	0.13	0.78	−0.25*	0.12	1.78
学习投入											0.55***	0.11	1.74	0.54***	0.12	1.72
教育价值观											0.62***	0.14	1.85	0.60***	0.14	1.82
学校社会资本	亲师关系													−0.28*	0.09	0.76
−2Log-Likelihood		1519.72			1418.68						1397.08			1384.64		
自由度（df）		2			18						29			34		
模型显著性		0.02			0.00						0.00			0.00		

注：* p<0.05，** p<0.01，*** p<0.001，**** p<0.0001；因变量为："是否获得普通高中入学机会"，是=1；否=0；模型 2 的整体检验不显著，故未列入；在五个模型中均不显著的自变量未列入表内。

对高中教育机会获得具有显著正向作用，父母教育参与对高中教育机会获得则表现出负向作用。不过在引入学校社会资本变量之后，这四个行动策略和价值观念变量的作用有所降低（模型5）。在控制结构、行动策略和价值观念变量之后，学校社会资本中仅亲师关系影响显著（模型5）。

由表3—16可见，社会经济地位变量对重点高中教育机会获得的影响情形大致与对普通高中教育机会的影响相似。性别、户籍等结构性变量在引入行动策略、价值观念和学校社会资本之后，其作用变大，原先并不显著的居住在乡镇的学生，其高中教育获得也显著地大于居住在农村的学生。在控制性别、户籍和社会经济地位等结构性变量之后，学习投入和教育效用对重点高中教育机会的影响依然显著，这与在普通高中教育机会模型中的情形一致。值得注意的是，这时的经济资本和客观化文化资本对重点高中教育机会获得具有显著的负向作用。此外，学校社会资本各因素对重点高中教育机会获得的影响与在普通高中教育机会获得中的表现情形相同。

从模型的整体检验来看，由社会结构、行动策略、价值观念以及学校因素建立的综合模型（两个模型5）具有显著性，这说明采用社会结构、行动策略和价值观念以及学校社会资本来共同解释两类普通高中教育机会获得是有效的。但是，在没有引入行动策略和价值观念以及学校社会资本的两个模型3中，模型拟合效果依然很好。另外，值得注意的是，在两类综合Logistic回归模型中，随着行动策略、价值观念和学校社会资本变量的引入，与父亲教育程度较低、女生和居住在农村的学生相比，父亲教育程度越高，男生和居住在乡镇的学生获得高中教育的机会不是在减小，而是在变大。这进一步说明，虽然高中教育机会获得是由社会结构、行动策略和价值观念因素共同作用的结果，但相对来说，结构性因素的作用更为突出；另一方面也说明，结构性变量，特别是其中的父亲教育程度等结构性变量会限制社会行动、价值观念和学校社会资本因素对高中教育机会获得的影响，行动策略、价值观念和学校因素会反过来助长结构性因素对高中教育机会获得的影响，让父亲教育程度等结构性优势得到更好的发挥。

表3—16　重点高中教育机会获得模型（Logistic Model）

模型 自变量		模型1 B	模型1 Exp(B)	模型1 S.E	模型2 B	模型2 Exp(B)	模型2 S.E	模型3 B	模型3 Exp(B)	模型3 S.E	模型4 B	模型4 Exp(B)	模型4 S.E	模型5 B	模型5 Exp(B)	模型5 S.E
性别（男性=1）		0.38**	1.47	0.15	0.39**	1.48	0.15	0.33*	1.39	0.15	0.39*	1.48	0.16	0.43**	1.54	0.16
户籍（城市户口=1）		0.41*	1.51	0.19	0.24	1.27	0.22	-0.21	0.81	0.27	-0.09	0.94	0.28	-0.04	0.96	0.29
居住地 （参照组：农村）	县城				0.21	1.24	0.25	0.24	1.28	0.29	0.31	1.37	0.30	0.26	1.29	0.31
	城郊				0.14	1.15	0.41	0.43	1.53	0.42	0.50	1.65	0.44	0.43	1.54	0.44
	乡镇				0.37	1.44	0.27	0.48	1.61	0.29	0.67*	1.96	0.30	0.67*	1.95	0.30
父亲教育程度 （参照组：不识字）	小学							-0.01	0.99	0.35	0.15	1.16	0.36	0.12	1.13	0.37
	初中							0.13	1.13	0.36	0.30	1.41	0.36	0.33	1.39	0.37
	高中							0.82	2.27	0.37	1.12**	3.06	0.40	1.11**	3.04	0.40
	大专、本科及以上							1.60***	4.96	0.51	2.01***	7.49	0.54	2.04***	7.65	0.54

第三章 教育分流与阶层再生产　141

续表

模型	模型1		模型2		模型3		模型4		模型5	
自变量	B / Exp(B)	S.E	B / Exp(B)	S.E	B / Exp(B)	S.E	B / Exp(B)	S.E	B / Exp(B)	S.E
主要收入来源（参照组：农业生产收入） 打工、摆摊和打零工					−0.46* / 0.63	0.18	−0.47* / 0.62	0.20	−0.49* / 0.62	0.21
经营店铺或企业					−0.50 / 0.60	0.31	−0.35 / 0.71	0.33	−0.32 / 0.73	0.33
父母亲工资					−0.61 / 0.54	0.37	−0.54 / 0.58	0.38	−0.56 / 0.57	0.39
经济资本							−0.24* / 0.78	0.11	−0.26* / 0.12	0.78
客观文化资本							−0.28* / 0.76	0.11	−0.29* / 0.75	0.11
教育投入 学习投入							0.56*** / 1.75	0.14	0.53*** / 1.70	0.14
教育效用							0.41 / 1.51	0.17	0.37* / 1.45	0.17
教育价值观										
学校社会资本 亲师关系									−0.26* / 0.77	0.10
−2Log-Likelihood	1168.65		1164.73		1124.03		1076.50		1065.91	
自由度（df）	2		6		22		33		38	
模型显著性	0.00		0.02		0.00		0.00		0.00	

注：* $p<0.05$，** $p<0.01$，*** $p<0.001$；因变量为："是否获得重点普通高中入学机会"，是=1；否=0；在五个模型中均不显著的自变量未列入表内。

（四）各自变量贡献率的比较

模型中自变量的回归系数均为偏回归系数，表示在控制其他自变量时，某自变量对因变量的独立作用。相对来说，哪个自变量对因变量的作用更大呢？在肯定了结构、行动策略、价值观念和学校社会资本等变量的显著性作用之后，我们通过比较各自变量的标准化回归系数来探究这个问题。为此，我们以纳入所有自变量的模型5中各自变量之回归系数为计算标准，利用如下公式求得各自变量的标准化回归系数。[①]

$$\beta_i = b_i \times \frac{s_i}{\pi \div \sqrt{3}} \approx b_i \times \frac{s_i}{1.8138}$$

其中，β_i 为第 i 自变量的标准化回归系数，b_i 为第 i 自变量的非标准化回归系数，s_i 为第 i 自变量的标准差，$\pi \div \sqrt{3}$ 为标准 Logistic 分布的标准差，近似等于 1.8138。根据上述公式，经计算得到表 3—17。

表 3—17　　普通/重点高中教育机会获得模型（模型 5）自变量的标准化回归系数

自变量	模型	s	普通高中教育机会获得 b	普通高中教育机会获得 β	重点高中教育机会获得 b	重点高中教育机会获得 β
性别（男性=1）		0.50	0.39*	0.11	0.43	0.12
户籍（城市户口=1）		0.36	—	—	-0.04	-0.01
居住地（参照组：农村）	县城	0.97	—	—	0.26	0.14
	城郊	0.97	—	—	0.43	0.23
	乡镇	0.97	—	—	0.67*	0.36

[①] 郭志刚：《社会统计分析方法——SPSS 软件应用》，中国人民大学出版社 1999 年版，第 202—203 页。

续表

自变量	模型	s	普通高中教育机会获得 b	β	重点高中教育机会获得 b	β
父亲教育程度（参照组：不识字）	小学	0.97	0.22	0.12	0.12	0.07
	初中	0.97	0.20	0.11	0.33	0.18
	高中	0.97	0.85*	0.45	1.11*	0.59
	大专、本科及以上	0.97	1.35*	0.72	2.04*	1.09
主要收入来源（参照组：农业生产收入）	打工、摆摊和打零工	1.11	-0.33*	-0.20	-0.49*	-0.30
	经营店铺或企业	1.11	-0.21	-0.13	-0.32	-0.20
	父母亲工资	1.11	-0.27	-0.17	-0.56	-0.35
教育投入	父母教育期望	0.41	0.39*	0.09	—	—
	父母教育参与	0.70	-0.25*	0.10	—	—
	经济资本	0.84	—	—	-0.26*	-0.12
	客观文化资本	0.91	—	—	-0.29*	-0.14
学习投入		0.70	0.54*	0.21	0.53*	0.21
教育价值观	教育效用	0.53	0.60*	0.18	0.37*	0.11
学校社会资本	亲师关系	0.91	-0.28*	-0.14	-0.27*	-0.13

注：在五个模型的其中之一显著的自变量均列入表内，*表示对因变量影响显著的自变量的非标准化系数。

通过比较变量的标准化回归系数可以看到，对普通高中教育机会获得作用最大的自变量是父亲教育程度中的"大专、本科及以上"和"高中"，其后为"学习投入"和收入来源中的"打工、摆摊和打零工"，然后是"教育效用"、"亲师关系"和"性别"，最后是社会资本中的"父母教育参与"和"父母教育期望"。对重点普通高中教育机会作用最大的是父亲教育程度中的"大专、本科及以上"和"高中"，其后为居住地中的"乡镇"和收入来源中的

"打工、摆摊和打零工",然后为"学习投入"、"客观文化资本"和"亲师关系",最后为"经济资本"、"教育效用"和"性别"。

可以看出,虽然结构和价值观念因素对两类普通高中教育机会均有影响,但作为结构因素的父亲教育程度中的"大专、本科及以上"和"高中"的影响最大,相比对普通高中教育机会的影响,结构因素对重点普通高中教育机会的影响作用在增大,行动策略和价值观念因素的影响作用在减小,如"大专、本科及以上"的影响作用由 0.72 增大为 1.07,教育效用由 0.18 减为 0.11,而且增加了居住地等结构因素,以及虽为行动策略与价值观念因素但与结构因素联系相对更为紧密的"经济资本"和"客观化文化资本","父母教育期望"和"父母教育参与"等较为纯粹的行动策略和价值观念因素的影响则变得不再显著。

四 结论与讨论

（一）不同背景学生的学校社会资本特点及其对高中教育机会获得的影响

从布迪厄提出的"场域"角度来看,学校不是一个静态的结构,不是一个具有某种固定"功能"的一成不变的社会结构,而是由各种关系网络构成的,如师生关系、同伴关系、家长与教师的关系等。在这些关系网络中,个体因拥有资本的不同而在网络中具有不同的位置,位置的不同又决定了资源分配的不同。因此,拥有较多社会资本与文化资本的儿童在学校或班级中会具有较高的社会地位,在同伴相互之间的交流或学习中居于优势地位,与教师具有较好人际关系的学生往往会获得更多的教育资源,与学校或教师经常保持联系的家长一般会获得较多的信息等,这将有助于教育机会的获得。本研究发现,良好的同伴关系和师生关系有助于教育机会获得,与此论点一致。

但是,本研究却没有支持拥有较多社会资本、文化资本的社会经济地位较高的学生会与老师建立良好关系。学校或教师经常与家长保持联系,有助于其获得较多教育机会的观点。皮克（Pieke）指出,教育行为与方式不能用静止的解释架构进行描述,而应该将其放置于变动的文化逻辑背景之下,在文化逻辑、模塑行为的社会环境以及这个环境中的社会经济条件之间的互动中才能理解,解释不是客观存在而被发现的东西,是由试图使他们的社会环境蕴含意义的社会行动者创造出来的。[1] 因此,表面看来,我们得出了与以往研究不同的结果,其实,这些行动都有其相应的文化逻辑背景。我们在调查中发现,在当地的社会环境中,学校和家长之间的联系更多是由于学生在学校表现不良而引起,学校和家长联系越多,反映出学生在学校的表现越差,而不是更好,相比之下,那些学业成绩优良的学生家长反而与学校的联系不多。社会经济地位为什么没有导致师生关系的阶层差异?一个可能的解释是,弱势地位孩子更多是农村孩子,这些孩子更为尊重老师,遵从老师的指导来学习,如李书磊在著作中就叙述了农村学生对老师的崇拜和信仰。[2] 相反,城市孩子更为独立,更愿意按照自己的想法来学习,这使得弱势地位孩子感知到的师生关系优于优势地位孩子感知到的师生关系。而且,农村孩子大多集中在农村初中学习,学校内的学生阶层同质性高,这也会导致农村初中的师生关系好于城市初中,弱势阶层的师生关系好于优势阶层。

另外,我们的研究结果也表明,在学校规范和学校信任两个维度,女生得分高于男生、农村学生得分高于城市学生、弱势地位学生得分高于优势地位学生。这是因为,农村学生和劣势地位学生大多都在农村初中就读,与城市初中相比,农村初中较少受到过多社会中不良因素的干扰,学校中不良事件相对较少,学校环境更为安全,氛围更为积极,因此,农村或劣势地位学生的学校规范和学校信任得分高于城市或优势地位学生也就不足为奇了。对于女生在这两个维度的得分高于男生,则可能是性别差异所致。

由以上结果看,县域内的弱势阶层学生并没有像西方研究中经常出现的结果那样,与优势阶层的学生相比,弱势阶层学生在消极

---

[1] Pieke, F. N., "Chinese Educational Achievement and 'Folk Theories of Success'", *Anthropology and Education Quarterly*, Vol. 22, 1991, pp. 162—180.

[2] 李书磊:《村落中的"国家"——文化变迁中的乡村学校》,浙江人民出版社1999年版,第15—38页。

的学校氛围中学习，学校中弥漫着不安全感，对学校不信任，师生关系较差。① 但是，尽管弱势阶层学生在学校社会资本各维度上并不处于劣势，但我们却不能因此就认为学校社会资本一定会有助于弱势地位学生的教育机会获得。我们在综合 Logistic 回归模型中发现，在引入学校社会资本之后，结构性变量对高中教育机会获得的作用变得更为显著，这说明学校社会资本对教育机会的影响有限，在与结构性变量互动过程中，却一定程度上扩大了结构性因素导致的不平等，也就是说，学校社会资本在结构性因素的限制下，并没有发生正向促进作用。另外，由于我们只是考察了学校社会资本，对学校内的师资力量、教育内容和教育条件等方面对教育机会的影响均并没有考察，而诸多研究都认为这些方面会影响到教育机会的公平性。② 因此，我们更不能认为学校对弱势地位学生是公平的，甚至是在降低着不公平。

（二）不同类型变量对高中教育机会获得的决定作用

在教育机会获得研究中，布劳—邓肯（Blau & Ducan）的地位获得模型确立的基本分析框架——通过比较先赋性和获致性两种因素在个人地位获得过程中的影响程度差异，来推断社会开放性程度。③ 此理论分析框架确立了以微观视角的家庭资源禀赋理论为主流的分析逻辑，但是，这个理论有两个方面的不足，一是忽视了制度、政策对结构决定的影响；二是以家庭所拥有资源的多寡来解释其子女的教育成就，这导致将资源拥有看作是既定的，忽视了行动者的行动策略和价值观念对资源获取或投入的影响。因此，本研究更为关注结构力量、个体的行动策略和价值观念等因素在教育机会获得过程中的作用模式、力量大小和互动机制，依据对这些问题的分析，来获悉教育机会不平等的运作方式。具体而言，本研究主要

---

① [美] 布儒瓦：《生命的尊严：透析哈莱姆东区的快客买卖》（第 2 版），北京大学出版社 2009 年版，第 132—161 页。

② 余秀兰：《中国教育的城乡差异：一种文化再生产现象的分析》，教育科学出版社 2004 年版，第 115—209 页。

③ Blau, P. M., & Duncan, O. D., *The American Occupational Structure*, New York: Wiley, 1967.

关注制度和政策是如何制约结构因素，结构因素是怎样限制行动者的行动空间或行动能力，人们的行动又能否改变结构的刚性，消解抑或增强结构性因素对教育机会的影响。

从本研究结果来看，结构因素对高中教育机会获得的作用非常明显，但不同结构因素受制度、政策和社会转型或变迁的影响程度是不同的。研究发现，父亲教育程度对个体教育机会获得具有非常显著的影响，城乡教育机会获得差异也多由父亲教育程度差异导致。由此来看，文化分层是转型时期县域内社会分层的重要机制，文化因素在微观层面上对个人教育机会，以及在宏观层面上对教育机会不平等和阶层再生产的影响要比其他因素更大，这种影响不但最不容易受到制度和政策的影响，而且行动者的行动能力也受其限制，甚至会反过来强化文化因素的影响程度。另外，性别教育机会不平等表现得异常"顽固"，并没有因为行动、价值观念和学校等因素而得以减弱，而是在增强着这种不平等。

相比之下，其他结构性因素更易于受到制度、政策和社会转型等因素的影响。研究发现，经济收入不是影响高中教育机会获得的重要因素；家庭主要收入来源为"农业生产收入"的学生的高中教育机会获得高于"父母打工、摆摊和打零工"和"父母经营店铺或企业"的学生；父亲职业对高中教育机会的影响不显著。这些研究结果折射出，在市场转型过程中，农民在教育上的经济投入能力增加，职业流动性提高，国家"两免一补"政策的实施，十多年的基础教育扩张等政策和制度安排，都在一定程度上降低了基础教育阶段的教育机会获得与职业地位和经济条件的关联性。

值得强调的是，由经济收入转化而来的经济资本和客观化文化资本对教育机会具有负向预测作用，这似乎与常识不符。其实，在以往有关经济资源与教育获得关系的研究中发现，经济资源对教育获得的影响是较为复杂的。如南（Nam）等人发现，低流动资本家庭学生获得的中学教育机会要高于中等流动资本家庭，但完成大学的机会却低于中等流动家庭学生，高流动资本（liquid asset）家庭学生则更有可能进入中学和大学。① 因此，我们发现经济收入和教育获得的关联性较弱，不等于经济资源的拥有和投入不再影响教育机会获得。国家统计局2009年公布的贫困人口监测数据显示，随着社会经济的发展和国家扶助政策的实施，经济困难逐步解决之后，主动离学的农村儿童比例不降反升，变成了儿童失学的主要原因。② 这说明经济因素与教育机会获得并不存在必然的正向关系，而且在一定的社会文化背景下，经济因素在宏观层面上影响力减弱，却可能继续影响个人的教育机会选择。研究发现，经济收入对儿童发展的影响因儿童所处的家庭、学习环境和父母为子女提供激励环境能力的不同而异。③ 因此，经济因素是否促进教育机会获得，在于经济收入能否转化为"有效"的经济资本和客观化文化资本，能否同家庭文化资本和社会资本形成最佳"配合"。

虽然各类结构性因素受制度、政策和社会转型影响的程度不同，但都同时较少受到行动者的行动策略和价值观念的影响，学校社会资本对其影响也很有限。从两个综合Logistic回归模型和自变量贡献率的比较来看，那些影响显著的行动者的行动策略、价值观念和学校社会资本等因素，并没有起到消解刚性结构的作用，反而助长了结构性因素的决定作用。这说明，结构因素决定着行动者的行动能力，那些拥有较好家庭资源的学生，能够更好发挥这些资源优势，从而提高自身的教育机会获得，那些家庭资源较少的学生则很难打破这些结构性约束，尽可能多地获致教育机会。

当然，行动策略、价值观念因素虽然受到结构性因素的限制，对教育机会的决定作用也弱于结构性因素，但依然在获取教育机会过程中发挥着重要作用。研究发现：学习投入、父母教育期望和教

---

① Nam, Y., Huang, J., "Equal opportunity for all? Parental econominc resources and children's educational attainment", *Children and Youth Services Review*, Vol. 31, 2009, pp. 625-634.

② 国家统计局农村社会经济调查司编：《中国农村贫困监测报告——2008》，中国统计出版社2009年版，第26-28页。

③ Yeung, W. J. Linver, M. R. & Brook-Gunn, J., "How Money Matters for Young Children's Development: Parental Investment and Family Processes", *Child Development*, Vol. 73, 2002, pp. 1861-1879.

育效用等变量,在引入结构性变量之后,其正向作用依然显著,作用也变强,如在普通高中教育入学机会的 Logistic 回归模型中,学习投入和教育效用的发生率(odds ratio)由独立模型中的 1.62 和 1.11 分别提高到 1.74 和 1.85,在重点高中教育机会的 Logistic 回归模型中,由 1.46 和 1.43 分别提高到 1.75 和 1.51(见表 3—12、表 3—15 和表 3—16)。而且原先在独立的行动策略、价值观念变量的 Logistic 回归模型中不显著的父母教育参与、经济资本和客观化文化资本等变量的作用也变得显著。不过,通过比较变量的标准化回归系数,结构因素在重点高中教育机会中的决定作用要大于其在普通高中教育机会中的作用,行动、价值观念因素的决定作用则随之变小。这些研究结果说明,社会行动者的能动作用,或者说行动能力是受结构条件制约的,特别是在价值较高的教育机会中,结构因素的决定作用越强,个体的行动能力越受制于结构因素。简言之,行动者的行动或者价值观念没有起到削弱结构性因素的作用,而是呈现相反趋势,拥有优势结构条件的个体,将有助于增强其行动能力,在较强行动能力发挥的同时,结构性优势也得以最大限度发挥。

《科尔曼报告》的研究结果显示,学校资源对学业成就的差异性影响微乎其微。在我们的研究中,情况会是怎样的?从整体功能上看,农村孩子就读于农村中学,有利于他们获得高中教育机会和非重点高中教育机会,但在控制其他类型变量的情况下,就读学校类型对高中教育机会的影响并不显著。那么,体现学生日常生活的学校社会资本在教育机会获得过程中是否会有所作为,或者说有助于改变教育机会分布的阶层化趋势呢?研究结果显示,在未控制户籍、性别和社会经济地位等结构性变量以及学习投入等行动和价值观念等变量时,同伴关系、师生关系均有助于高中教育机会获得,亲师关系对高中教育机会获得呈现负向影响(见表 3—14)。在控制以上诸变量之后,同伴关系和师生关系对高中教育机会的影响消失(见表 3—15 和表 3—16)。不过,从发生率的变化来看,结构性变量对的发生率均有所提高,而行动和观念变量的发生率则有所降低(见表 3—15 和表 3—16 中的模型 5),此时的亲师关系对高中教育机会获得依然呈现负向影响，但与其他类型变量对高中教育机会获得的影响来看，其影响作用是比较小的（见表3—17）。从这些研究结果来看，相比其他类型变量，学校社会资本对高中教育机会获得影响较小，并没有减弱教育机会不平等，而是相反，即增强结构因素对教育机会获得的影响，减弱行动策略和教育价值观对教育机会的影响。

概而述之，高中教育机会主要由结构性因素决定，行动者的行动策略和价值观念在结构因素决定的教育机会结构中只有非常有限的决定能力，此外，学校因素对高中教育机会的影响也较为有限。具体而言，一方面，行动者的行动策略和价值观念对教育机会的影响受到结构性因素的制约，另一方面，行动者的行动和价值观念以及学校社会资本在增强结构性因素对高中教育机会的影响。

这样看来，虽然弱势阶层学生的学习投入、教育效用等方面均优于优势地位学生，而且这些因素的确对高中教育机会具有重要影响。但是，由于高中教育机会主要由结构性因素决定，结构留给行动者的行动空间较为有限，显现个体主动性的学习投入、教育价值观念等因素在这样的机会结构中发挥的效力受到极大限制，甚至是强化了结构性因素对高中教育机会获得的影响，并非是在减弱教育机会的结构性配置，这样一来，高中教育机会分布呈现阶层化趋势也就合乎逻辑了。

五 结语

至此，我们通过本章的实证研究，分别讨论了高中教育机会分配的结构特征，制度、阶层结构性因素以及行动策略和价值观念因素对高中教育机会获得的影响模式，并围绕这些因素之间的动态互动关系探讨了各自在高中教育机会获得中的决定能力，明晰了"谁被挡在了普通高中的门外？"和"谁把他们挡在门外？"这两个问题，一定程度上揭示了高中教育机会分配的阶层差异和教育机会不平等的维持机制。

不过，仅仅从宏观层面揭示教育机会获得不平等的维持机制，只是有助于了解影响高中教育机会获得诸因素的相对决定作用，对这些影响因素之间相互关系的探讨却较为粗糙，更多是对"差异"和"决定"的分析，对"过程"和"机制"的讨论相对较少。如我们分析了学习投入对高中教育机会具有重要影响，也发现其受到结构性因素的制约，在一定程度上增强了结构性因素对高中教育机会的决定作用。但是，我们对结构因素如何制约学习投入，学习投入又是如何增强结构因素的决定作用的过程和机制知之甚少，仅停留在不同阶层因素之间的学习投入存在差异这个层面上，而且，即便同是行动类型的变量，他们之间的互动关系同样也会影响到教育机会获得，如经济资本、文化资本和社会资本与学习投入的关联性。

因此，在我们的研究中，至少以下问题并未能得到完满回答：（1）结构和制度变量如何影响教育投入和学习投入；（2）教育投入和学校社会资本如何影响学习投入；（3）结构、制度、非正式制度（教育价值观）和行动策略等变量（教育投入和学习投入）之间的互动关系如何最终影响学生的学业成就；（4）阶层意识和学业成就之间的关系。在本书的后续部分，我们将围绕这些问题继续考察教育选择与阶层再生产的关系。

第四章

学业成就与阶层再生产

社会阶层背景如何影响人们的教育获得？在布劳—邓肯的结构模型中，父亲的社会经济地位直接影响着子代的教育获得。本研究亦证实，社会经济地位与学生的教育机会获得之间的确有着十分确切的正向关系。但是，这种分析并不能解释阶层背景作用于子代教育获得的方式，仅仅是表示存在这样的关系以及关系的强弱。威利斯、吉罗和奥格布等人对抵制现象的揭示，是从微观或个体层面来考察教育过程中的阶层再生产机制。这些研究启发我们，通过表明再生产在微观社会水平上经过怎样的文化、社会和心理过程得以实现，可以弥补"宏观"水平的教育获得研究对机制和过程关照不够的缺陷，揭示出人们在宏观水平上观察到的教育不平等是如何通过微观情境性的交互作用产生出来的。

实际上，前面的研究虽纳入了一些微观或个体层面的变量，但只是从整体或宏观水平上认识这些变量对教育机会获得的影响，没有在微观社会学水平上，从情境、交互作用及其产生过程来了解这些变量对教育机会影响的微观机制。因此，在接下来的研究中，我们需要找到一个探寻阶层背景影响教育机会获得内在机制的恰当切入点，来帮助我们弄清楚教育机会不平等的微观实现模式。

从表现形式上看，教育分流主要依据的是学生的学业成就，也就是基于帕森斯（Parsons）所说的绩效主义的原则，这就是说，社会阶层背景更多是通过学业成就这个中间变量实现对教育机会获得的影响。那么，从社会阶层背景如何影响学业成就的这个问题出发，将有助于探知阶层背景如何影响教育获得，实现阶层再生产的机制。而且，从已有微观水平的教育阶层化研究看，对家庭社会经济地位和学校教育过程如何再生产社会地位的这一问题的考察，也通常是通过成绩效能和成就效能实现的。[①] 鉴于此，在本章中，我们将围绕阶层背景如何造就学业成就差异这个问题出发来探讨教育机会不平等的实现过程。

在这里，利用受调查学生的中考成绩，本研究首先对学业成绩在性别、户籍和阶层等结构性变量上的差异进行初步的描述统计分析，为后续研究做一个铺垫性工作（描述统计见表4—1）。数据分析表明，男生的平均学业成绩显著高于女生 [$t(1116) = 2.65$, $p<0.01$]；农村学生的平均学业成绩略高于城市学生（$M_{农村} = 487.32$，$SD_{农村} = 111.26$；$M_{城市} = 478.42$，$SD_{城市} = 137.91$），农村初中学生的平均学业成绩高于城市初中学生（$M_{农村初中} = 491.45$，$SD_{农村初中} = 107.80$；$M_{城市初中} = 478.01$，$SD_{城市初中} = 125.84$），学业成绩的户籍和就读学校类型差异均不显著；不同父亲教育程度学生的学业成绩存在显著差异 [$F(4, 1113) = 5.15$, $p<0.001$]，表现出学生的父亲教育程度越高，其学业成就越高的趋向，事后比较（Scheffe）表明：父亲教育程度为"大专、本科及以上"的学生学业成绩显著高于父亲教育程度为"小学"和"初中"的学生；不同父亲职业学生之间在学业成绩方面存在显著差异 [$F(3, 1097) = 2.96$, $p<0.05$]，事后比较表明，父亲职业为"科技、管理和办事人员"的学生学业成绩显著高于父亲职业为"个体、私营和商业人员"的学生；不同家庭月收入学生之间在学业成绩方面不存在显著差异 [$F(2, 1115) = 0.77$, ns]；不同父亲职业学生之间在学业成绩方面存在显著差异 [$F(3, 1087) = 6.25$, $p<0.001$]，事后比较表明，家庭收入来源为"农业生产"的学生学业成绩显著高于"父母打工、摆摊和打零工"和"父母经营店铺或企业"的学生。

[①] [美] 哈里楠：《教育社会学手册》，傅松涛译，华东师范大学出版社2001年版，第459页。

表 4—1　　不同背景学生学业成就的描述统计

背景变量		学业成绩 M	SD	分数段（%）普通以下	普通~重点	重点以上	N
户籍	农村户口	487.32	111.26	49.5	28.7	21.8	950
	城市户口	478.42	137.91	52.4	19.0	28.6	168
性别	男	497.75	118.45	45.7	28.1	26.2	584
	女	476.41	111.79	54.5	26.4	19.1	534
父亲教育程度	不识字或识字很少	479.25	104.63	53.7	28.4	17.9	67
	小学	475.83	108.09	51.5	30.9	17.6	340
	初中	481.17	115.02	53.0	27.2	19.9	453
	高中	499.24	121.51	43.5	24.6	31.9	191
	大专、本科及以上	539.09	134.54	35.8	16.4	47.8	67
父亲职业	普通农民	487.30	111.20	48.8	30.1	21.1	692
	普通工人	487.19	115.73	49.7	25.9	24.5	143
	科技、管理和办事人员	505.94	132.99	43.6	21.4	35.0	117
	个体、私营和商业人员	464.33	118.32	60.4	20.1	19.5	149
家庭月收入	500 元以下	483.50	108.05	50.6	29.2	20.1	318
	501—1400 元	490.80	115.21	47.6	29.6	22.8	483
	1400 元以上	481.15	123.44	52.7	21.8	25.6	317
家庭主要收入来源	农业生产收入	501.76	104.84	44.3	31.4	24.2	388
	父母打工、摆摊和打零工	475.90	113.04	53.4	27.7	18.9	386
	父母经营店铺或企业	462.40	125.49	57.7	21.5	20.9	163
	父母亲工资	497.79	131.75	46.8	22.1	31.2	154
学校类型	农村初中	491.45	107.80	47.7	31.4	20.8	662
	城市初中	478.06	125.84	53.1	21.3	25.7	465

续表

背景变量		学业成绩		分数段（%）			N
		M	SD	普通以下	普通~重点	重点以上	
学校类型×户籍	农村初中×农村户口	493.40	107.47	46.9	32.0	21.1	635
	城市初中×农村户口	475.08	117.74	54.6	22.2	23.1	315
	农村初中×城市户口	445.52	107.17	66.7	18.5	14.8	27
	城市初中×城市户口	484.72	142.50	49.6	19.1	31.2	141

注：依据 Q 县普通高中的录取分数线，"普通以下"指分数在普通高中录取线以下，即分数<492 分，"普通~重点"指分数在普通高中录取线以上，重点高中分数线以下，即 492≤分数<592，"重点以上"指分数在重点高中录取线以上，即分数≥592 分。

交叉表分析表明，性别（$\chi^2 = 10.75$，$p<0.01$）、户籍（$\chi^2 = 8.03$，$p<0.05$）、父亲教育程度（$\chi^2 = 42.19$，$p<0.001$）、父亲职业（$\chi^2 = 20.21$，$p<0.01$）、家庭主要收入来源（$\chi^2 = 19.55$，$p<0.01$）和学校类型（$\chi^2 = 14.47$，$p<0.001$）在学业成绩分数段上均存在显著差异，学业成绩分数段在不同家庭月收入学生之间不存在显著的差异（$\chi^2 = 8.02$，ns）。

由于城市户籍学生就读农村初中的人数较少（$N_{城市户籍×农村初中} = 27$），为了解学校类型对学业成绩的影响，我们单独分析了农村户籍学生就读不同类型学校时的学业成绩差异。T 检验表明，就读农村初中的农村户籍学生的学业成绩显著高于就读城市初中的农村户籍学生［$t(948) = 2.32$，$p<0.05$］，交叉表分析表明，就读不同类型学校的农村户籍学生在分数段上存在显著差异（$\chi^2 = 9.68$，$p<0.01$）。我们将"农村初中×农村户籍"、"城市初中×农村户籍"和"城市初中×城市户籍"三种类型学生的分数段比例进行比较，发现就读城市初中的农村户籍学生的分数段处于"普通以下"和"重点以上"的比例，分别高出就读农村初中的农村户籍学生 7.7 和 2.0 个百分点，处于"普通~重点"的比例低于就读农村初中的农村户籍学生 9.8 个百分点，就读城市初中的农村户籍学生分数段在"重

点以上"的比例低于就读城市初中的城市户籍学生 10.1 个百分点。

总之,无论学业成绩或学业成绩分段,均存在性别、父母教育程度、父母职业和家庭收入来源的差异,均不存在家庭月收入的显著差异。具体而言,男生学业成绩高于女生,父母教育程度越高,其学业成绩也越高;父亲职业为"科技、管理和办事人员"的学生学业成绩显著高于父亲职业为"个体、私营和商业人员"的学生;家庭收入来源为"农业生产"的学生学业成绩显著高于家庭收入来源为"父母打工、摆摊和打零工"和"父母经营店铺或企业"的学生。在学业成绩分段上,表现为与学业成绩类似的结果,男生分数处于"普通~重点"和"重点以上"的比例高于女生;父亲教育程度越高,分数处于"重点以上"的比例越高;"科技、管理和办事人员"子女的分数处于"普通以下"的比例最小,处于"重点以上"的比例最高;家庭主要收入来源为"父母亲工资"的学生的分数处于"重点以上"的比例最高,家庭主要收入来源为"农业生产收入"的学生的分数处于"普通以下"的比例最低,处于"普通~重点"的比例最高,处于"重点以上"的比例低于家庭主要收入来源为"父母亲工资"的学生,家庭主要收入来源为"父母打工、摆摊和打零工"和"父母经营店铺或企业"处于"普通以下"的比例高于其他两类学生,处于"重点以上"的比例呈现相反趋势。

值得注意的是,我们发现农村学生的平均学业成绩略高于城市学生,农村学生分数处于"普通~重点"的比例高于城市学生,处于"普通以下"的比例低于城市学生,但分数处于"重点以上"的比例却低于城市学生。学校类型的学业成绩和分数段差异表现出类似状况,即就读农村初中的农村户籍学生的学业成绩显著高于就读城市初中的农村户籍学生,分数段差异表现为后者的"普通以下"的比例显著高于前者,"普通~重点"的比例前者高于后者,就读城市初中的农村户籍学生分数段在"重点以上"的比例却显著低于就读于城市初中的城市户籍学生。这些研究结论反映出以下几方面的内容:

(1) 父亲职业为"科技、管理和办事人员"和家庭主要收入为"父母亲工资"的学生学业成绩最高且分数段处于"重点以上"的比例最高,父亲教育程度越高的学生的学业成绩和处于"重点以上"的比例越高。从县域内的实际状况看,"科技、管理和办事人员"和家庭主要收入为"父母亲工资"的学生家长的文化程度一般高于其他类型职业人员。因此,文化资本应该是影响学生学业成绩的重要方面。

(2) 从学业成绩不存在家庭月收入的显著差异来看,经济收入差异应该不再是造成学生学业成就差异的主要因素,但从家庭主要收入来源为"父母经营店铺或企业"的学生学业成绩比其他家庭收入类型的学生差,而其经济资本最高的研究结果来看,经济资本对学业成绩可能存在负向影响。

(3) 就读城市学校为农村户籍学生带来高学业成绩的可能性较小,反而会增加获得低学业成绩的风险,降低获得中等分数的可能性,这些结果说明,城乡学校差别对学业成绩影响较小,并非是造成城乡、阶层学业成就差异的主要原因。

(4) 农村孩子的平均学业成绩不逊于城市孩子,这说明农村学生并非是由于学习不努力导致较低的教育机会获得。值得注意的是,农村孩子处于高分段的比例低于城市孩子,这恰恰是决定教育机会获得的关键。那么,是什么原因导致了这种"中间困境"?这是值得深入探讨的一个问题。在后续的研究中,我们将继续检验上述结论,并对这些因素影响学业成绩的机制进行更为细致详尽的探讨。

第一节 教育投入、教育价值观与学业成就:结构方程模式的探究

一 引言

学习投入是指个体学习时具有充沛的精力和良好的心理韧性,认识到学习的意义,对学习充满热情,沉浸在自己学习之中的状态,反映了学习者对任务或活动的参与程度,是学生在开始和执行学习活动时行为上的卷入强度和情感上体验的质量。[1] 研究表明,

---

[1] Schaufeli, W. B., Salanova, M., & Gonzale-Roma, V., "The measurement of engagement and burnout: a two sample confirmatory analytic approach", *Journal of Happiness Studies*, Vol. 3, 2002, pp. 71-92.

学习投入与学业成就之间存在积极的正向关系。因此，一般情况下，人们将学生的学习成效不良，归结于学习不努力。但有研究表明，弱势阶层子女报告的学习投入要高于优势阶层子女，但是教育获得却比优势阶层子女差，也就是说，学习投入与产出存在差异。如格林（Greene）等人发现，非裔和拉丁裔社区大学生虽然在学习上比较认真，课业表现却没有白人好，并从"情境智商"、"组合智商"（componential intelligence）、"存活效应"（survivor effect）的角度给出了解释。[①] 类似地，唐尼（Downey）等人则认为是各种社会区隔、歧视导致劣势阶层学生无法很好地发展与学习相关的技能。虽然这些研究对结果的解释各异，但都认为弱势地位学生的学业成绩较差并非源自学习不努力，因而并非是"文化抵制"在作祟。不过，这些理论和"文化抵制理论"对阶层或族群学业成就差异的解释都注重造成学业成就差异的主观原因：低学业成就群体的价值规范和行为特征（文化抵制）、群体态度（如社会区隔、歧视）、智商差异（个体心理特征）。

　　实际上，客观结构和主观特征均是造成学业成就阶层差异的原因，这是因为，客观分层结构构成了社会关系的基本界限和不同群体利益的基础，构成了社会集体行动的基本组织原因和社会矛盾及冲突的基础，是引发主观特征的基础。而且，以往研究多将关注点放在学习投入与产出（学业成就）存在差异的原因分析上，未能分清影响学习投入的原因与影响学业成就的原因之间的关系，造成混淆两种不同影响机制的错误。因此，我们需要阐明社会分层结构和社会中可见的主要社会行动模式之间的关系，进而探寻个体行动和价值观念对学业成就阶层差异的影响。

　　鉴于此，在这里，本节研究首先对结构特征与学习投入和价值观念之间的关联进行分析，旨在阐明分层结构和个体行动两级之间的中间过程和条件，也就是吉登斯所言的"结构化"过程，在这里可以称之为"教育阶层化"过程。依据刘精明对先赋因素对不同自

---

① Greene, T. G., Marti, C. N. et al., "The effort-outcome gap: Differences for African and Hispanic community college students in student engagement and academic achievement", *The Journal of Higher Education*, Vol. 79, 2008, pp. 513-539.

致环节影响机制的分析,结构特征的不平等具有两个作用,一种是以直接授予的方式改变个体之间的不平等;另一种是结构因素通过改变行动者获取资源与机会的行动能力而在行动者之间形成的不平等。[1] 我们对社会分层结构与学习投入和价值观念之间关系的探讨是对后一种机制中间环节的探索。在此基础上,考虑到学校是行动者实施策略的空间,我们将社会行动者置于学校场域中,了解教育投入、学习投入和教育价值观在学校场域内的相互作用影响学业成就的路径模式(如图4—1所示),即明晰结构因素在改变行动者获取资源与机会的行动能力之后(表现为学习投入和价值观念)对学业成就的影响。具体来说,一是考察文化资本、社会资本和经济资本等家庭教育投入和教育价值观对学业成就的直接影响;二是了解教育价值观和家庭教育投入透过学校社会资本对学业成就的影响;三是认识教育价值观和家庭教育投入透过学习投入对学业成就的影响。

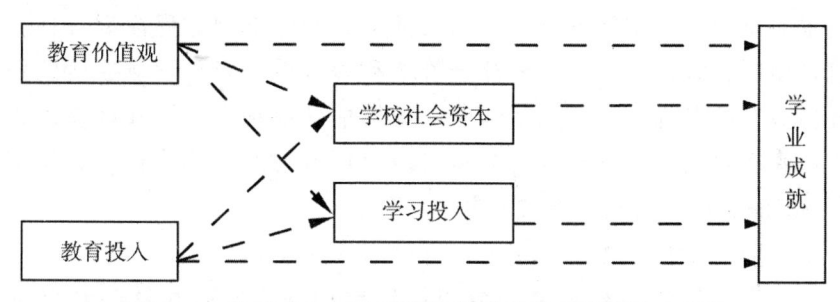

图4—1 教育投入、教育价值观对学业成就的影响路径

总之,上一章旨在从宏观层面探讨哪些因素对教育机会获得具有决定作用,哪些因素决定作用更大,这里则主要探究这些决定作用如何在微观层面上得以实现。按照研究的理论框架,对结构性特征,以及价值观念和教育投入等主观行动特征与学习投入之间关系的分析,是对机制3的考察;关于家庭教育投入、学习投入和教育

---

[1] 刘精明:《中国基础教育领域中的机会不平等及其变化》,《中国社会科学》2008年第5期。

价值观等因素在学校这个场域内的互动对学业成绩影响模式的探析，则是对机制4的考察。

二 数据、变量和分析策略

（一）数据和变量

本节数据涉及初中生家庭教育资本问卷调查的四类变量资料：第一类是结构性变量，包括户籍、性别、社会经济地位；第二类为行动策略和价值观念变量，包括教育投入（经济资本、社会资本和文化资本）、教育价值观和学习投入；第三类变量是学校社会资本，包含学校规范、师生关系、亲师关系、学校信任和同伴关系等；第四类变量为学业成就，以初中升学考试成绩为测量指标。

（二）分析策略与统计模型

1. 基本分析策略

本节数据分析由三部分组成：第一部分，采用线性回归分析估计性别、户籍和社会经济地位、教育投入、教育价值观和学校社会资本对学习投入的预测作用；第二部分，利用结构方程模型分析教育价值观、教育投入、学校社会资本和学习投入影响学业成就的路径模式；第三部分，采用线性回归分析估计性别、户籍和社会经济地位、教育投入和学校社会资本对教育价值观的预测作用。数据采用SPSS13.0和LISREL8.70软件处理。

2. 线性回归分析

自变量分为两组。第一组变量包括性别、户籍和社会经济地位，分为两类，第一类是人口统计学变量，涉及户籍、性别；第二类为社会经济地位变量，包括父亲职业、父亲教育程度、家庭月收入和家庭主要收入来源，本组数据皆为定类变量，均进行虚拟变量转换。第二组变量为教育价值观、教育投入和学校社会资本，分为两类，教育价值观和教育投入为一类，学校社会资本为一类，本组数据皆为连续性变量。

对学习投入进行线性回归时，因变量是学习投入，为连续性变量，各变量分四步分别进入回归方程，先依次纳入第一组的两类变量，然后纳入第二组的两类变量，形成四个相互嵌套的模型，来探讨不同类型自变量对学习投入的影响。教育价值观在学习投入的回归模型中为自变量，在对教育价值观进行线性回归时，则为因变量，分四步依次纳入上述两组变量（第三类仅含教育投入），形成四个相互嵌套的模型。自变量筛选方法采用同时回归法。

3. 结构方程模型

结构方程分析的思路如下：第一步，采用 Pearson 相关分析教育投入、教育价值观、学习投入、学校社会资本和学业成就等变量之间的两两关系。第二步，根据相关分析结果，采用 LISREL（8.70 版）软件在教育投入、教育价值观、学习投入和学校社会资本之间建立结构方程模型进行分析，对假设模型中的变量关系进行验证。具体步骤为：首先，将教育投入、教育价值观与学业成就建立模型，检验教育投入和教育价值观对学业成就的直接作用，然后，将学习投入和学校社会资本作为中介变量加入到方程，了解学习投入和学校社会资本在教育价值观、教育投入与学业成就之间的中介作用。

三 数据分析结果

（一）学习投入影响因素的回归分析

模型 1 显示，户籍对学习投入具有负向预测作用，性别对学习投入的预测作用不显著。加入社会经济地位变量之后，户籍的负向预测作用消失，家庭主要收入来源为"农业生产收入"的学生的学习投入程度显著高于家庭主要收入来源为"父母亲工资"和"父母经营店铺或企业"（$\beta=-0.17$，$p<0.01$；$\beta=-0.90$，$p<0.05$）的学生，其余各社会经济地位变量的预测作用不显著（模型 2）。

模型 3 显示，教育投入、教育价值观各维度进入回归方程后，显著增加了对学习投入的整体解释力（$\triangle R^2=0.23$，$p<0.001$），经济资本、客观化文化资本和父母教育支持的预测作用不显著，具体化文化资本（$\beta=0.26$，$p<0.001$）、父母教育期望（$\beta=0.06$，$p<0.05$）、父母教育参与（$\beta=0.07$，$p<0.05$）、学校教育关注（$\beta=0.07$，$p<0.05$）、教育效用（$\beta=0.11$，$p<0.001$）和个人发展（$\beta=0.18$，$p<0.001$）对学习投入存在显著正向预测作用，家庭主

要收入来源为"农业生产收入"的学生的学习投入显著高于家庭主要收入来源为"父母亲工资"和"父母经营店铺或企业"（$\beta=-0.11$，$p<0.05$；$\beta=-0.07$，$p<0.05$）的学生。

当学校社会资本进入回归方程后，父母教育期望、父母教育参与和学校教育关注的预测作用不再显著。家庭主要收入来源为"农业生产收入"的学生的学习投入显著高于家庭主要收入来源为"父母亲工资"（$\beta=-0.10$，$p<0.05$）的学生，但与家庭主要收入来源为"父母经营店铺或企业"的学生的差异不显著（$\beta=-0.07$，ns）。具体化文化资本（$\beta=0.22$，$p<0.001$）、教育效用（$\beta=0.09$，$p<0.001$）和个人发展（$\beta=0.14$，$p<0.001$）对学习投入的正向预测作用依然显著。在控制性别、户籍、社会经济地位和教育投入各变量的情况下，师生关系（$\beta=0.12$，$p<0.001$）和同伴关系（$\beta=0.21$，$p<0.001$）对学习投入具有正向预测作用。从模型解释力的变化来看，教育投入、教育价值观区组的解释力最大，学校社会资本次之，其后为社会经济地位，最小为性别和户籍（详见表4—2）。

表4—2　学习投入影响因素的多层次回归分析结果（Bata值）

步骤	自变量	模型1	模型2	模型3	模型4
第一步	性别[a]	-0.02	-0.02	0.01	0.04
	户籍[b]	-0.14***	-0.06	-0.04	-0.04
第二步	父母经营店铺或企业[e]		-0.09*	-0.07*	-0.07
	父母亲工资		-0.17**	-0.11*	-0.10*
第三步	具体文化资本			0.26***	0.22***
	父母教育期望			0.06*	0.03
	父母教育参与			0.07*	0.03
	学校教育关注			0.07*	0.02
	教育效用			0.11***	0.09***
	个人发展			0.18***	0.14***

续表

步骤	自变量	模型 1	模型 2	模型 3	模型 4
第四步	师生关系				0.12***
	同伴关系				0.21***
	R^2	0.02	0.05	0.28	0.34
	Adjust R^2	0.02	0.04	0.26	0.32
	$\triangle R^2$	0.02	0.03	0.23	0.06
	F	11.55***	3.75***	16.11***	17.90***
	$\triangle F$	11.55***	2.59***	34.08***	19.87***

说明：1. 从第二步开始，表中只列出了经统计显著的项目。2. $*p<0.05$，$**p<0.01$，$***p<0.001$。3. a 性别，以女性为参照项；b 户籍，以农村户口为参照项；c 父亲文化程度，以"不识字或识字很少"为参照项；d 月收入，以"500元以下"为参照项；e 收入来源，以"农业生产收入"为参照项；f 父亲职业，以"普通农民"为参照项。

（二）教育价值观、教育投入对学业成就的影响路径分析

1. 相关分析

Pearson 相关分析表明，经济资本与教育价值观各维度的相关不显著；经济资本除与亲师关系的相关不显著以及与同伴关系存在正相关外，与学校社会资本的其余维度、学习投入和学业成就存在负相关；社会声望除与学校信任、父母教育参与和具体化文化资本存在负相关之外，与学校社会资本、家庭的文化资本和社会资本的其余维度以及学习投入的相关不显著，另外也与学业成就和教育效用存在负相关；文化资本的两个维度与学业成就的相关不显著，客观化文化资本与师生关系的相关不显著；学校信任、学校规范、客观化文化资本和父母教育期望之间的相关不显著；个人发展与客观化文化资本和学校信任的相关不显著；学校信任、学校规范与学业成就的相关不显著。除上述变量之间关系的论述之外，其余变量之间均存在正相关（表4—3）。

表4—3　各主要变量之间的相关系数矩阵（$N=1118$）

变量	1	2	3	4	5	6	7	8	9	10	11	12	13	14	15	16
1. 经济资本	1															
2. 具体文化资本	0.11**	1														
3. 客观文化资本	0.38**	0.38**	1													
4. 父母教育期望	0.08**	0.16**	0.17**	1												
5. 父母教育参与	0.15**	0.34**	0.33**	0.38**	1											
6. 父母教育支持	0.13**	0.30**	0.25**	0.55**	0.50**	1										
7. 学校教育关注	0.12**	0.33**	0.24**	0.44**	0.55**	0.54**	1									
8. 教育效用	0.05	0.20**	0.16**	0.15**	0.17**	0.21**	0.15**	1								
9. 个人发展	-0.02	0.12**	0.06	0.18**	0.10**	0.13**	0.11**	0.27**	1							
10. 社会声望	0.01	-0.06*	-0.03	0.01	-0.06*	-0.05	-0.04	-0.14**	0.28**	1						
11. 学习投入	-0.06*	0.37**	0.06*	0.23**	0.24**	0.26**	0.28**	0.25**	0.26**	-0.02	1					
12. 学校信任	-0.14**	0.18**	-0.02	-0.02	0.09**	0.10**	0.12**	0.13**	0.01	-0.09**	0.15**	1				
13. 学校规范	-0.10**	0.20**	0.03	0.05	0.09**	0.13**	0.12**	0.21**	0.13**	-0.03	0.15**	0.45**	1			
14. 师生关系	-0.07**	0.20**	0.05	0.23**	0.27**	0.28**	0.31**	0.15**	0.20**	-0.01	0.35**	0.18**	0.23**	1		
15. 亲师关系	0.03	0.28**	0.10**	0.12**	0.29**	0.25**	0.37**	0.09**	0.06*	-0.03	0.27**	0.24**	0.24**	0.43**	1	
16. 同伴关系	0.06*	0.27**	0.15**	0.29**	0.27**	0.27**	0.32**	0.22**	0.22**	0.04	0.40**	0.07*	0.10**	0.39**	0.27**	1
17. 学业成就	-0.11**	0.05	-0.03	0.12**	0.05	0.09**	0.11**	0.12**	0.06*	-0.10**	0.21**	0.05	0.04	0.08*	-0.04	0.11**

注：* $p<0.05$；** $p<0.01$；*** $p<0.001$。

2. 直接效应检验

采用结构方程模型分析变量之间的关系。依据巴罗和肯尼（Baron & Kenny）提出的关于中介作用分析的条件,[①] 我们将在相关分析结果中不符合条件的变量排除出结构方程。在结构方程模型中，教育投入和教育价值观为外源潜变量，是模型中的自变量，教育投入的观测变量为经济资本、社会资本中的父母教育期望、父母教育支持和学校教育关注，教育价值观的观测变量为教育效用、社会声望和个人发展；学业成绩为内生潜变量，是模型中的因变量，语文、数学和英语成绩为其观测变量。根据中介效应的检验程序，先检验教育投入和教育价值观的直接效应，然后检验加入中介变量后模型的拟合情况及各路径系数的显著程度。[②] 结构方程模型直接效应分析结果的各项拟合指标分别为：$\chi^2(33) = 254.01$，RMSER = 0.08，GFI = 0.96，CFI = 0.90，NFI = 0.89，IFI = 0.90。教育价值观对学业成就的直接作用路径系数显著（$\gamma = 1.83$，$SE = 0.26$，$p < 0.001$）；教育投入对学业成就的直接作用路径系数显著（$\gamma = -1.39$，$SE = 0.30$，$p < 0.001$）；模型测量部分的各参数估计在 -0.05—0.35 之间，t 值均大于 2，均达到了显著性（如图 4—2）。

3. 中介效应检验

在教育投入、教育价值观之间加入学校社会资本和学习投入两个中介变量，以检验这两个变量的中介效应，各项拟合指标分别为：$\chi^2(80) = 409.45$，RMSER = 0.06，GFI = 0.95，CFI = 0.96，NFI = 0.95，NNFI = 0.94，IFI = 0.96，模型测量部分的各参数估计在 0.04—0.35 之间，除"社会声望"外，t 值均大于 2，都达到显著性。教育价值观与学校社会资本（$\gamma = 0.42$，$SE = 0.07$，$p < 0.001$）和学习投入之间（$\gamma = 0.21$，$SE = 0.07$，$p < 0.001$）的路径系

[①] Baron, R. M., & Kenny, D. A., "The moderator-mediatorvariable distinction in social psychological research: Conceptual, strategic, and statistical considerations", *Journal of Personality and Social Psychology*, Vol. 51, 1986, pp. 1173-1182.

[②] 温忠麟、张雷、侯杰泰、刘红云：《中介效应检验程序及其应用》，《心理学报》2004 年第 5 期。

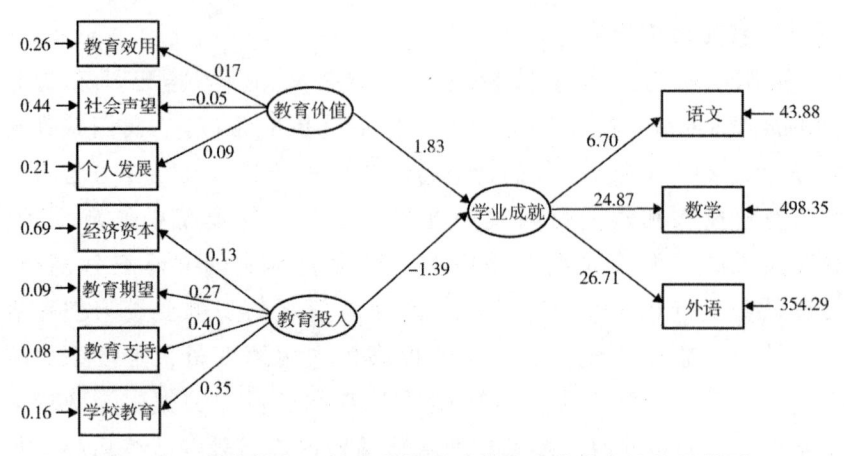

图 4—2　教育投入、教育价值观对学业成就的直接作用模型

数显著，教育投入与学校社会资本之间的路径系数显著（$\gamma=0.44$，$SE=0.06$，$p<0.001$），但教育投入与学习投入路径系数不显著（$\gamma=0.-05$，$SE=0.06$，ns）。加入学校社会资本和学习投入两个中介变量之后，教育价值观与学业成就之间的路径系数依然显著（$\gamma=0.22$，$SE=0.08$，$p<0.01$），教育投入与学业成就之间的路径系数由原来的显著（$\gamma=-1.39$，$SE=0.30$，$p<0.001$）变得不显著（$\gamma=0.04$，$SE=0.06$，ns）。由此可见，学习投入和学校社会资本在教育投入对学业成就的影响关系中起着完全中介作用。学校社会资本与学业成就之间的路径系数不显著（$\beta=-0.05$，$SE=0.09$，ns）；但与学习投入之间的路径系数显著（$\beta=0.55$，$SE=0.09$，$p<0.001$），学习投入与学业成就之间的路径系数显著（$\beta=0.16$，$SE=0.06$，$p<0.01$）（见图 4—3）。

　　为了解学校社会资本和学习投入对教育价值观的中介作用，依据效应分解原则，我们对教育价值观和教育投入对学业成就的直接效应和间接效应进行了比较（见表 4—4）。结果表明，学校社会资本对学业成就没有直接效应，但通过影响学习投入而对学业成就具有间接效应，大小为 0.55×0.16＝0.088。总体来看，直接效应大于间接效应（0.22>0.03 和 0.22>0.04），表明学习投入和学校社会资本对教育价值观的中介作用不明显，起到了部分中介作用。教育投入对学习投入和学业成就没有直接效应,但通过影响学校社会资本影响学习投入,进而影响学业成就,影响学习投入的间接效应为 0.42×0.55=0.242,影响学业成就的间接效应为 0.44×0.55×0.16=0.039。

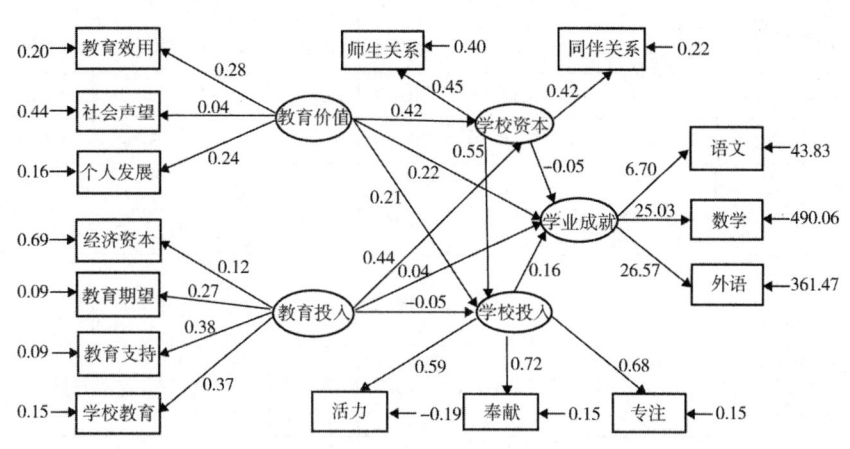

图 4—3 学校社会资本和学习投入在教育投入、教育价值观与学业成就之间的中介作用模型

表 4—4 教育投入和教育价值观对学业成就的效应分解

影响路径和总效应	效应值
教育价值观→学业成就	0.22
教育价值观→学习投入→学业成就	0.21×0.16=0.03
教育价值观→学校社会资本→学习投入→学业成就	0.42×0.55×0.16=0.04
教育价值观影响学业成就总效应	0.22+0.03+0.04=0.29
教育投入→学校社会资本→学习投入	0.44×0.55=0.242
教育投入→学校社会资本→学习投入→学业成就	0.44×0.55×0.16=0.039

(三) 教育价值观影响因素的回归分析

鉴于教育价值观对学业成就具有直接预测作用,学习投入与学校社会资本的中介作用不明显,我们进一步对教育价值观的影响因素进行分析。由于我们在前面的研究中发现,社会声望的参数估计

值未达到显著，故此处仅对教育效用和个人发展两个维度进行层次线性回归分析（如表4—5所示）。

表4—5　　教育价值观的多层次回归分析结果（N=1118）

步骤	自变量	教育效用				个人发展			
		模型1	模型2	模型3	模型4	模型5	模型6	模型7	模型8
第一步	性别[a]	-0.08*	-0.08*	-0.07*	-0.03	-0.05	-0.05	-0.08	-0.05
	户籍[b]	0.04	-0.00	-0.01	-0.00	0.02	0.04	0.04	0.04
第二步		—	—	—	—	—	—	—	—
第三步	具体文化资本			0.10***	0.06*			0.07**	0.05
	父母教育支持			0.14*	0.12**				
	父母教育期望			—	—			0.17***	0.13**
第四步	师生关系				—				0.08***
	学校规范				0.10***				0.06**
	同伴关系				0.12***				0.10***
	R^2	0.01	0.13	0.08	0.12	0.00	0.02	0.06	0.10
	Adjust R^2	0.00	-0.00	0.06	0.10	0.00	0.00	0.04	0.08
	$\triangle R^2$	0.01	0.01	0.07	0.05	0.00	0.01	0.04	0.04
	F	3.34	0.91	4.07***	5.47***	1.88	1.16	2.95***	4.44***
	$\triangle F$	3.34	0.57	11.14***	11.08***	1.88	1.05	6.94***	10.55***

说明：1. 从第二步开始，表中只列出了经统计显著的项目。2. * $p<0.05$，** $p<0.01$，*** $p<0.001$。3. a 性别，以女性为参照项；b 户籍，以农村户口为参照项；c 父亲文化程度，以"不识字或识字很少"为参照项；d 月收入，以"500元以下"为参照项；e 收入来源，以"农业生产收入"为参照项；f 父亲职业，以"普通农民"为参照项。

层次线性回归分析表明,性别对教育效用具有负向预测作用,在加入社会经济地位、教育投入等变量时,这种负向预测作用依然显著,不过,在学校社会资本进入回归方程时,预测作用消失。社会经济地位诸变量对教育效用的预测作用不显著,即便是在控制性别、户籍、教育投入和学校社会资本的情况下也是如此。另外,模型1和模型2的模型显著性整体检验力没有达到显著性,表示这两个模型的回归效果不具有统计意义,在加入教育投入诸变量和学校社会资本各维度之后,回归模型显著性整体检验力达到了显著性(见模型3和模型4)。模型3显示,在控制性别、户籍和社会经济地位变量的情况下,具体化文化资本($\beta=0.10$,$p<0.001$)和父母教育支持($\beta=0.14$,$p<0.05$)对教育效用具有正向预测作用,在学校社会资本诸变量进入回归方程后,两个变量的预测作用依然显著(分别为:$\beta=0.06$,$p<0.05$;$\beta=0.12$,$p<0.01$)。在控制其他变量的情况下,学校社会资本的学校规范($\beta=0.10$,$p<0.001$)和同伴关系($\beta=0.12$,$p<0.001$)两个维度对教育效用存在显著的正向预测作用。

类似对教育效用的回归分析,对个人发展影响因素进行回归分析的模型5和模型6的模型显著性整体检验没有达到显著性,在加入教育投入和学校社会资本各维度之后,回归模型显著性整体检验达到了显著性[$F(2,1118)=2.95$,$p<0.001$;$F(28,1118)=4.44$,$p<0.001$]。无论是在控制其他诸变量或是未控制其他变量的情况下,性别、户籍和社会经济地位诸变量对个人发展的预测作用均未达到显著性。在控制性别、户籍和社会经济变量的情况下,具体化文化资本($\beta=0.07$,$p<0.01$)和父母教育期望($\beta=0.17$,$p<0.001$)对个人发展具有正向预测作用,在学校社会资本进入回归方程之后,父母教育期望的预测作用依然显著($\beta=0.13$,$p<0.01$),但具体化文化资本对个人发展的预测作用不再显著($\beta=0.05$,ns)。在控制其他变量的情况下,学校社会资本的师生关系($\beta=0.08$,$p<0.001$)、学校规范($\beta=0.06$,$p<0.01$)和同伴关系($\beta=0.10$,$p<0.001$)三个维度对个人发展存在显著的正向预测作用。

综合上述结果，性别、户籍和社会经济地位等结构性变量对教育效用和个人发展的预测作用有限，教育投入中的具体化文化资本、父母教育支持和父母教育期望等变量，学校社会资本中的师生关系、同伴关系和学校规范等变量对教育效用和个人发展具有正向预测作用。

四 结论与讨论

（一）学习投入的影响因素

数据分析表明，影响学习投入的主要因素不是户籍、家庭月收入等结构性因素，即便家庭收入来源对学习投入具有显著影响，其解释力也小于教育投入、教育价值观和学校社会资本等因素。具体来说，具体化文化资本、教育效用、个人发展、同伴关系和师生关系对学习投入具有正向预测作用。虽然父母教育期望、父母教育参与和学校教育关注在学校社会资本进入回归方程后变得不显著，但教育价值观和教育投入对学习投入的整体解释力贡献最多，家庭收入来源在控制其他变量之后，预测力变小。这些结果印证了以往的研究发现，父母教育投入越高、子女学习投入越多，当父母关注子女学业和生活时，子女也会相应地提高自己的学习关注度，增加学习投入量，[①] 良好的同伴关系和师生关系有助于提高学生的学习投入。[②]

当然，我们不能忽视家庭收入来源对学习投入的影响，来自家庭收入来源为"农业生产收入"的学生的学习投入显著高于来自家庭收入来源为"父母亲工资"和"父母经营店铺或企业"的学生。依据笔者在当地的田野调查，可发现存在两方面原因：一是当地存在劣势地位学生更需要努力学习的价值观念，无论是家长或是老师

[①] 蔺秀云、王硕、张曼云、周翼：《流动儿童学业表现的影响因素——从教育期望、教育投入和学习投入角度分析》，《北京师范大学学报》（社会科学版）2009年第5期。

[②] Furrer, C., & Skinner, E., "Sense of Relatedness as a Factor in Children's Academic Engagement and Performance", *Journal of Educational Psychology*, Vol. 95, 2003, pp. 148 - 162.

都觉得家庭条件不好的学生,更应该努力学习,以改变劣势状况;二是农村人口外出打工或经商使得父母疏于对子女的照顾,从而影响子女的学习成绩,那些在家从事农业生产的农民因在子女身边照顾,有助于子女学业。总之,本研究结果说明,学习投入高低并不与特定群体相对应,学习投入高低之不同更多是受到资源投入和价值观念的影响,并非由社会结构决定。

(二)教育投入、教育价值观对学业成就的影响路径

相关分析表明,具体化文化资本和客观化文化资本与学业成就的相关不显著,这与大多研究结果不相符[部分研究发现与本研究结果一致,如卡茨罗斯(Katsillis)和罗宾逊(Rubinsin)以希腊学生为样本,发现文化资本与学业成就之间没有关联性[1]]。一部分原因在于测量指标差异,以往研究多以父母教育程度(制度化文化资本)、客观化文化资本和具体化文化资本的其中之一或多种来测量文化资本,从而导致研究结果殊异。[2] 其实,这三种文化资本在影响学业成就的因果链上并非处于同一位置,以父母教育程度为主要测量指标的制度化文化资本实际上是客观阶层结构的标准之一,应是另外两种文化资本的基础。另一部分原因在于不同区域间的文化差异,本研究所选取的被试处于重视教育的文化传统之中,这可能会影响到具体化文化资本和客观化文化资本对学业成就的作用,使得具体化文化资本和客观化文化资本对学业成就的预测作用有限。

在社会资本诸维度中,只有父母教育参与与学业成就的相关不显著。从描述统计来看,相对其他社会资本维度,父母教育参与程度较低,从个案访谈来看,大多数家长更多地是对学生的督促,学业辅导较少,这可能是导致父母教育参与和学业成就相关不显著的原因。周新富以台湾地区的被试为研究对象,发现父母教育期望、家庭互动和行为监督对学业成就的预测力较大,父母教育参与对教

---

[1] Katsillis, J., Rubinson, R., "Cultural capital, student achievement, and educational reproduction: The case of Greece", *American Sociological Review*, Vol. 55, 1990; pp. 270 - 279.

[2] 张芳全:《社经地位、文化资本与教育期望对学业成就影响之结构方程模式检定》,《测验学刊》2009 年第 2 期。

育成就的预测力不显著,本研究结果也验证了这一研究结论[1]。经济资本与学业成绩存在显著负相关,但同时发现经济资本经过学校社会资本和学习投入的中介也有助于学生的学业成绩,这说明经济资本是否有助于学业成绩,关键在于能否与社会资本、文化资本以及个体的观念与行动形成最佳"配合"。这与以往研究发现家庭收入对儿童发展的影响因儿童的家庭和学习环境不同而异的研究结论是一致的。[2]

我们发现学校社会资本中的学校信任和学校规范与学业成就的相关不显著,同伴关系和师生关系与学业成就的相关显著,这与斯图尔特(Stewart)的发现——相对于个体水平的学习努力、亲子互动和同伴关系等因素,学校信任、学校参与等学校结构因素对学业成绩的影响相对较小的结果是一致的。[3] 我们在调查中发现,父母与学校之间的联系普遍不够紧密,即便是有联系,也多是由学生在学校的不良表现引起,因此,亲师关系与学业成绩的相关不显著是合乎实际的。

那么,这些与学业成就相关的教育投入和教育价值观因素对学业成就的作用机制又是如何呢?结构方程模型分析表明,家庭教育投入和教育价值观(仅指与学业成就相关的因素,见图4—2和图4—3)会影响到学业成就,特别是教育投入对学习成就具有负向影响,但学习投入和学校社会资本在教育投入与学业成绩之间起到了完全的中介作用,使教育投入对学业成绩的负向效应变为正向效应。不过,教育投入只是通过影响学校社会资本促进学习投入,进而提高学业成绩。这说明,虽然家庭教育投入直接作用于学业成绩或是通过影响学习投入来提高学业成就的影响路径均不明显,但教育投入可以在与学校社会资本(同伴关系和师生关系)形成良好互

---

[1] 周新富:《Coleman 社会资本理论在台湾地区的验证——家庭、社会资本与学业成就之关系》,《当代教育研究》2006 年第 4 期。

[2] Bradley, R. H., & Corwyn, R. F., "Socioeconomic status and child development", *Annual Review of Psychology*, Vol. 53, 2002, pp. 371–399.

[3] Stewart, E. D., "School Structural Characteristics, Student Effort, Peer Associations, and Parental Involvement: The Influence of School-and Individual-Level Factors on Academic Achievement", *Education and Urban Society*, Vol. 40, 2008, pp. 179–204.

动的情况下，提高学生学习投入，从而提高其学业成就。这与蔺秀云等人发现父母教育投入虽然对子女的学业表现影响很大，但要能激发起子女的学习投入，才能影响到他们学业表现的研究结果是一致的。本研究进一步完善了这一发现，即在师生关系和同伴关系的配合下，家庭教育投入可以激发起子女的学习投入，进而影响到他们的学业表现。

本研究发现，直接影响是教育价值观影响学业成就（仅指"教育效用"和"个人发展"两维度）的主要方式。这说明，对教育价值的正向认识和评价，有助于其取得好的学业成绩。不仅如此，教育价值观还通过学校社会资本和学习投入的中介作用间接影响学业成就。这是由于那些重视教育在自身发展中重要性的学生，更可能处理好师生关系和同伴关系，良好的师生关系和同伴关系更加有助于自己的学习投入，从而提高学习成绩。近年来，有学者提出了个人与社会文化"适配"（fit）的概念，认为个人的价值、态度、信念与行为若与其生活的大环境中占主导地位的价值、态度、信念与行为有差距，则此"差距"对个人的生活适应必有影响，且此差距越大，对个人生活适应的冲击越大。[1] 此理论或许可以解释这里的研究结果，在学校这个以系统地向学生传授科学文化知识为主要目的的社会文化环境中，那些对接受教育持积极态度的学生，更有可能与学校中占主导地位的价值、态度、信念与行为保持"适配"，这有助于与同学保持良好的关系，得到老师的认可，从而影响到学生的学习投入和学业成就。

本研究也发现，同伴关系和师生关系对学业成就的直接效应不显著，需要经过学习投入的中介作用产生影响。诸多研究发现，良好师生关系与同伴关系越多，学生学业成绩越高，不良师生关系和同伴关系越多，学生的学业成绩越低。[2] 本研究进一步完善了这些研究结论，即学习投入是同伴关系和师生关系影响学生学业成就的

---

[1] Lu, L., "Cultural fit: Individual and societal discrepancies in values, beliefs and SWB", *The Journal of Social Psychology*, Vol. 146, 2006, pp. 203-221.

[2] 苏船利、黄毅志：《文化资本透过学校社会资本对台东县国二学生学业成绩之影响》，《教育研究集刊》2009 年第 3 期。

中介条件。此外，教育价值观、教育投入和学校社会资本均能够通过学习投入的中介作用间接影响学业成就。

综上所述，虽然教育投入对学生的学业成就具有负向预测作用，但只要能够和学校社会资本形成良好互动，激发学生的学习投入，就可以提高学生的学业成就。教育价值观不仅对学业成就具有直接影响，亦经由同伴关系、师生关系影响学习投入或直接影响学习投入来预测学业成就，不过，直接效应大于间接效应，由此来看，价值观是影响学习的深层因素。同伴关系和师生关系对学业成就的直接影响不显著，需要通过学习投入间接影响学生的学业成就。

（三）教育价值观的影响因素

教育价值观是影响学业成就的重要因素。那么，哪些因素最能够预测教育价值观呢？本研究发现，虽然性别对教育效用具有显著的预测作用，但无论是教育效用抑或个人发展，性别、户籍和社会经济地位两个区组变量的解释力均没有达到显著性。在加入家庭教育投入和学校社会资本两个区组的变量之后，模型的整体解释力达到显著，性别变量的预测作用不再显著，其中，教育投入中的具体化文化资本、父母教育支持和学校社会资本中的同伴关系和学校规范对教育效用具有显著正向预测作用，教育投入中的具体化文化资本、父母教育期望和学校社会资本中的同伴关系、师生关系和学校规范对个人发展具有显著正向预测作用。这意味着，性别、户籍和社会经济地位等结构性变量对教育价值观不具有显著的解释和预测作用，而是受到教育投入和学校社会资本等变量的影响，即具体化文化资本丰富、受到父母更多教育支持、父母教育期望高、具有良好同伴关系和师生关系、在学校规范更为完善的学校中学习的学生更可能树立起积极的教育价值观。这些结果启发我们，学生具有的教育价值观并非是社会结构决定的，完全可以通过家庭和学校的正确引导，帮助他们树立起积极正确的教育价值观念。

五　余论

本节研究发现，性别、户籍和社会经济地位等客观结构对教育价值观和学习投入的影响并不显著,更多是受到家庭教育投入和学校社会资本的影响,这说明结构变量并不能预测学生追求教育机会的学习投入行为和教育价值观念。据此,我们难以对教育阶层化给出一个总体评估,只能认为在学生的教育价值观、学习投入维度上的阶层化趋势比较模糊。另外,由于我们发现家庭教育投入对学业成就的直接影响不显著,教育价值观和学习投入虽然对学业成绩具有显著预测作用,但客观结构变量恰恰对这两个变量的预测作用很弱,这些研究结论易于给我们留下教育阶层化趋势不明显的印象。但是,倘若将家庭教育投入的阶层差异及其对学生教育价值观和学习投入的显著预测作用结合起来考虑,就会发现,家庭教育投入和学校社会资本这两个变量有可能在客观结构变量和学业成绩之间发挥中介作用或者调节效应。反映在学生身上的教育阶层化现象除了客观结构直接决定之外,也很可能是客观结构变量通过教育投入和学校社会资本这两个变量间接影响学业成就实现的。

本节数据分析主要以学生为研究对象,来探讨两个(学习投入和教育价值观)能够反映学生在主动获取教育机会过程中的行为和观念变量的影响因素。出于对改善学业成就差异的有效途径探讨,我们将社会行动者置于学校这个场域中探讨家庭教育投入、教育价值观透过学校社会资本和学习投入对学业成就的影响,这就失于对客观结构性因素与家庭教育投入之间关联性的探讨,依据上述研究结论以及已有的研究成果,这种关联性却很可能是教育阶层化的主要路径。因此,我们有必要探讨结构性特征与教育投入和学校社会资本之间的相互联系对学业成就的影响,从而找到教育阶层化的微观机制,这将是我们下一节探讨的主要内容。

第二节 家庭、学校与学业成就:影响因素及其作用机制

一 引言

在学生的成长环境中,家庭与学校是影响其学业成就的重要场所,诸多研究发现,家庭资本和学校资本对学业成绩具有重要影

响。如科尔曼发现,父母花费在子女身上的时间、注意力等积极教育支持活动反映出的家庭资本有助于促进子女学业成绩;[1] 帕斯尔(Parcel)等人发现,家庭和学校资本均有助于提高学生的学业成绩,但学校资本的影响力弱于家庭资本,社会阶层结构对学业成绩的影响因家庭资本的中介作用而改变。[2] 林俊莹等在探讨影响台湾地区学生学业成就的可能机制时发现,社会经济地位、家庭资源对学业成就具有直接正向的影响;社会经济地位通过家庭资源、负面文化资本等中介潜在变量间接影响学业成就;学校社会资本不仅在家庭资本和学业成绩之间充当中介变量,而且在社会经济地位和学业成绩之间也是中介变量。[3] 霍瓦特(Horvat)发现,社会经济地位较高且拥有较多家庭社会资本的学生能够获得良好的师生关系和同伴关系,这有助于学习成效,进而增进学业成绩。[4]

这就是说,家庭教育资本和学校社会资本不仅直接影响学业成就,而且可能在客观结构变量和学业成就之间发挥中介或调节效应。从社会分层的视角看,关于社会经济地位、家庭资本和学校社会资本及其之间的关联性对学业成就影响机制的探讨,即是对社会分层和社会行动之间关系的探究。按照吉登斯"结构化"或者"阶层化"过程理论,就是对教育活动过程中"阶层化"的认识。不同理论传统在关注阶级形成问题时的侧重点有所不同,但理论归宿有较强的一致性:阶层化研究不仅仅是指一种客观分层结构的划分,而且需要充分注意到其他因素与客观结果的关联,这种关联标志着一个社会内部的阶层化水平。[5] 因此,有必要探讨家庭教育资本和

---

[1] Coleman, J. S., "Social capital in the creation of human capital", *American Journal of Sociology*, Vol. 94, 1988, pp. 95-120.

[2] Parcel, T. L., & Dufur, M., "Capital at Home and at School: Effect on Student Achievemnet", *Social Forces*, Vol. 79, 2001, pp. 881-912.

[3] 林俊莹、黄毅志:《影响台湾地区学生学业成就的可能机制:结构方程模式的探究》,《台湾教育社会学研究》2008年第8期。

[4] Horvat, E. M., Weininger, E. F., & Lareau, A., "From Social Ties to Social Capital: Class Differences in the Relations Between Schools and Parent Networks", *American Educational Research Journal*, Vol. 40, 2003, pp. 319-351.

[5] 刘精明、李路路:《阶层化:居住空间、生活方式、社会交往与阶层认同——我国城镇社会阶层化问题的实证研究》,《社会学研究》2005年第3期。

学校社会资本在社会阶层结构和学业成就之间表现出来的中介或者调节作用，找到在教育活动过程中实现阶层化的路径依赖模式，从而洞悉教育系统内的阶层化水平。

在布劳和邓肯提出的地位取得模型里，家庭中的人力资本（父亲教育程度为指标）和经济资本是影响到子女教育成就的重要变量。① 许多研究采用父母教育程度作为测量指标来探究文化资本对子女学业成就的影响，一般均发现父母教育程度对子女的学业成就影响显著，父母教育程度更高的学生，其学业成绩高于平均成绩。② 近年来，研究者发现父母教育程度和经济收入经由父母的信念和行为影响子女学业成就的间接过程，这一影响在不同族群间存在差异。③ 也有研究发现，经济资本或者家庭财产对学业成就影响力较弱，家庭经济资本或财富对学业成就的影响可能因经济发展水平、文化和社会政治条件的不同而有所差异。④

总之，父亲教育程度和经济条件是影响学业成就的重要因素，探讨家庭教育资本和学校社会资本在客观阶层结构和学业成就之间表现出来的中介或者调节作用，有助于认识教育如何再生产阶层地位。鉴于此，本节延续前述研究，将布迪厄所谓属于制度化文化资本的父亲教育程度看作是社会经济地位的测量指标，把客观化文化资本和具体化文化资本视为家庭文化资源投入，经济因素区分为经济收入和经济资本，分别考察家庭的经济资源拥有和经济资源投入。在此基础上，从中国当前的文化和社会背景出发，探讨家庭和学校因素对学业成就的直接影响，以及家庭教育资本和学校社会资本在社会经济地位和学业成就之间表现出来的中介或调节作用，其

---

① 许嘉猷：《社会阶层化与社会流动》，三民书局1986年版，第99页。
② Wößmann, L., "Educational Production in East Asia: The Impact of Family Background and Schooling Policies on Student Performance", *German Economic Review*, Vol. 6, 2005, pp. 331-353.
③ Davis-Kean, P. E., "The Influence of Parent Education and Family Income on Child Achievement: the Indirect Role of Parental Expectations and the Home Environment", *Journal of Family Psychology*, Vol. 19, 2005, pp. 294-304.
④ Yeung, W. J., Conley, D., "Black-White Achievement Gap and Family Wealth", *Child Development*, Vol. 79, 2008, pp. 303-324.

中，父亲教育程度和经济资本经由其他家庭资本和学校社会资本的中介和调节而对学业成就的影响模式是研究的重点。

二　数据、变量和分析策略

（一）数据和变量

本节数据涉及初中生家庭教育资源调查的三类变量资料。第一类是结构性变量，包括户籍、性别、社会经济地位；第二类为家庭资本投入（含经济资本、社会资本和文化资本）和学校社会资本；第三类为学业成就，以升学成绩为指标。

（二）分析策略

本节数据分析由三部分组成：第一部分，采用层次回归分析估计性别、户籍、学校类型和社会经济地位等结构性变量，以及家庭资本和学校社会资本对学业成就的直接预测作用；第二部分，依据中介作用的分析路径，采用层次回归分析探讨父亲教育程度经由家庭资本和学校社会资本的中介作用影响学业成绩的路径模式；第三部分，依据中介和调节作用的分析路径，采用层次回归分析考察家庭的社会资本和文化资本在经济资本影响学业成绩中的中介和调节作用。

三　数据分析结果

（一）家庭和学校因素对学业成绩的独立预测作用

首先，运用层次回归模型，在控制性别、户籍、学校类型和社会经济地位等客观结构变量的基础上，考察家庭资本和学校社会资本独立于客观结构对学业成就的预测作用（模型1—模型4，表中未列第一步数据，仅列第二步）。接着，依次纳入性别、户籍等结构变量、家庭资本和学校社会资本来考察各变量在控制其他变量时的独立作用（模型5—模型7）。

如表4—6所示：在结构性变量中（模型5），性别和父亲教育程度对学业成绩呈正向预测作用，表现为男生的学业成绩显著高于女生（$\beta=0.07$, $p<0.05$）；父亲教育程度为高中（$\beta=0.12$, $p<0.05$）和大学（$\beta=0.18$, $p<0.001$）的学生的学业成绩显著高于

父亲教育程度为不识字或识字很少的学生;户籍和收入来源对学业成绩呈负向预测作用,表现为农村学生的学业成绩显著高于城市学生,父母"打工、摆摊和打零工"($\beta=-0.12$,$p<0.01$)和"经营店铺或企业"($\beta=-0.12$,$p<0.01$)学生的学业成绩显著低于"农业生产收入"家庭的学生。户籍的负向作用在纳入家庭社会资本($\beta=-0.09$,$p<0.05$,模型3)或学校社会资本($\beta=-0.09$,$p<0.05$,模型5)之后依然显著,但在分别纳入经济资本、文化资本或同时纳入各类家庭资本和学校社会资本时,预测作用不显著。此外,在控制其余各类变量的情况下,家庭月收入在501—1400元之间的学生的学业成绩显著高于家庭月收入在500元以下的学生($\beta=0.07$,$p<0.05$,模型7)。

在控制性别、户籍等结构性变量之后,经济资本($\beta=-0.12$,$p<0.001$,模型1)、客观化文化资本($\beta=-0.10$,$p<0.05$,模型2)、父母教育参与($\beta=-0.08$,$p<0.05$,模型3)和亲师关系($\beta=-0.14$,$p<0.001$,模型4)对学习成绩具有显著的负向预测作用。除父母教育参与外,在纳入其他类型变量的情况下,经济资本($\beta=-0.12$,$p<0.001$)、客观化文化资本($\beta=-0.10$,$p<0.05$)和亲师关系($\beta=-0.14$,$p<0.001$)的负向预测作用依然显著(模型7)。

表4—6　　家庭和学校因素对学业成绩的独立作用

变量	预测学业成绩						
	模型1	模型2	模型3	模型4	模型5	模型6	模型7
性别[a]	0.07**	0.08**	0.07*	0.10**	0.07*	0.07*	0.10**
户籍[b]	—	—	-0.09*	-0.09*	-0.07*	-0.05	-0.04
501—1400元[c]	—	—	—	—	—	—	0.07*
打工、摆摊和打零工[e]	-0.12**	-0.11**	-0.10**	-0.11**	-0.12**	-0.11**	-0.11**
经营店铺或企业	-0.10**	-0.11**	-0.12**	-0.11**	-0.12**	-0.10**	-0.10**
高中[f]	0.13*	0.14*	0.11*	0.11*	0.12*	0.14***	0.14*
大学	0.19***	0.22***	0.11***	0.19***	0.18***	0.20***	0.20***

续表

变量	预测学业成绩						
	模型1	模型2	模型3	模型4	模型5	模型6	模型7
经济资本	-0.12***					-0.13***	-0.12**
具体文化资本		0.07*				0.05	0.05
客观文化资本		-0.10*				-0.09*	-0.10*
父母教育期望			0.09**			0.09*	0.06
父母教育参与			-0.08*			-0.07	-0.07
父母教育支持			0.02			0.04	0.04
学校教育关注			0.08*			0.08*	0.09*
学校信任				0.05			0.05
学校规范				0.04			0.03
师生关系				0.07*			0.04
亲师关系				-0.14***			-0.14***
同伴关系				0.12***			0.10**
R^2	0.06	0.06	0.07	0.09	0.05	0.09	0.11
Adjust R^2	0.04	0.05	0.05	0.07	0.04	0.07	0.09
$\triangle R^2$	0.01	0.01	0.02	0.03	0.05	0.04	0.02
F	4.26***	3.96***	4.17***	4.82***	3.60***	4.40***	4.66***
$\triangle F$	14.17***	4.01*	4.86**	7.28***	3.60***	5.98***	5.46***

注：1. *p<0.05，**p<0.01，***p<0.001。2. 回归系数均经过标准化，家庭资本和学校社会资本等自变量均进行了中心化处理。3. a性别，女性为参照项；b户籍，农村户口为参照项；c月收入，"500元以下"为参照项；d父亲职业，"普通农民"为参照项；e收入来源，"农业生产收入"为参照项；f父亲文化程度，"低文化程度"为参照项；g学校类型，农村初中为参照项。4. 表中只列出了统计显著的控制变量。5. 自变量筛选方法采用enter法。

在控制性别、户籍等结构性变量的情况下，具体化文化资本（$\beta=0.07$，$p<0.05$，模型 2）、父母教育期望（$\beta=0.09$，$p<0.01$，模型 3）和师生关系（$\beta=0.07$，$p<0.001$，模型 4）对学业成绩具有显著正向预测作用，但预测作用随着其他各类变量的纳入而消失。在控制结构性变量之后，学校教育关注（$\beta=0.08$，$p<0.05$，模型 3）和同伴关系（$\beta=0.12$，$p<0.001$，模型 4）对学业成绩具有显著正向预测作用，在纳入其他各类变量时，正向预测作用依然显著（模型 7）。

（二）父亲教育程度与学业成绩：中介作用

1. 对父亲教育程度数据的处理

鉴于发现来自父亲教育程度为高中以上和高中以下家庭的孩子在学业成绩方面存在差异，本研究以高中文化程度为界，将被试划分为父亲教育程度较高组和较低组，高中及以上为父亲教育程度较高组，共有 258 名学生；初中及以下为父亲教育程度较低组，共有 860 名学生。

2. 父亲教育程度、家庭资本、学校社会资本及学业成绩的相关分析

相关分析表明，父亲教育程度与学业成绩、家庭中的经济资本、文化资本和社会资本各维度均呈显著正相关，与学校社会资本中的学校信任、学校规范呈现显著负相关，与师生关系、亲师关系和同伴关系的相关不显著。学业成绩与父母教育期望、父母教育支持、学校教育关注、师生关系和同伴关系存在显著正相关，但与经济资本呈现显著负相关，与两类文化资本、父母教育参与、学校信任、学校规范和亲师关系的相关不显著（见表 4—7）。

3. 父亲教育程度对学业成绩的独立作用

回归分析表明，在控制户籍、性别、家庭月收入、父亲职业和家庭收入来源（均进行虚拟变量转换）之后，父亲教育程度仍然显著预测学业成绩（$\beta=0.14$，$p<0.001$）（见表 4—8）。

表4—7　父亲教育程度、家庭教育资本、学校社会资本和学业成绩的相关系数矩阵（n=1118）

变量	1	2	3	4	5	6	7	8	9	10	11	12	13
1. 父亲教育程度	1												
2. 经济资本	0.24**												
3. 具体文化资本	0.09**	0.11**											
4. 客观文化资本	0.41**	0.38**	0.38**										
5. 父母教育期望	0.11**	0.08**	0.16**	0.17**									
6. 父母教育参与	0.31**	0.15**	0.34**	0.33**	0.38**								
7. 父母教育支持	0.15**	0.13**	0.30**	0.25**	0.55**	0.50**							
8. 学校教育关注	0.15**	0.12**	0.33**	0.24**	0.44**	0.55**	0.54**						
9. 学校信任	−0.12**	−0.14**	0.18**	−0.02	−0.02	0.09**	0.10**	0.12**					
10. 学校规范	−0.08**	−0.10**	0.20**	0.03	0.05	0.09**	0.13**	0.12**	0.45**				
11. 师生关系	−0.02	−0.07	0.20**	0.05	0.23**	0.27**	0.28**	0.31**	0.18**	0.23**			
12. 亲师关系	0.01	0.03	0.28**	0.10**	0.12**	0.29**	0.25**	0.37**	0.24**	0.24**	0.43**		
13. 同伴关系	0.04	0.06*	0.27**	0.14**	0.29**	0.27**	0.27**	0.31**	0.07*	0.10**	0.39**	0.27**	
14. 学业成绩	0.11**	−0.11**	0.05	−0.03	0.12**	0.05	0.09**	0.11**	0.05	0.04	0.08**	−0.04	0.11**

注：1. 关于父亲教育程度，1表示程度高，0表示程度低；2. $*p<0.05$，$**p<0.01$，$***p<0.001$。

表4—8　　学生学业成绩对父亲教育程度的回归分析

步骤及变量			预测学业成绩	
			β	△R^2
第一步	(enter)	性别[a]	0.08**	0.03
		户籍[b]	−0.06	
	家庭月收入[c]	501—1400元	0.04	
		1400元以上	0.01	
	父母职业[d]	普通工人	0.03	
		科技、管理和办事人员	0.09*	
		个体、私营和商业人员	−0.01	
	主要收入来源[e]	父母打工、摆摊和打零工	−0.12***	
		父母经营店铺或企业	−0.11**	
		父母亲工资	−0.04	
第二步	(enter)	父亲文化程度[f]	0.14***	0.02
总计(R^2)				0.05***

注：1. *$p<0.05$，**$p<0.01$，***$p<0.001$。2. a 性别,"女性"为参照项；b 户籍,"农村户口"为参照项；c 月收入,"500元以下"为参照项；d 父亲职业,"普通农民"为参照项；e 收入来源,"农业生产收入"为参照项；f "低文化程度"为参照项。

4. 家庭资本和学校社会资本对父亲教育程度作用的中介

鉴于父亲教育程度对学业成绩具有显著影响，本研究参照巴罗和肯尼（Baron & Kenny）的程序，[①] 构建了新的中介路径（如图4—4所示），并采用回归分析和Sobel单侧检验（按照Sobel的检验公式 $Z = ab/\sqrt{b^2 S_a^2 + a^2 S_b^2}$ 计算），分别考察学校社会资本以及家庭资本的中介效应。依据艾肯和威斯特（Aiken & West）的建议，对

[①] Baron, R. M., & Kenny, D. A., "The moderator-mediator variable distinction in social psychological research: Conceptual, strategic, and statistical considerations", *Journal of Personality and Social Psychology*, Vol. 51, 1986, pp. 1173-1182.

相关变量进行了中心化处理。[①]

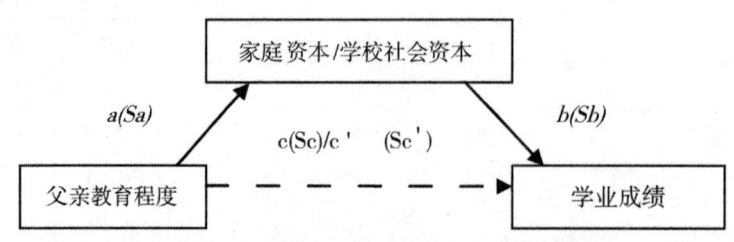

图 4—4　家庭资本/学校社会资本在预测学生学业成就中的中介作用

注：a、c 分别为父亲教育程度单独预测家庭经济、文化及社会资本/学校社会资本、学业成绩时的未标准化回归系数，b、c′为父亲文化程度与经济、文化及社会资本/学校社会资本共同预测学生学业成绩时各自的未标准化回归系数，S_a、S_b、S_c、$S_{c'}$ 分别为对应的标准误（所有路径均控制了性别、户籍及社会经济地位诸变量的影响）。

表 4—9 显示（家庭社会资本各维度之间的相关在 0.38—0.55，p 均小于 0.001，故对这四个维度的中介效应，仅进行分别检验，未进行同时检验）：父母教育期望、父母教育支持和学校教育关注在父亲教育程度预测学业成绩时发挥了显著的中介作用，父母教育期望的中介效应为 0.01，占总效应的 7%；父母教育支持的中介效应为 0.01，占总效应的 7%；学校教育关注的中介效应为 0.02，占总效应的 13%。

表 4—9　家庭社会资本在父亲教育程度预测学生学业成绩中的中介效应检验

路径	父亲教育程度预测学生学业成绩的中介变量							
	父母教育期望		父母教育参与		父母教育支持		学校教育关注	
	B (SE)	β	B (SE)	β	B (SE)	β	B (SE)	β
c (Sc)	39.4 (-9.64)	0.14***	39.4 (-9.64)	0.14***	39.4 (-9.64)	0.14***	39.4 (-9.64)	0.14***

---

① Aiken, L. S., & West, S. G., *Multiple regression*：*Testing and interpreting interactions*, Newbury Park, CA：Sage, 1991.

续表

路径	父亲教育程度预测学生学业成绩的中介变量							
	父母教育期望		父母教育参与		父母教育支持		学校教育关注	
	B (SE)	β	B (SE)	β	B (SE)	β	B (SE)	β
a (Sa)	0.08 (-0.03)	0.08*	0.42 (-0.06)	0.25***	0.13 (-0.04)	0.12**	0.2 (-0.05)	0.16***
b (Sb)	31.6 (-8.43)	0.11***	2.65 (-5.04)	0.02	18.91 (-7.03)	0.08**	18.98 (-6.43)	0.09**
c' (Sc')	36.94 (-9.61)	0.14***	38.28 (-9.88)	0.14**	36.88 (-9.66)	0.13***	35.6 (-9.7)	0.13***
Sobel (Z)	2.17*		0.52		2.07*		2.37*	

注：*p<0.05，**p<0.01，***p<0.001。

表4—10显示（由于家庭文化资本两个维度之间的相关较高 $r=0.38$，$p<0.001$，故仅对这两个维度的中介效应进行分别检验，未进行同时检验）：经济资本、具体化文化资本和客观化文化资本在父亲教育程度与学业成绩之间的中介效应不显著。

表4—10　家庭经济及文化资本在父亲教育程度预测学生学业成绩中的中介效应检验

路径	父亲教育程度预测学生学业成绩的中介变量					
	经济资本		具体化文化资本		客观化文化资本	
	B (SE)	β	B (SE)	β	B (SE)	β
c (Sc)	39.40 (9.64)	0.14***	39.40 (9.64)	0.14***	39.40 (9.64)	0.14***
a (Sa)	0.09 (0.07)	0.05	0.13 (0.05)	0.09**	0.32 (0.07)	0.15***
b (Sb)	-16.41 (4.49)	-0.12***	6.57 (5.63)	0.04	-6.53 (4.29)	-0.05
c' (Sc')	37.84 (9.65)	0.14***	38.51 (9.67)	0.14***	41.50 (9.74)	0.15***
Sobel (Z)	-1.21		1.06		-1.44	

注：*p<0.05，**p<0.01，***p<0.001。

表4—11显示（由于学校社会资本各维度之间的相关在0.12—

0.45，p 均小于 0.001，故对这四个维度的中介效应，仅进行分别检验，未进行同时检验），同伴关系在父亲教育程度与学业成绩之间发挥了显著的中介作用，中介效应为 0.01，占总效应的 10%。

表4—11　　　学校社会资本在父亲文化程度预测学生
学业成绩中的中介效应检验

路径	父亲教育程度预测学生学业成绩的中介变量									
	学校信任		学校规范		师生关系		亲师关系		同伴关系	
	B (SE)	β	B (SE)	β	B (SE)	β	B (SE)	β	B (SE)	β
c (Sc)	39.4 (−9.64)	0.14***	39.4 (−9.64)	0.14***	39.4 (−9.64)	0.14***	39.4 (−9.64)	0.14***	39.4 (−9.64)	0.14***
a (Sa)	−0.08 (−0.07)	−0.04	−0.06 (−0.07)	−0.03	0.10 (−0.07)	0.05	0.17 (−0.08)	0.08*	0.17 (−0.05)	0.12**
b (Sb)	7.41 (−4.12)	0.06	7.51 (−4.33)	0.05	11.14 (−4.42)	0.08*	−6.62 (−3.76)	−0.05	21.96 (−5.47)	0.12***
c′ (Sc′)	40.02 (−9.64)	0.15***	39.86 (−9.64)	0.15**	38.29 (−9.63)	0.14**	40.52 (−9.66)	0.15**	35.63 (−9.62)	0.13***
Sobel (Z)	−0.96		−0.77		1.24		−1.36		2.59*	

注：* $p<0.05$，** $p<0.01$，*** $p<0.001$。

（三）经济资本与学业成绩：中介效应和调节效应

1. 家庭社会资本对经济资本的中介

本研究参照巴罗和肯尼的程序，采用回归分析和 Sobel 单侧检验，考察家庭社会资本在经济资本预测学业成绩中的中介效应（相关变量进行了中心化处理）。

如表4—12所示，父母教育期望、父母教育支持和学校教育关注在经济资本预测学业成绩时发挥了显著中介作用：父母教育期望的中介效应为 0.01，占总效应的 8.3%；父母教育支持的中介效应为 0.01，占总效应的 7.7%；学校教育关注的中介效应为 0.02，占总效应的 10.2%。

表 4—12　　　　　家庭社会资本在经济资本预测学生
学业成绩中的中介效应检验

路径	经济资本投入预测学生学业成绩的中介变量								
	父母教育期望		父母教育参与		父母教育支持		学校教育关注	
	B (SE)	β	B (SE)	β	B (SE)	β	B (SE)	β
c (Sc)	-16.90 (4.49)	-0.13***	-16.90 (4.49)	-0.13***	-16.90 (4.49)	-0.13***	-16.90 (4.49)	-0.13***
a (Sa)	0.03 (0.02)	0.07*	0.07 (0.03)	0.09**	0.07 (0.02)	0.12***	0.09 (0.02)	0.13***
b (Sb)	31.89 (8.43)	0.11***	3.59 (5.09)	0.02	21.52 (7.06)	0.09**	20.91 (6.46)	0.10**
c′ (Sc′)	-17.94 (4.47)	-0.13***	-17.16 (4.51)	-0.13***	-18.36 (4.50)	-0.14***	-18.67 (4.50)	-0.14***
Sobel (Z)	1.39*		0.68		2.29*		2.65*	

注：1. * $p<0.05$，** $p<0.01$，*** $p<0.001$；2. 所有路径均控制了性别、户籍及社会经济地位诸变量的影响。

2. 家庭文化资本对经济资本的调节

本研究还是参照巴罗和肯尼的程序，运用层次回归模型，在控制性别、户籍、家庭月收入和收入来源的基础上，考察家庭文化资本在经济资本预测学业成绩时的调节作用。第一步，将控制变量（性别、户籍、父亲教育程度、家庭月收入和收入来源）纳入回归方程；第二步，将自变量（经济资本）和调节变量（具体化文化资本和客观化文化资本）纳入回归方程；第三步，将自变量和调节变量生成的调节项（经济资本×具体化文化资本，经济资本×客观化文化资本）纳入回归方程。如果调节项对学生学业成绩具有显著的预测作用，则认为文化资本的调节作用显著。为了减少多重共线性的影响，除调节项之外，自变量和调节变量均已中心化，并将控制变量中的类别性变量转换为虚拟变量。①

---

① Whisman, M., McClelland, G. H., "Designing, Testing, and Interpreting Interactions and Moderator Effects in Family Research", *Journal of Family Psychology*, Vol. 19, 2005, pp. 111-120.

如表4—13所示：控制性别、户籍和社会经济地位变量后，经济资本（$\beta=-0.12$，$p<0.001$）、客观化文化资本（$\beta=-0.08$，$p<0.05$）和具体化文化资本（$\beta=0.07$，$p<0.05$）的主效应显著，经济资本和客观化文化资本对学业成绩具有负向预测作用，具体化文化资本对学业成绩具有正向预测作用；具体化文化资本与经济资本的交互效应对学业成绩的影响不显著（$\beta=0.01$，ns），客观化文化资本与经济资本的交互作用对学业成绩的影响显著（$\beta=0.34$，$p<0.05$）。这说明，客观化文化资本能够调节经济资本与学业成绩的关系。

表4—13 家庭文化资本在父亲教育程度预测学生学业成绩中的调节效应检验

步骤	变量	模型1 B	模型1 β	模型2 B	模型2 β	模型3 B	模型3 β
第1步	控制变量（enter）						
	性别	15.62	0.07*	16.95	0.07*	17.96	0.08**
	父母打工、摆摊和打零工	-28.95	-0.12**	-28.98	-0.12**	-28.91	-0.12**
	父母经营店铺或企业	-38.99	-0.12**	-30.64	-0.09*	-30.31	-0.09*
	高中	36.17	0.12*	43.39	0.14**	45.74	0.15**
	大学	86.46	0.18***	98.21	0.20***	98.40	0.20***
第2步	主效应（enter）						
	经济资本			-15.88	-0.12**	-45.73	-0.34*
	具体文化资本			13.78	0.07*	13.81	0.07
	客观文化资本			-9.71	-0.08*	-32.44	-0.26**
第3步	两维交互（enter）						
	经济资本×具体文化资本 g					0.17	0.01
	经济资本×客观文化资本 g					9.84	0.34*

续表

步骤	变量	学业成绩					
		模型 1		模型 2		模型 3	
		B	β	B	β	B	β
	R^2	0.05		0.07		0.07	
	Adjust R^2	0.04		0.05		0.05	
	$\triangle R^2$	0.05		0.02		0.01	
	F	3.60***		4.16***		4.00***	
	$\triangle F$	3.60***		6.85***		2.38*	

注：1. g 根据温忠麟、侯杰泰和 March 的观点，调节项的标准化解应为"经济资本投入×具体/客观文化资本"对应的 B 值，而不是 β 值；① 2. $*p<0.05$，$**p<0.01$，$***p<0.001$；不显著的控制变量未列入表内。

通过简单斜率检验（simple slope test）分析客观文化资本的调节作用。以平均数加减一个标准差将调节变量分组，平均数加一个标准差为高客观化文化资本组，平均数减一个标准差为低客观化文化资本组。检验表明：在客观化文化资本较低的学生中，经济资本对学业成绩具有显著的负向预测作用（$\beta=0.20$，$p<0.05$），但在客观化文化资本较高的学生中，经济资本不能显著预测学业成绩（$\beta=0.07$，ns）（见图 4—5）。

3. 家庭文化资本对父母教育期望中介作用的调节

鉴于经济资本在对学业成绩的预测中，父母教育期望、父母教育支持和学校教育关注发挥了中介作用，客观化文化资本发挥了调节作用，我们采用穆勒和贾德（Muller & Judd）等人关于检验"被调节了的中介变量"（moderated mediator）的程序，进一步考察父母教育期望、父母教育支持和学校教育关注的中介作用是否受到了客观化文化资本的调节。② 结果显示，父母教育期望的中介作用受到了客观化文化资本的调节（$\beta=-0.84$，$p<0.05$），父母教育支持和学校教育关注的中介作用没有受到客观化文化资本的调节（未在

---

① 温忠麟、侯杰泰：《结构方程模型中调节效应的标准化估计》，《心理学报》2008 年第 6 期。

② Muller, D., Judd, C. M., & Yzerbyt, Y. V., "When moderation is mediated and mediation is moderated", *Journal of Personality and Social Psychology*, Vol. 89, 2005, pp. 852–863.

图 4—6 和表 4—14 列出相应结果）。

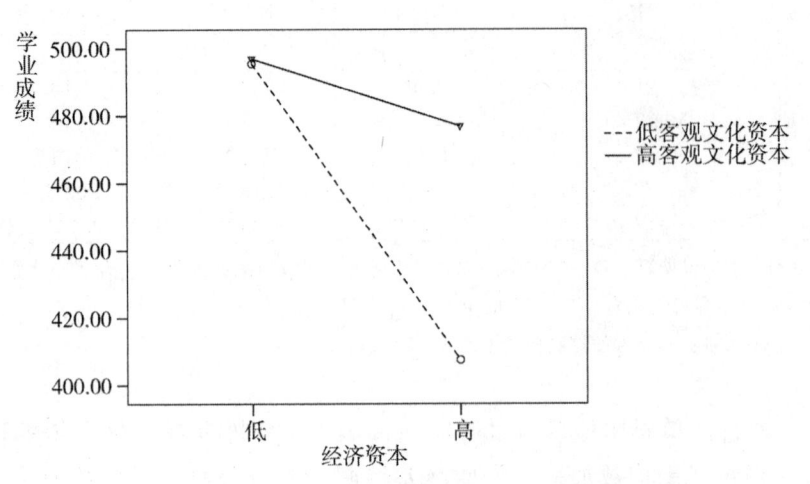

图 4—5　客观化文化资本在经济资本与学业成绩间的调节作用

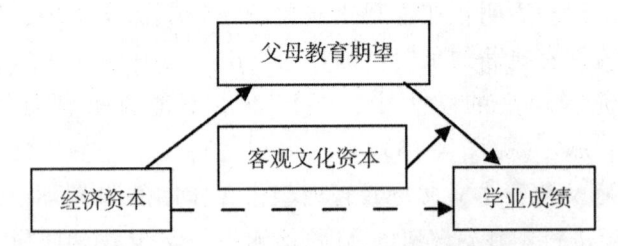

图 4—6　客观化文化资本调节了父母教育期望的中介作用

表 4—14　　学生学业成绩对父母教育期望、客观化文化资本的回归分析

步骤	变量	β	$\triangle R^2$
第一步	(enter)		
	性别[a]	0.07*	
	户籍[b]	-0.09*	
	父母打工、摆摊和打零工[e]	-0.11**	
	父母经营店铺或企业	-0.12**	
	高中[f]	0.12**	
	大学	0.20***	0.05

续表

步骤	变量	β	$\triangle R^2$
第二步	(enter)		
	客观文化资本	-0.10**	
	父母教育期望	0.09**	0.02
第三步	(enter)		
	父母教育期望×客观文化资本	-0.84*	0.01
	总计（R^2）		0.08***

注：* $p<0.05$，** $p<0.01$，*** $p<0.001$；不显著的控制变量未列入表内。

进一步的简单斜率检验显示，在客观化文化资本较低的家庭中，父母教育期望对学业成绩具有显著的正向预测作用（$\beta=0.16$，$p<0.05$），在客观化文化资本较高的家庭中，父母教育期望不能显著预测学业成绩（$\beta=0.05$，ns）（见图4—7）。

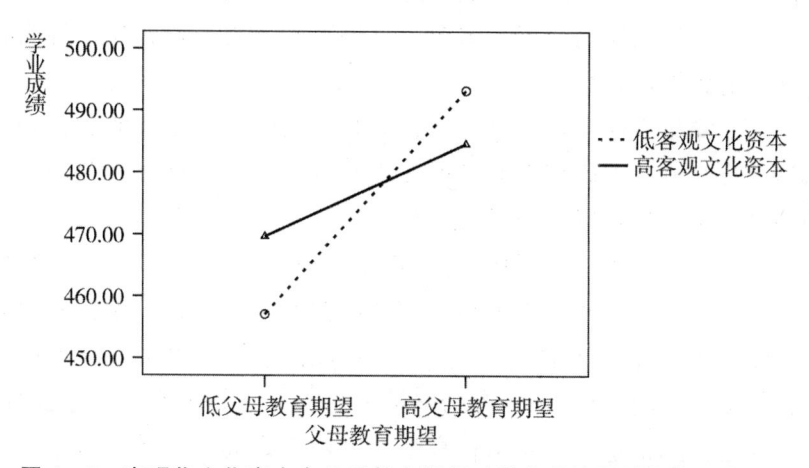

图4—7 客观化文化资本在父母教育期望对学业成绩预测中的调节效应

四 结论与讨论

（一）家庭和学校因素对学业成就的直接作用

数据分析表明，性别、父亲教育程度对学业成绩具有正向预测作用，表现为男生学业成绩显著高于女生，父亲教育程度越高的学生在学业成绩方面表现得更为突出。这与以往的研究结果较为一致。户籍制度是中国社会的一项基本制度安排,作为资源配置和利益分配的重要凭据,对社会分层产生了较大的影响。本研究发现,在控制家庭资本和学校社会资本的情况下,户籍对学业成绩的负向预测作用消失,这表明户籍对学业成就的直接作用有限,在户籍对学业成就的预测中,家庭资本和学校社会资本发挥了一定的影响作用。这似乎让人觉得户籍对学业成就的直接预测作用较小,甚至有利于农村学生。但描述统计显示,农村学生的平均成绩高于城市学生($M_{1农村}$=487.32,$M_{城市}$=478.42),农村学生的高分段比例却显著低于城市学生(农村$_{普通以下}$ = 49.5%,农村$_{普通~重点}$ = 28.7%,农村$_{重点以上}$ = 21.8%;城市$_{普通以下}$ = 52.4%;城市$_{普通~重点}$ = 19.0%;城市$_{重点以上}$ = 28.6,χ^2 = 8.03,$p<0.05$)。这说明农村学生更可能进入水平较低的高中,最终影响到他们对高质量高等教育机会的追求。陆益龙认为,户籍制度具有较强黏附性,是社会差别的生成机制。[①]本研究发现,在户籍对学业成就的预测中,家庭资本和学校社会资本发挥了一定的影响作用,这在一定程度上反映了户籍制度导致社会分层的黏附性特性。

在布劳和邓肯的研究中,子女学业成就受到父母职业和经济收入的直接影响。本研究没有发现父亲职业对学业成绩具有独立的显著预测作用,这与以往的经典研究结果不一致,可能与县域内职业分化不够(主要是文化和经济方面的分化)有关。不过,研究发现,在控制结构、家庭资本和学校社会资本变量之后,家庭月收入在501—1400元之间的学生的学业成绩显著高于500元之下的学生,与家庭月收入在1400元以上学生的学业成绩没有差别。此外,研究发现,无论是否控制结构变量、家庭资本和学校社会资本,家庭收入来源为父母"打工、摆摊和打零工"和"经营店铺或企业"学生的学业成绩显著低于家庭收入来源为"农业生产收入"的学生。一般情况下,这两类收入来源家庭的经济收入都高于依赖农业生产收入的家庭。家庭投资模型认为,相对于富裕家庭,低收入家

---

① 陆益龙:《户口还起作用吗?——户籍制度与社会分层和流动》,《中国社会科学》2008年第1期。

庭能够提供的物质和社会资源非常有限，而这些资源恰恰是青少年学业成就的促进因素。但从本研究结果来看，低经济收入会影响学业成就的提高，高经济收入却未必会促进学业成就。经济资本对学业成绩具有负向预测作用，但经济资本通过父母的教育期望、教育支持和学校教育关注促进子女学业成绩，带来这一结果的部分原因可能在于家庭经济收入的不恰当投入降低了学业成就。例如，外出打工或经商虽然增加了经济收入，却使父母疏于子女照顾，对子女的经济投入反而对其学习成就具有反向作用，倒是那些在家从事农业生产的父母在子女身边照顾，促进了子女学业成就的提高。

本研究发现，在控制结构、家庭资本和学校社会资本之后，客观化文化资本和经济资本一样，对学业成绩存在负向预测作用。在布迪厄看来，以文化商品、物质化的形式存在，表现为文化耐用品、书籍等的客观化文化资本，最易由经济资本转化而来。因此，客观化文化资本对学业成就的影响模式上可能与经济资本类似，即客观化文化资本对学业成就的积极作用亦和家庭资源的有效运用相关。同时，本研究结果也反映出经济资源在转化为客观化文化资本过程中的低效现象。具体化文化资本需要经过社会行动者的主动和有意识的学习，不是单纯靠经济资本就能买到的商品。杜梅（Dumais）研究发现，在一定程度上能够表现具体化文化资本的惯习对学术成功具有显著影响。[1] 本研究发现，具体化文化资本在控制结构变量的情况下，对学业成绩具有正向预测作用，但在纳入家庭的经济资本和社会资本之后，其对学业成绩的预测作用不再显著。这支持且完善了以往的研究结论，即具体化文化资本具有独立于结构变量对学业成就的显著正向预测作用，却不存在独立于其他类型资本的对学业成就的显著预测作用。

戈耶特（Goyette）和谢宇（Xie）发现，亚裔美国人具有比白人更高的教育期望，父母教育期望能够解释大部分的子女教育期望。[2]

---

[1] Dumais, S. A., "Cultural Capital, Gender, and School Success: The Role of Habitus", *Sociology of Education*, Vol. 73, 2002, pp. 46-68.

[2] Goyette, K., & Xie, Y., "Education Expectations of Asian American Youths: Determinants and Ethnic Differences", *Sociology of Education*, Vol. 72, 1999, pp. 22-36.

从这一点上看，父母教育期望能够通过促进子女教育期望进而提高子女的学业成绩，本研究结果与此一致。研究发现，父母教育期望在控制结构变量和其他类型家庭资本的情况下，对学业成绩具有显著的正向预测作用，不过，在纳入学校社会资本的条件下，父母教育期望的预测作用消失，这说明父母教育期望可能经由学校社会资本影响子女学业成绩。父母学校教育关注对学业成绩的正向预测作用则与以往研究结论相一致，如拉鲁（Lareau）发现，父母对子女学校教育活动的了解和重视有助于促进子女的学业成绩。[1] 令人不解的是，父母教育参与具有独立于结构变量的对学业成绩的显著负向预测作用，但在其他类型家庭资本和学校社会资本的缓冲下，变得不再显著。希尔（Hill）在一项研究中发现，父母教育参与因父母教育程度和族群的不同而有所差异，在父母教育程度群较高的群体中，父母教育参与与学业成就期望相关的问题行为存在低相关，在父母教育程度较低的群体中，父母教育参与和教育期望存在相关，但与问题行为和学业成就不存在相关。[2] 由此来看，在本研究对象所处的文化环境中，父母教育参与对学业成就的影响模式可能同经济资本和客观化文化资本的表现类似，只有在与其他资本结合时，才有助于促进学业成绩。近年来，有研究显示，父母教育支持对学业成绩具有持续的积极效应。[3] 本研究没有发现父母教育支持对学业成就的直接预测作用。不过，以往研究都把父母教育支持看作是多维的，甚至含有经济投入等维度，[4] 本研究中的父母教育支持仅涉及父母对子女教育的关心、支持和鼓励，这可能造成结果差异。

在学校因素方面，学校类型对学业成绩的预测作用不显著，这

---

[1] Lareau, A., "Social Class Differences in Family-School Relationships: The Importance of Cultural Capital", *Sociology of Education*, Vol. 60, 1987, pp. 73-85.

[2] Hill, N. E., Castellino, D. R. & Lansford, J. E., "Parental Academic Investment as Ralated to School Behavior, Achievement, and Aspirations: Demographic Variations Across Adolescence", *Child Development*, Vol. 75, 2004, pp. 1491-1509.

[3] Chohan, B. I. & Khan, R. M., "Impact of Parental Support on the Academic Performance and Self Concept of the Student", *Journal of Research and Reflections in Education*, Vol. 4, 2010, pp. 14-26.

[4] Fan, X., "Parental Involvement and Students' Academic Achievement: A Growth Modeling Analysis", *The Journal of Experimental Education*, Vol. 70, 2001, pp. 27-61.

在一定程度上说明，学校之间的物质、师资等方面的差异并非是造成城乡学业成就差异的主要原因。学校信任和学校规范对学业成绩的预测作用不显著，这与斯图尔特（Stewart）等人发现，相对于个体水平的亲子互动和同伴关系等因素，学校信任、学校参与等学校结构因素对学业成绩的影响相对较小的研究结论是一致的。[①] 值得一提的是，有研究发现，老师和家长之间的温暖、尊重的相互关系有助于提高学生的学业成绩，[②] 本研究却发现，亲师关系在控制结构或各类资本变量的条件下对学业成绩存在显著的负向预测作用。依据实地调查，在当地，父母与学校之间的联系普遍不够紧密，亲师联系多由学生在学校的不良表现引起，这可能造成亲师关系负向预测学业成绩。有研究发现，师生关系和同伴关系对学业成绩具有正向预测作用，[③] 本研究也得出了类似的结论，只是在纳入其他类型变量的状况下，师生关系的预测作用变得不再显著。

（二）父亲教育程度与学业成就：中介作用

依据布迪厄的观点，父亲教育程度属于制度化文化资本。本研究发现，父亲教育程度不仅对学业成绩具有直接正向预测作用，还通过父母教育期望、父母教育支持、学校教育关注和同伴关系的中介作用影响学业成绩，但中介效应弱于直接效应；父母教育参与在父亲教育程度与学业成绩之间的中介作用不显著。有学者指出，父母受教育程度是影响父母行为的重要因素，受教育程度高的父母注重与子女的沟通和交流，以及对青少年的支持和指导，而不是单纯的教养或保护。[④] 也就是说，受教育程度高的父母在教育子女的能力和效力方面要高于受教育程度低的父母，并直接有效提高子女的

[①] Stewart, E. D., "School Structural Characteristics, Student Effort, Peer Associations, and Parental Involvement: The Influence of School- and Individual-Level Factors on Academic Achievement", *Education and Urban Society*, Vol. 40, 2008, pp. 179-204.

[②] Houghes, H., & Kwok, Oi-man, "Influence of Student-Teacher and Parent-Teacher Relationships on Lower Achieving Readers' Engagement and Achievement in the Primary Grades", *Journal of Educational Psychology*, Vol. 99, 2007, pp. 39-51.

[③] Hughes, J. H., Luo, W., Kwok, O., Loyd, L. K., "Teacher-student support, effortful engsgement, and achievement: A 3-year longitudinal study", *Journal of Educational Psychology*, Vol. 100, 2008, pp. 1-14.

[④] 张文新：《儿童社会性发展》，北京师范大学出版社1999年版，第45—56页。

学业成就，使得那些体现父母信念和行为的家庭资本的直接和中介效力相形逊色。

数据分析表明，经济资本在父亲教育程度和学业成绩之间的中介作用不显著。交叉分析亦发现，父亲教育程度在大专及以上家庭，其月收入在"500元以下"的占4.5%，"1400元以上"的占85%，父亲教育程度为"高中"的家庭，相对应的数据分别为16.8%和44.0%，这就是说父亲教育程度越低、经济收入也越低，表现出"双贫同体"现象，即文化贫困和经济贫困同时出现在一个家庭。另据描述统计，父亲教育程度越高，经济资本越高。因此，由于"双贫同体"，父亲教育程度经由经济资本对学业成绩的间接影响多由父亲教育程度直接导致，使本研究没有发现在诸多研究中出现的结果——那些父母教育程度较高或拥有更多文化资本的家庭，即便经济贫困或经济资本较少，子女也能获得较好学业成就。[①]此外，本研究发现，具体化文化资本和客观化文化资本在父亲教育程度和学业成绩之间的中介效应不显著。由于客观化文化资本需用经济资本取得，其表现形式可能类似于经济资本。按照文化资本理论，父亲教育程度越高的家庭注重培养子女的谈吐、仪态举止，父亲教育程度较低的家庭则不注重子女的具体化文化资本培养，这种具体化文化资本差异导致不同父亲教育程度家庭的子女在学业成绩上的差异。因此，父亲教育程度的直接作用导致具体化文化资本在父亲教育程度和学业成绩之间的中介作用不显著。

诸多研究表明，社会经济地位、家庭资本能够经由学校资本来推动学生的学业成就，特别是通过师生关系和同伴关系影响学业成就。[②] 本研究证实了同伴关系在父亲教育程度和学业成就之间的中介作用，却没有支持师生关系在其中的中介作用。按照文化资本理论，父母教育程度较高家庭的学生因其拥有较多文化资本，来自这些家庭的学生易与教师建立关系，从而有助于提高学习成绩。不

---

① Bradley, R. H., & Corwyn, R. F., "Socioeconomic status and child development", *Annual Review of Psychology*, Vol. 53, 2002, pp. 371-399.

② Sirin, S., "Socioeconomic Status and Academic Achievement: A Meta-Analytic Review of Research", *Review of Educational Research*, Vol. 75, 2005, pp. 417-453.

过，在中国文化背景下，传统的师生关系是建立在老师传道、授业、解惑，学生谦心向学、恭顺服从的角色伦理之上；但在社会现代化的背景下，这种传统师生关系模式正在悄然发生变化，而城乡间、阶层间的心理现代化的步调却不尽相同，这势必会影响城乡和不同阶层学生与老师之间的关系。如陆洛发现，老师和学生在心理传统性与现代性上的契合对师生关系品质具有重要影响。[①]那些来自父亲教育程度较高家庭的学生，可能会拥有更多体现现代性的文化资本，但这却未必有益于促进师生关系而提高学业成就。另外，本研究没有研究发现亲师关系在父亲教育程度和学业成绩之间的中介作用，如前所述，亲师联系不够紧密可能是主要原因之一。学校信任和学校规范多独立于家庭背景，父母不大可能通过社会关系影响学校信任和学校规范。因此，学校信任和学校规范在父亲教育程度和学业成绩之间并未发挥中介作用是合理的。

（三）经济资本与学业成就：中介效应和调节效应

本研究发现，经济资本对学业成绩具有直接负向预测作用，这与以往的一些研究发现不一致。部分原因可能在于，以往研究多以家庭收入或财产作为经济资本的测量指标，没有考察经济资源在子女教育上的实际运用，毕竟学生很少有机会支配家庭收入，因此，经济收入和经济资本之间存在一定的差别。[②]也就是说，以往研究是从家庭投资（investment）而非从家庭过程（process）的视角来考察经济资源与学业成就之间的关系，这就忽略了对父母因素在家庭收入对学业成就影响中的中介和调节机制的考察。

研究发现，经济资本可以通过影响父母的教育期望、教育支持和学校教育关注促进子女的学业成绩。有研究者指出，存在两种家庭经济状况对儿童产生影响的机制：一是资源环境限制（如能否为儿童提供营养保健、社会文化资源等）；二是父母等重要他人对儿

[①] 陆洛、翁克成：《师生的心理传统性与现代性、关系契合性对师生互动品质及学生心理福祉的影响》，《本土心理学研究》2007年第27期。

[②] Gershoff, E. T., & Aber, J. L., "Income Is Not Enough: Incorporating Material Hardship into Models of Income Associations with Parenting and Child Development", *Child Development*, Vol. 78, 2007, pp. 70–95.

童的心理期望、感知与反应。① 综合上述研究结果可以看出，经济收入和经济资本对学业成就的影响并不是同方向的。不可否认，经济收入限制了家庭提供给儿童的经济与社会资源，进而影响到他们的学业成就，但是，经济投入，即丰富的经济资本倘若不能和父母对子女的教育期望、支持和关注结合起来，也不利于子女学业成就的提高。

此外，研究发现父母教育期望在经济资本和学业成绩之间的中介作用受到客观化文化资本的调节，即越是在客观化文化资本较低的家庭，父母教育期望的正向中介作用越强。有研究指出，在华人社会中，父母注重教育改变劣势地位（物质匮乏、地位较低）方面的重要性，要求子女努力学习，子女也会倾向于接受父母的期望，增强学习投入。② 因此，客观化文化资本调节父亲教育期望中介作用的原因可能是，在客观化文化资本匮乏的家庭环境对学生自身的学习和生活的影响易于形成对比和例子效应，子女越倾向于接受父母教育期望，激发学习投入，进而提高学业成就；在客观化文化丰富的家庭环境中，对比和例子效应较弱，子女不易接受父母教育期望，因此，父母教育期望对子女学业成绩的影响相对较弱。

非常有意思的是，本研究在发现客观化文化资本和经济资本均对学业成绩具有直接负向预测作用的同时，也发现客观化文化资本在经济资本对学业成绩的预测中起到了调节作用。即在客观化文化资本较低的家庭，经济资本负向影响学业成绩，而在客观化文化资本较高的家庭，经济资本对学业成绩没有明显的负向预测作用。这就说明，客观化文化资本匮乏会进一步恶化经济资本对学业成绩产生的不良作用，客观化文化资本丰富的家庭则会减缓经济资本对学业成就产生的不良影响。依据布迪厄的文化资本理论，客观化文化资本由经济资本转化而来。由此来看，化解这两类资本对学业成就

---

① Adler, N. E., & Ostrove, J. M., "Socioeconomic status and health: What we know and what we don't", *Annals of the New York Academy of Sciences*, Vol. 896, 1999, pp. 3-16.

② Sue, S., & Okazaki, S., "Asian-American Educational Achievements: A Phenomenon in Search of an Explanation", *Asian American Journal of Psychology*, Vol. 1, 2009, pp. 45-55.

负向影响的关键是经济资本有效转化为客观化文化资本，本研究之所以发现经济资本对学业成绩具有负向预测作用，可能是因为对本研究的样本而言，经济资本未能有效转化为客观化文化资本，从而导致其对学生学业成绩产生负面影响。

五 结语：家庭、学校因素和学业成就

显然，在诸多决定学业成就的家庭和学校因素之中，结构因素、家庭资本和学校社会资本都不同程度地发挥着各自的影响。在这些影响因素之中，父亲教育程度、经济收入和收入来源等结构性因素对学业成绩具有直接效应，其中以父亲教育程度的影响最大。不仅如此，父亲教育程度还通过父母教育期望、父母教育支持、学校教育关注和同伴关系的中介作用正向影响学业成绩。当然，不应忽略经济资本等家庭资本和学校社会资本具有独立于结构性因素的对学业成就的直接影响，不过，我们应该看到，这些因素对学业成就的直接影响弱于父亲教育程度等结构性因素的影响，即便发挥了中介和调节效应，也弱于结构性因素的直接作用，而且经济资本等因素对学业成就的直接效应是负向的（经济资本和客观化文化资本的平均数存在阶层差异，均表现为优势地位学生高于劣势地位学生），没有扮演推动阶层再生产的作用。可是，经济资本通过父亲教育期望等家庭资本投入对学业成就的间接作用是正向的，且受到客观化文化资本的调节，这些中介效应和调节效应均为正向，在学业成就获得过程中发挥着阶层再生产的作用。

依据这些研究结果，在研究者看来，阶层间的学业成就差异是家庭结构、家庭资本诸因素独立或交互效应累积叠加所导致的结果，学校因素在制造和均衡学业成就阶层差异方面的作用微乎其微。在这些影响机制之中，造成学业成就阶层差异的主导机制是社会结构（特别是文化结构）决定下的不同阶层个体获取学业成就的能力差别。就是说，在很强的"刚性"分层结构下，相对于优势地位家庭和学生，弱势地位家庭和学生获取学业成就的能力受到客观结构的全面制约，弥散性地渗透在学习生活的方方面面，从而妨碍

了他们对高学业成就的追求。此处，我们暂且将此种影响学业成就的机制称之为"结构性失能"。

具体来讲，社会结构对学业成就的影响机制可能存在三种：一是结构的直接作用，这是结构分层对学业成就的主要影响方式，如父亲教育程度、经济收入对学业成绩的直接决定作用。二是对资源与环境的限制，文化分层是县域内社会分层的主要模式，社会阶层主要按照文化水平划分，各类经济资源、社会资源和文化资源在一定程度依据文化分层结构分布，这主要体现在各类家庭资本对学生学业成绩的影响。三是对家庭和个人资源运用能力的制约，如本研究发现，虽然收入来源为父母"打工、摆摊和打零工"和"经营店铺或企业"家庭的经济收入、经济资本和客观化文化资本均高于农业生产收入家庭，但来自前两类收入来源类型家庭的学生在学业成就上却低于后一种收入来源家庭的学生。从经济资本和客观化文化资本对学业成绩具有负向预测作用的研究结果来看，部分原因可能在于经济收入的不恰当运用降低了其子女的学业成就。

简言之，由本研究结果来看，经济收入、收入来源、父亲教育程度的直接作用，父亲教育程度通过父母教育期望等家庭社会资本和同伴关系的间接作用，经济资本经由父母教育期望等家庭社会资本的间接作用，以及经济资本和客观化文化资本的交互作用等对学业成就的影响可能是造成社会阶层再生产的机制（经济资本、客观化文化资本等直接作用因为是负向效应，所以没有发挥推动阶层再生产的作用），而其中，父亲教育程度和家庭社会资本是造成学业成就阶层差异的关键因素。

第三节 阶层意识与学业成就

一 问题提出

埃里克森和戈德索普（Erikson & Goldthorpe）指出，社会分层研究的首要任务是阐明社会分层结构和社会中可见的主要社会行动模式之间，或简单地说"结构与行动"的关系。① 可是，阶层结构与行动之间不可能没有意识的参与。这是因为，那些在社会分层系统中占据优势地位的社会阶层可以运用自己在结构位置、资源占有上的优势来维护、扩大和延续既得利益，实现优势地位再生产。但是，这种再生产模式只有在具有了社会的"合法性"时，即符合社会中大多数人关于公正、公平和道德的观念，为大多数人所接受时，才能够稳定地发挥作用。这种合法化机制更多表现为文化价值观和意识形态的认同，也就是说，那些占据优势地位的社会集团，通过他们所掌握的文化和意识形态权利，让人们接受一种社会分层秩序是公正和合法的。李路路将这种不同于结构决定、资源传递的社会流动模式的再生产机制，称之为"统治的机制"或"统治的逻辑"。② 马克思在《哲学的贫困》中关于"自在阶级"和"自为阶级"的论述，以及韦伯在《新教伦理与资本主义精神》中对宗教派别和社会分层关系的探讨，均让我们认识到精神力量与社会发展之间的生成关系。因此，在客观阶层结构和行动之间，主观意识是一个中间环节，人们对客观社会位置状态的意识引导着自身的相应行为。

理性行动者不可能对结构和制度性的社会不平等无动于衷，无论是否会采取行动，至少都会对自身地位有所认识，在社会机会结构框架下，对自己可能的流动机会做出评估，得出的评价或多或少会影响到关系和行动，这即是赖特所言的阶级意识对个人在阶级关系结构中的行动以及关系本身的影响。③ 此外，教育决策的理性行动模型指出，地位提升是影响人们决定是否继续接受教育，导致教育机会不平等变化趋势的四因素之一。这些理论观点启发我们，作为理性行动者的学生如何评价社会、教育机会结构，会影响到不同

---

① Erikson, R., & Goldthorpe, J. H., *The Constant Flux, A Study of Class Mobility in Industrial Societies*, Oxford: Clearndon Press, 1992, pp. 78—92.
② 李路路：《再生产与统治——社会流动机制的再思考》，《社会学研究》2006年第2期。
③ [美]赖特：《后工业社会中的阶级：阶级分析中的比较研究》，陈心想译，辽宁教育出版社2004年版，第379—412页。

阶层学生对教育机会的追求。类似意义上，如果渴望"个人成功"的价值为社会群体广泛接受，社会结构的"开放性"和"流动机会可得性"成为人们的共同意识，底层社会的人们认可接受教育是实现向上流动的有效途径，那么，这必定影响到人们追求教育机会的动力。

需要强调的是，我们这里所使用的"阶层意识"与马克思主义经典社会学家的"阶级意识"概念是不同的，也就是说，这里所说的"阶层意识"是同视社会为阶梯结构的分层理论相联系，没有与强调利益冲突关系的阶级理论模型相呼应。简言之，本研究借鉴了刘欣对阶层意识的界定，即阶层意识并非是一个集体意识的概念，而是指居于一定社会阶层地位的个体对社会不平等状况及其自身所处的社会经济地位的主观意识、评价和感受，强调的是个体的心理和意识状态。[①] 具体而言，本研究中的阶层意识的操作化定义包括以下三方面的内容：（1）对自己所处社会阶层地位的知觉；（2）对自己所属内群体之社会阶层地位的知觉；（3）对社会阶层地位高于自己所属内群体的外群体之社会阶层地位的知觉。

在中国社会，城乡结构不只是体现为城乡之间的人口分布、产业格局以及地理位置关系上，更体现为一种二元身份性的社会地位体系和结构。基于此，本节研究试图回答，在城乡社会地位不平等的体系和结构下，类似于"美国梦"，来自中国农村的学生是否怀有一个"中国梦"，这个梦正推动着他们努力向上层社会流动，而且，实现"中国梦"的行动是否与他们对自己、本群体以及地位高于自己的城市群体的社会地位知觉存在某种关联，从而揭示出阶层意识影响学业成就的作用机制。

二 研究构思及基本假设

文化抵制和社会认同等理论都不约而同地将社会地位知觉、社会机会结构看作是影响底层学生学业成就的重要因素。基于这些理论和研究预想，本研究建构了一个模型用以分析阶层意识、行动策

[①] 刘欣：《转型期中国大陆城市居民的阶层意识》，《社会学研究》2001年第3期。

略和学业成就之间的作用机制（见图4—8）。

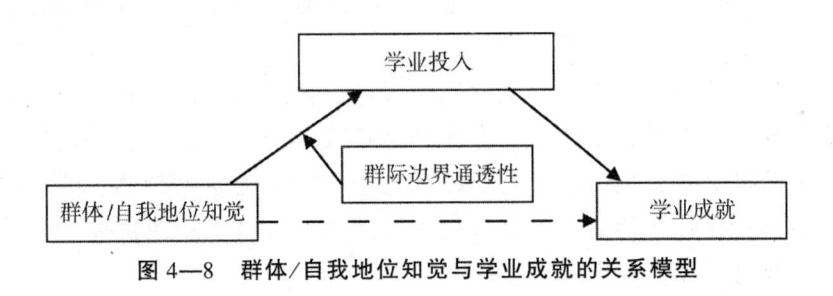

图4—8 群体/自我地位知觉与学业成就的关系模型

具体而言，按照社会支配理论和相对风险规避理论，低层成员对群体/自我社会地位和地位下降的知觉是影响学业成就的重要机制，据此，研究以群体/自我地位知觉作为阶层意识的测量指标。无论是社会认同理论抑或文化抗拒理论都将社会机会可得性或者社会结构开放性看作是影响人们追求学业成就的社会结构变量，鉴于此，本文借用社会认同理论中的群际边界通透性作为社会结构开放性的测量指标。按照以往研究，采用学业投入作为追求教育机会的社会行动策略指标，即学生为获得受教育机会而进行的经济、时间和精力等方面的投入。[①]

从相对风险规避理论来看，那些自我地位知觉较高者，不继续求学而导致的地位下降感将会比较强烈，因此，他们要比自我地位知觉较低者更可能在学业上投入更多的时间和精力，从而获得较高学业成就，而且，按照社会支配理论，自我地位知觉较低者可能出于保护自尊的需要而降低学习期望和减少学业投入，从而影响学业成就。与此同时，我们设想，那些认为内群体地位较低、外群体地位较高的个体可能出于进入较高社会地位外群体的动机，而在学业上投入更多的时间和精力，因此获得较高学业成就，反之则不然。基于此，提出假设1：

H1a：自我地位知觉较高者要比自我地位知觉较低者的学业投

---

① Destin, M., & Oyserman, D., "Incentivizing education: Seeing schoolwork as an investment, not a chore", *Journal of Experimental Social Psychology*, Vol.46, 2010, pp.846-849.

入更高，获得更高学业成就；

H1b：内群体地位知觉较低且外群体地位知觉较高者的学业投入较高，获得更高学业成就。

按照社会认同理论和文化抗拒理论，个体对阶层结构位置、资源和机会优势的认识，可能影响到他们在学业上的投入，进而影响学业成就。具体而言，就是那些认为阶层边界通透性较高，流动机会较多的个体更愿意在学业上投入时间和精力并期望更高的学业成就，据此提出假设2：

H2：认为阶层边界通透性较高的个体比认为阶层边界通透性较低的个体更有可能在学业上投入更多，获得更高学业成就。

由于社会结构开放程度可能影响个体的地位知觉并引导其行为，因此，阶层边界通透性可能调节自我/群体地位知觉对学业投入和学业成就的影响，据此提出假设3：

H3：在阶层边界通透性较高的情况下，高自我/外群体地位知觉或低自我/内群体地位知觉能够正向预测学业投入和学业成就。

本研究拟通过两个研究验证上述假设。研究一通过测量法检验自我/群体地位知觉、阶层边界通透性对学业投入和学业成就的影响以及阶层边界通透性对自我/群体地位知觉与学业投入和学业成就关系的调节作用。研究二采取更为严格的被试内实验设计操控阶层边界通透性，考察阶层边界通透性对学习投入和学业成就的影响。

三　研究一

（一）研究方法

1. 研究对象

本研究的调查对象来自甘肃省 D 县某农村初中，在该校九年级随机抽取四个班的学生进行问卷调查。共发放问卷 188 份，回收问卷 181 份，回收率为 96.28%，有效问卷为 173 份，有效回收率为 92.02%。样本平均年龄为 15.90 岁（$SD = 0.86$），均为农村户籍学生，居住地均在农村；男生 73 名，女生 100 名。家庭平均月收入为 3.49±1.61（本研究以 500 元为单位将家庭月收入分为 6 组，3 =

1001—1500 元，4=1501—2000 元）。

2. 研究工具

群体阶层地位知觉测量。借鉴莫里森（Morrison）等人的做法，采用 5 点量表（1=非常低，5=非常高），利用两道题目分别测量内群体地位知觉和外群体地位知觉。[①]（1）你觉得同城市人相比，农村人的社会地位？（内群体地位知觉）；（2）你觉得同农村人相比，城市人的社会地位？（外群体地位知觉）。用外群体地位知觉得分减去内群体地位知觉得分获得群体地位知觉的指标，所得分数越高，表明外群体地位知觉水平越高（相对于内群体），反之，表明内群体地位知觉水平较高。

阶层边界通透性测量。问卷是对穆门代（Mummendey）在对东德和西德两个群体间边界通透性进行研究时所使用之问卷进行改编而成。[②] 问卷由 4 个题目组成：（1）在我们这个社会，农村孩子很难像城市孩子那样，成为有地位的人；（2）在我们这个社会，农村孩子很难达到更高的社会地位；（3）在我们这个社会，农村孩子要想成为有地位的人，是非常不容易的；（4）无论一个农村孩子多么努力，也永远不可能成为一个城市人。要求被试在 7 点量表上（1=完全不同意，7=完全同意）评价他们对城乡群际边界通透性的认识，数据分析时，研究者对四个题目的得分进行反向计分，分数越高表明城乡两个群体之间的通透性越高，即社会阶层开放程度越高，反之说明城乡两个群体之间的通透性较低，即社会阶层开放程度较低。在本次研究中，此量表的内部一致性系数为 0.68，解释了 45%的总变异。

自我阶层地位知觉和群体认同测量。参照中国综合社会调查报告的测量办法，[③] 让研究对象依据题目"假如把社会上所有人分为

[①] Morrison, K. R., Fast, N. J., & Ybarra, O., "Group status, Perceptions of threat, and support for social inequality", *Journal of Experimental Social Psychology*, Vol. 45, 2009, pp. 204-210.

[②] Mummendey, A., Klink, A., & Mielke, R., "Social-Structural characteristics of intergroup relations and identity management strategies: Results from a field study in East Germany", *European Journal of Social Psychology*, Vol. 29, 1999, pp. 259-285.

[③] 中国人民大学中国调查与数据中心：《中国综合社会调查报告》，中国社会出版社 2009 年版，第 210—213 页。

上层、中层和下层，你认为你属于哪个阶层？"，在"1＝下层、2＝中下层、3＝中层、4＝中上层和5＝上层"等五个阶层地位等级上对自己的社会地位进行评价；依据题目"你在多大程度上赞同你是一个农村人"，在"1＝非常不赞同~6＝非常赞同"的6点量表上对自己的群体认同程度作出评价。

学业投入测量。参照德斯廷和奥伊泽曼（Destin & Oyserman）的学业投入测量方法。[①] 要求研究对象在8点量表上（30分钟为单位，1＝0小时，8＝3小时以上）估计"平均每天花费在家庭作业和温习功课上的时间"，所获数据作为学业投入的测量指标，平均学业投入时间处于1个小时至1个半小时之间（$M=4.87$，$SD=1.58$）。

学业成就测量。采用上学期期末考试的语文、数学和外语三门成绩作为测量指标（调查在学期初进行，所获成绩为学生最近一次的考试成绩），求得三门成绩的平均分作为最终的学业成就指标，反应项以5分为单位分为25个等级，1＝30分以下，25＝146—150分，平均学业成绩处于86—90分之间（13＝86—90分，$M=13.05$，$SD=2.86$）。

3. 研究程序

调查采用问卷的方式进行。主试是经过严格培训的教育学博士和心理学硕士研究生，采用相同的指导语，进行团体施测。要求被试仔细阅读指导语，然后按照要求填答问卷。问卷不记名，所有问卷当场回收。

（二）结果和讨论

数据分析表明，大部分学生认为自己属于社会中层，占总人数的57.22%，认为自己为中上层的学生占总人数的23.14%，认为自己为下层或中下层的学生占总人数的10.43%，另有9.21%的学生认为自己属于社会上层。由此来看，大多数学生认为自己属于社会中层和中上层。这与以往的调查发现——大多数中国民众认为自己属于社会中下层或下层，倾向于对自己的社会阶层进行低估的研究

[①] Destin, M., & Oyserman, D., "Incentivizing education: Seeing schoolwork as an investment, not a chore", *Journal of Experimental Social Psychology*, Vol. 46, 2010, pp. 846-849.

结论不一致。① 这可能是学生将自己看作是一个独立社会群体,因自己的学生身份而影响到对自己社会地位的评价。因为调查同时发现 5.79% 的学生完全不赞同或不赞同自己是一个农村人,18.51% 的学生不太赞同自己是一个农村人,34.75% 的学生基本赞同自己是一个农村人,持赞同和完全赞同的学生分别为 25.42% 和 15.53%。这说明农村学生对自己的农村人身份的认同水平并不高。

研究采用外群体地位知觉得分减去内群体地位知觉得分作为群体地位知觉的指标,若得分为 0 表明被试认为两个群体的地位相同,若为正数说明外群体地位高于内群体地位,负数则表明内群体地位高于外群体。频数分析表明,认为内群体地位高于外群体的学生只占 12.72%,认为两个群体地位相同的学生比例为 36.99%,50.29% 的学生认为外群体地位高于内群体(见图 4—9)。T 检验表明,内群体知觉和外群体知觉存在显著差异 [$t(172) = 7.15$],外群体地位知觉水平显著高于内群体地位知觉水平($M_{外群体} = 3.50$,$SD_{外群体} = 0.74$;$M_{内群体} = 2.70$,$SD_{内群体} = 0.84$)。

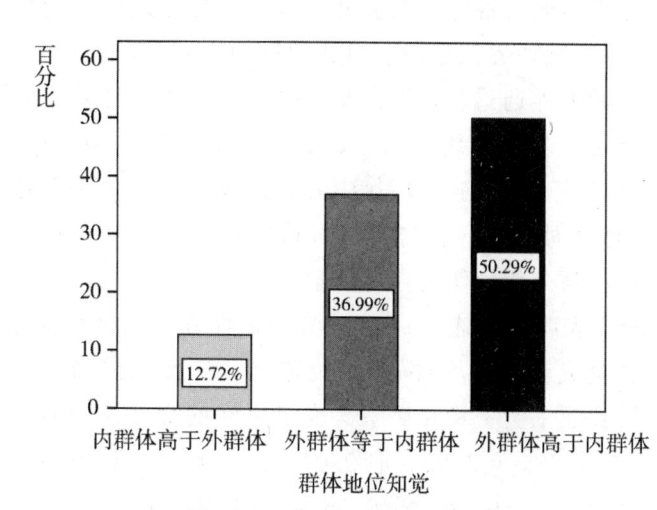

图 4—9 内/外群体地位知觉

---

① 中国人民大学中国调查与数据中心:《中国综合社会调查报告》,中国社会出版社 2009 年版,第 210—213 页。

这些结果说明，半数以上农村学生对城乡二元身份性社会地位体系有明确的认识，认识到农村人的社会地位低于城市人。同时，从描述统计来看，农村学生对城乡之间的流动通道持较为积极的态度（$M=5.40$，$SD=1.22$），普遍认为城乡之间的社会阶层结构较为畅通和开放。

对学业投入在群体/自我地位知觉×群际边界通透性中对学业成就的中介作用机制的检验，实质上涉及的是有中介的调节作用（见图4—8）。本研究采用穆勒等人建议的有中介的调节变量检验程序，[1]通过建立三个回归方程来完成：（1）学业成就对内/外群体地位知觉、自我地位知觉、群际边界通透性、内群体地位知觉×群际边界通透性、外群体地位知觉×群际边界通透性、自我地位知觉×群际边界通透性的回归方程；（2）学业投入对内/外群体地位知觉、自我地位知觉、群际边界通透性、内群体地位知觉×群际边界通透性、外群体地位知觉×群际边界通透性、自我地位知觉×群际边界通透性的回归方程；（3）学业成就对内/外群体地位知觉、自我地位知觉、群际边界通透性、内群体地位知觉×群际边界通透性、外群体地位知觉×群际边界通透性、自我地位知觉×群际边界通透性、学业投入、群际边界通透性×学业投入的回归方程。另外，为了尽可能避免变量间的多层共线性问题，我们采纳艾肯（Aiken）等人的建议，将自变量和调节变量均作中心化处理后相乘最终得到交互效应项。[2] 考虑到对性别、农村人身份认同可能会影响到群体地位知觉，我们将这两个变量作为控制变量。

数据分析表明（见表4—15）：在控制性别、农村人身份认同的条件下，学业成就对内/外群体地位知觉、自我地位知觉、群际边界通透性及其前三类变量和后一类变量之间的交互作用的回归方程显著，$F(7, 165)=2.92$，$p<0.01$，$R^2=0.11$。其中，自我地位知觉（$B=0.53$，$\beta=0.16$，$p<0.05$）、群际边界通透性（$B=0.40$，

---

[1] Muller, D., Judd, C. M., & Yzerbyt, Y. V., "When Moderation is Mediated and Mediation is Moderated", *Journal of Personality and Social Psychology*, Vol. 89, 2005, pp. 852-863.

[2] Aiken, L. S., & West, S. G., *Multiple Regression*: Testing and Interpreting Interactions, Newbury Park, CA: Sage, 1991, pp. 11.

$\beta=0.17$,$p<0.05$)的主效应及其之间的交互作用($B=0.69$,$\beta=0.31$,$p=0.001$)显著,内/外群体地位知觉及其与群际边界通透性的交互作用不显著。为进一步了解调节作用模式,将群际边界通透性的特定值代入上述方程进行简单斜率分析。结果显示:在高群际边界通透的情况下(即自我地位知觉=+1SD=0.86),自我地位知觉对学业成就具有正向预测作用($B=0.53+0.69\times0.86=1.12$,$p<0.001$),也就是说,自我地位知觉越高,学业成就越好,在低群际边界通透的情况下(即自我地位知觉=-1SD=-0.86),自我地位知觉对学业成就的预测作用不显著[$B=0.53+0.69\times(-0.86)=-0.06$,$p>0.05$]。具体交互作用模式见图4—10。

表4—15　　　　地位知觉作为有中介的调节变量的
　　　　　　　　　回归检验结果($n=173$)

自变量	学习成就为因变量 B	β	学业投入因变量 B	β	学习成就因变量 B	β
内群际地位知觉	0.01	0.00	0.24	0.13	-0.08	-0.02
外群际地位知觉	0.13	0.03	0.39	0.18*	-0.02	-0.01
自我地位知觉	0.53	0.16*	-0.03	-0.02	0.52	0.16*
群际边界通透性	0.40	0.17*	0.01	0.01	0.41	0.17*
内群体地位知觉×群际边界通透性	-0.46	-0.18	-0.12	-0.08	-0.45	-0.17
外群体地位知觉×群际边界通透性	0.18	0.05	-0.00	0.00	0.15	0.04
自我地位知觉×群际边界通透性	0.69	0.31**	0.23	0.19*	0.62	0.27**
学业投入					0.40	0.22**
群际边界通透性×学业投入					0.07	0.05
R^2	0.11**		0.05		0.16**	

注:表中所有自变量都作了中心化处理;回归系数皆为控制了被试性别、农村人身份认同后的标准化和非标准化回归系数;*$p<0.05$,**$p<0.01$,***$p<0.001$。

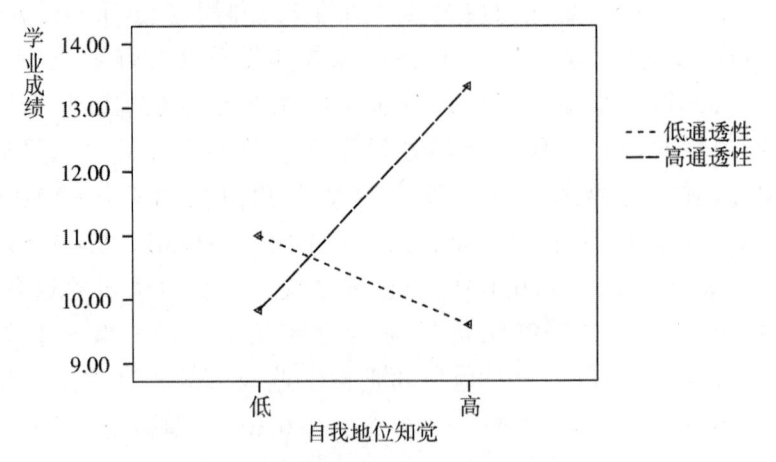

图 4—10　群际边界通透性对自我地位知觉与
学业成绩关系的调节作用模式

学业投入对内/外群体地位知觉、自我地位知觉、群际边界通透性及前三类变量和后一类变量之间的交互作用的回归分析结果可知：以上变量建立的回归方程不显著 [$F(7, 165) = 1.27$, $p > 0.05$, $R^2 = 0.05$]。但是，外群体地位知觉的主效应显著（$B = 0.39$, $\beta = 0.18$, $p < 0.05$），自我地位知觉与群际边界通透性的交互作用显著（$B = 0.23$, $\beta = 0.19$, $p < 0.05$），代入自我地位知觉的特定取值进行简单斜率分析，在高群际边界通透性的情况下，自我地位知觉对学业投入的预测作用不显著（$B = -0.03 + 0.23 \times 0.86 = 0.17$, $p > 0.05$），在低群际边界通透性的情况下，自我地位知觉对学业投入有显著负向预测作用 [$B = -0.03 + 0.23 \times (-0.86) = -0.23$, $p < 0.001$]，也就是说，自我地位知觉越高，学业投入越低。由表 4—15 中最后一组回归分析结果可知，在控制了学业投入之后，群际边界通透性对自我地位知觉与学业成就关系的调节作用依然显著（$B = 0.62$, $\beta = 0.27$, $p < 0.01$）；自我地位知觉（$B = 0.52$, $\beta = 0.16$, $p < 0.05$）和群际边界通透性（$B = 0.41$, $\beta = 0.17$, $p < 0.05$）的主效应也依然显著；学业投入对学业成就的直接效应显著（$B = 0.40$, $\beta = 0.22$, $p < 0.01$）；内/外群体地位知觉以及与群际边界通透性的交互作用均不显著。

综合上述分析可知，学业投入对自我地位知觉与群际边界通透性交互作用的回归系数显著，且学业成就对学业投入的回归系数显著，满足了有中介的调节变量的检验条件。因此，学业投入部分中介群际边界通透性对自我地位知觉与学业成就关系的调节作用。与此同时，第一组和第三组回归方程中，自我地位知觉和群际边界通透性的主效应均显著，这说明，这两个变量对学业成就具有直接效应。可是，第二组回归方程不显著，自我地位知觉的主效应不显著，就是说，学业投入在自我地位知觉和群际边界通透性对学业成就的影响中没有发挥中介作用，这与研究预想不符。此外，研究没有发现：内/外群体地位知觉对学业成就的直接效应，学业投入中介内/外群体地位知觉对学业成就的间接作用，以及群际边界通透性对内/外群体地位知觉与学业成就关系的调节作用。值得注意的是，研究发现外群体地位知觉对学业投入有正向预测作用。

研究一发现自我地位知觉、群际边界通透性对学业成就有直接正向预测作用，并且获得群际边界通透性对自我地位知觉和学业成就之间关系的调节作用——在高群际边界通透性的情况下，高自我地位知觉能够促进高学业成就的获得，这种效应在低群际边界通透性的情况下并不存在。在此基础上，进一步探索了调节作用的机制，验证了学业投入的中介作用——在低群际边界通透性情况下，高自我地位知觉降低学习投入，进而降低学业成就；在高群际边界通透性情况下，高自我地位知觉对学业投入的影响不显著，因此并不能显著提高学业成就。从以上结果来看，群际边界通透性、自我地位知觉对学业投入的直接效应不显著，因而，研究没有发现学业投入在自我地位知觉和群际边界通透性与学业成就之间发挥了中介作用，这不符合本研究的假设。其中部分原因可能出在学业投入的测量指标上，本研究以过去每日花费在家庭作业和温习功课上的平均时间作为学业投入指标，而在中国当前的实际状况是，家庭作业具有强制性特点，这种自我报告的客观性学业投入指标其实很难较好地区分不同学生的学业投入状况，此外，研究一只是测量了表现社会开放程度的群际边界通透性，而没有对其进行有效操控，这也可能是原因之一。鉴于以上理由，本研究在研究二中利用实验法操控了群际边界通透性，期望在一个实验情景中确定社会开放程度和地位知觉与学业投入之间的因果关系，弥补研究一存在的缺憾。

四 研究二

研究二采用赵志裕（Chiu）等人设计的模仿文章法（The mock article methodology）操控农村学生的群际边界通透性知觉，[1] 来验证是否高群际边界通透性要比低群际边界通透性更可能导致较高的学业投入和学业成就目标。

（一）研究方法

1. 研究对象

本研究的实验对象来自甘肃省 D 县某农村初中八年级两个班的 94 名学生，平均年龄为 14.87 岁（$SD=0.89$），其中，男生 56 名，女生 38 名，均为农村户籍学生，且居住地均在农村。

2. 实验设计

本实验采用单因素（群际边界通透性：低群际边界通透性 VS 高群际边界通透性）被试间实验设计。低群际边界通透性条件和高群际边界通透性条件的研究对象人数分别为 48 名和 46 名。实验按照两个条件分批展开。

3. 实验材料

群际边界通透性启动材料。要求被试阅读类似于新闻报道的两篇文章中的一篇。启动低群际边界通透性版本倡导的主题是："农民子女通过接受教育进入较高社会阶层的门槛增高，城乡之间的障碍正在强化，通过上大学进入城市的农村学生越来越少"，具体内容如下：

农村孩子容易上大学吗？城市孩子和农村孩子拥有同样上大学的机会吗？中国社会正逐步走向开放，还是正在变得更加封闭？中国国家媒体最近公布的数据表明，来自农村的大学生比例由 2005 年的 53% 下降为 30%，一些重点大学的农村大学生比例下降得更为

---

[1] Chiu, C., Dweck, C. S., & Hong, Y., "Lay dispositionism and lay theories of Personality", *Journal of Personality and Social Psychology*, Vol. 73, 1997, pp. 19–30.

严重。如华东大学2010年的农村大学生比例仅为10.3%，而华南大学2010年的农村大学生也只占11.6%。

专家和学生一致认为，此后的农村大学生比例还将进一步下降。A大学[①]的一位教授在接受记者采访时说："我们这里几乎找不到农村户口的学生，现在的比例可能仅为1%。这一数字令人震惊，因为中国大多数人口是农村人口。"这些趋势表明，农民子女要通过接受教育进入较高社会阶层，其门槛明显增高，城乡之间的障碍正在强化，未来通过上大学进入城市的农村学生将会越来越少。

启动高群际边界通透性版本倡导的主题是："农民子女通过接受教育进入较高社会阶层的门槛降低，城乡之间的障碍正在弱化，将来通过上大学进入城市的农村学生越来越多"，具体内容如下：

农村孩子容易上大学吗？城市孩子和农村孩子拥有同样上大学的机会吗？中国社会正逐步走向开放，还是正在变得更加封闭？中国国家媒体最近公布的数据表明，来自农村的大学生比例由2005年的35%上升为68.7%，一些重点大学的农村大学生比例上升得更为明显。如华东大学2010年的农村大学生比例高达68.3%（这一比例在1999年为33%），而华南大学2010年的农村学生占67.6%。

专家和学生一致认为，此后的农村大学生比例还将进一步上升。A大学的一位教授在接受记者采访时说，"我们这里的农村大学生现在很多，比例可能为70%左右吧"。这些趋势表明，农民子女要通过接受教育进入较高社会阶层，其门槛明显降低，城乡之间的障碍正在弱化，未来将会有更多的农村学生通过上大学进入城市。

调查问卷。自我/群体阶层地位知觉、群体认同和群际边界通透性的测量工具与研究一相同。在本次研究中，群际边界通透性量表的内部一致性系数为0.76，解释68.03%的总变异，每位同学完成同样的问卷调查。学业投入和学业成就测量与研究一的不同之处是，模仿德斯廷和奥伊泽曼在其研究中使用的学业投入和学业成就测量方法，采用本学期计划每天花费在家庭作业和温习功课上的平

[①] 为提高启动效果，正式文本中的大学名称为国内著名大学名称，此处略去。

均时间作为学业投入的测量指标（$M=4.61$，$SD=1.42$）；①学习成绩除了报告上学期期末考试的语文、数学和外语三门成绩之外，还需要报告自己期望的本学期期中考试成绩（$M=13.21$，$SD=1.39$）。期中考试成绩采用百分制，反应项以 5 分为单位分为 15 个等级（1＝30 分以下，15＝96—100 分），学业投入计划和上学期考试成绩的反应项与研究一相同。

4. 实验程序

随机分配一个班的被试阅读一篇群际边界通透性的操控文章（低群际边界通透性 VS 高群际边界通透性）。在指导语中，研究者要求被试参加阅读理解任务并回答相关问题，然后分发实验材料，并大声宣读实验启动材料，在全部被试完成阅读理解之后，研究者分发问卷并要求被试填写问卷。待问卷回收完毕之后，主试解释研究缘由，阐明阅读内容皆为虚构。

（二）结果和讨论

为了检验两篇实验材料在启动高/低群际边界通透性时的有效性，对两组群际边界通透性测量结果进行独立样本 T 检验，结果显示，高群际边界通透组得分（$M=5.18$，$SD=1.50$）显著高于低群边界通透组得分（$M=4.03$，$SD=1.81$），$t(92)=3.35$，$p<0.001$，说明两篇文章分别有效地启动了高/低群际边界通透性。

在控制最近一次考试成绩的情况下，方差分析表明（ANOVA）：高群际边界通透性条件下的被试学业成就期望（$M=13.60$，$SD=1.23$）显著高于低群际边界通透性条件下的被试学业成就期望（$M=12.86$，$SD=1.45$），$F(1,91)=4.16$，$p<0.05$；高群际边界通透性条件下的被试学业投入计划（$M=4.95$，$SD=1.45$）显著高于低群际边界通透性条件下的被试学业投入计划（$M=4.28$，$SD=1.32$），$F(1,91)=4.73$，$p<0.05$。这些研究结果表明，群际边界通透性操控显著影响农村学生的学业成就期望和学业投入计

---

① Destin, M. & Oyserman, D., "From Assets to School Outcomes: How Finances Shape Children's Perceived Possi‐Bilities and Intentions", *Psychological Science*, Vol. 20, 2009, pp. 414-418.

划，相对而言，高群际边界通透性条件要比低群际边界通透条件更能促进农村学生的学业成就期望和学业投入计划（见图4—11和图4—12）。

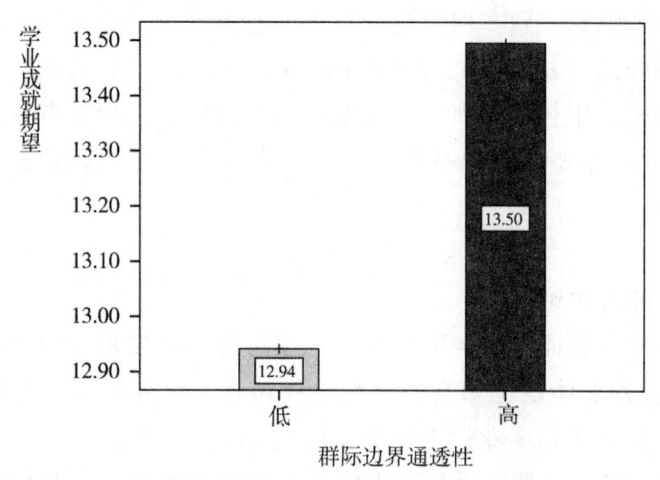

图4—11 不同群际边界通透性条件下农村学生的学业成就期望

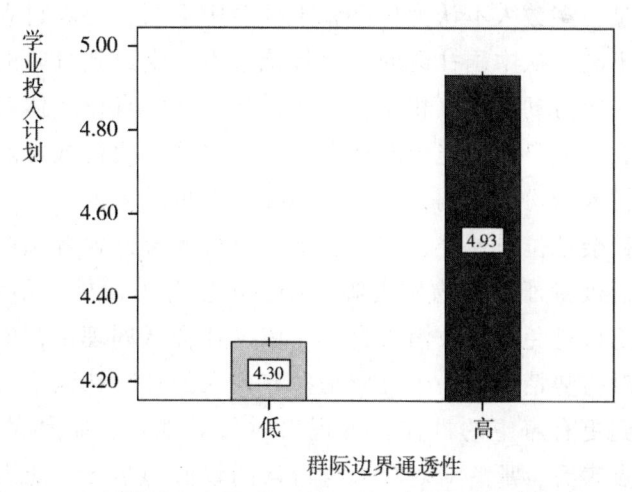

图4—12 不同群际边界通透性条件下农村学生的学业投入计划

为与研究一的结论进行比较，我们在控制性别和农村人认同的条件下，以学业投入计划为因变量，以内/外群体地位知觉、自我地位知觉、群际边界通透性及前三类变量和后一类变量之间的交互作用为自变量做回归。结果显示：自我地位知觉与群际边界通透性的交互作用显著（$B=0.75$，$\beta=0.34$，$p<0.05$），内/外群体地位知觉、自我地位知觉对学业投入计划不存在预测作用，这些研究结论与研究一的结论一致，但发现群际边界通透性对学业投入计划具有正向预测作用（$B=0.61$，$\beta=0.18$，$p<0.05$）。由此来看，并不是我们在研究一中怀疑的那样，是因为测量指标问题导致自我地位知觉和内/外群体地位知觉对学业投入没有预测作用，而是的确没有预测作用。

五　综合讨论

本研究在验证农村学生是否存在城乡阶层地位差异知觉的基础上，从内/外群体地位知觉、自我地位知觉、群际边界通透性出发探讨了阶层意识与学业投入和学业成就之间的关系。

首先，调查表明：半数以上的研究对象对城乡二元身份性社会地位结构有明确的认识，认识到农村人的社会地位低于城市人。但有意思的是，多数人不认为自己属于社会中下层，对农村人身份的认同水平不高。从中国社会的文化传统来看，受过教育者的社会身份有别于一般劳动阶层，相比较而言，学生社会身份所体现的社会地位高于农村人身份所连带的社会地位，这种文化传统可能影响到他们对农村人身份的认同，选择认同社会地位较高的身份，由此抬高自己的社会地位。此外，在社会上，农村人身份含有比城市人身份更多的消极特征并在物质资源、社会声望等方面处于不利地位，群际比较不可避免地导致消极自尊。依据社会认同理论，劣势地位群体成员对劣势情形的一个反应是抛弃现在的社会认同，离开内群体，加入到更有声望的群体，表现出对优势地位外群体的偏爱。[①]从这一观点来看，那些对农村人身份认同较低的学生可能出于维护自尊的需要，通过降低内群体认同，选择较高自我社会身份来抬高

[①] ［英］布朗：《群体过程》，胡鑫、庆小飞译，中国轻工业出版社2007年版，第201—233页。

自己的个体地位以缓解农村人身份给自己带来的负面影响。

其次,本研究发现,农村学生对城乡之间流动通道的开放程度持较为积极的态度。这说明,在当前中国社会,起码在本研究的调查对象中,农村孩子普遍怀有一个"中国梦",这个梦正推动着他们努力学习,以期改变自己当前的不利地位。对此,我们可以从两个角度予以理解:一是文化传统的视角。中国是一个追求文凭的国家,在人们的认识中,教育具有变动不同人群之机会结构的效应,不同社会职业和单位、地域总是含有等级的含义,它们在地位上不被视为平行,而是高低重叠的纵向结构……受过高等教育的人,即使不是优越于官吏,通常在社会地位上也被认为是与之平等的。① 在这个意义上,教育能够给大量底层的人们提供向上流动的机会,而在城乡二元体制短期内无法改变的情况下,接受教育几乎是农家子弟改变农民身份的首要途径。这样的教育价值体系影响着农家子弟的价值、态度和行为,使得他们更愿意将向上流动的机会结构看作是开放的,在学习上投入更多的资源、时间和精力;二是"合法化"机制的视角,正如斯凯思(Scase)对西方社会所揭示的那样,当代资本主义社会既具有"开放性"又具有"封闭性",机会不平等还是存在的,阶层的出现也不可避免,但大众只认识到资本主义社会中的机会开放性,社会开放性和机会平等的意识成为社会中占主导地位的价值观念,社会封闭性被隐藏了起来,从而影响了大众对社会封闭性的认识,使现有的社会封闭方式的合法性得到肯定。这种"合法化"机制不仅体现在社会中,而且表现在学校中。② 博内里(Bonnery)认为,学校通过宣扬跨群体共同生活的话语来传输一种抹杀冲突的调和观点,从而掩盖阶级博弈,分化工薪阶级的各个阶层,或者至少在未来的雇佣劳动者中间传播诸如此类的观念。类似意义上,可能正是这种"合法化"机制有效地制造了人们关于社会"开放性"和"机会平等"的观念,影响学生形成社会

---

① 周荣德:《中国的阶层与流动》,译林出版社2001年版,第257—258页。
② [英]斯凯思:《阶级》,雷玉琼译,吉林人民出版社2005年版,第48—68页。

"封闭性"和"机会不平等"的意识。①

那么,农村学生对自我/群体的社会地位和群际边界通透性的认识是否会影响其学业投入以及学业成就呢?本研究发现,自我地位知觉、群际边界通透性对学业成就具有直接正向预测作用;在高群际边界通透性的情况下,高自我地位知觉能够促进学业成就获得,在低群际边界通透性的情况下,高自我地位知觉会降低学业投入,进而降低学业成就。这些结论在不同程度上验证了社会认同、社会支配等理论的一些基本观点,如研究发现自我地位知觉正向预测学业成就,即低社会阶层学生认为自己的社会地位较低时,将会导致较低的学业成就。这验证了社会支配理论指出的对阶层地位和阶层结构的反应会影响学业成就这一观点。对群际边界通透性与学业投入和学业成就之间关系的研究结论则验证了社会流动信念是机会结构影响个体学校教育行为的机制,这一来自社会认同理论的观点,加深了我们对阶层结构知觉与学业投入和学业成就之间关系的条件和机制的理解。由于群际边界通透性知觉即是个体对阶层结构的反应,因此,此结论与社会支配理论的假设亦是一致的。依据文化抗拒理论,自愿移民少数族群和非自愿移民少数族群对教育的态度和观念的关键差别在于是否相信教育在向上层社会流动的过程中扮演了重要作用,就是说,如果个体相信教育在向上流动中发挥了重要作用,将会促进其学业成就的提高。但是,唐尼(Downey)认为黑人学生的低学业成就并非是由于"美国梦"(通过教育向上流动的)的破灭,而是因为各种社会区隔、歧视导致他们无法很好地发展与学习相关的技能。本研究发现,农村学生认为当前城乡群际边界的通透性较高,而且高群际边界通透性要比低群际边界通透性更能促进农村学生的学业成就期望和学业投入计划。由此来看,大部分农村学生的低学业成就的确并非是由于通过教育向上流动的梦想破灭,这更符合唐尼的解释。

当然,RRA假设也得到了部分证实,并为其提供了一些特别的

---

① [法]卢日金内、库尔—萨利、瓦卡卢利斯:《新阶级斗争》,陆象淦译,社会科学文献出版社2009年版,第173—190页。

解释。依据相对风险规避理论，避免向下流动的动机是影响教育决策的重要因素。本研究发现，群际边界通透性不但直接影响学业投入和学业成就，并且调节自我地位知觉和学业成就之间的关系。这说明对阶层结构畅通性和开放程度的知觉影响着农村学生接受教育的行动，原因可能在于社会封闭性（将社会知觉为开放的，则表现为相反情形）增加了失败的风险（P_f）并降低了地位提升的可能性（SD），在此情形下，避免向下流动的动机影响了他们的学业投入或其他接受教育的行动，从而影响其学业成就。由此来看，避免向下流动的动机影响教育决策，而避免向下流动的动机则可能受到自我地位知觉、群际边界通透性及其交互作用的影响。

不过，虽然实验研究发现群际边界通透性影响学业投入，但无论是调查抑或实验研究均没有发现自我地位知觉和内群体地位知觉对学业投入的直接预测作用，也没有发现学业投入在自我/内外群体地位知觉与学业成绩之间发挥了中介作用，只是在调查研究中发现外群体地位知觉对学业投入具有直接正向预测作用。也就是说，自我地位知觉影响学业成绩，但并没有经过学业投入的中介影响学业成绩。这个结论进一步完善了我们的研究发现，即学习投入不但不存在阶层差异，而且学习投入也不受自我/内群体地位知觉（主观阶层地位知觉）的影响。中国社会具有强调接受教育对社会地位有提升作用的文化传统，强调低层社会个体的苦学入仕。民间故事中流传着出身低微的寒门学子通过苦学进入社会上层的故事，"十年寒窗无人问，一举成名天下知"说的就是这样的道理。官方或者社会也通过科举制度或意识形态宣扬这样的价值观念。这些文化价值观或意识形态通过"合法化"的机制获得人们的认可，从而不但导致学业投入不存在阶层差异，也造成自我/内群体地位知觉不影响学业投入，而进入上流社会的动机导致外群体地位知觉（地位高于内群体）对学业投入具有直接正向预测作用。但是，应该注意到，群际边界通透性对自我地位知觉与学业成就的调节作用部分是通过学业投入实现的，这显示的信息是，尽管自我地位知觉不直接影响学业投入，也不经过学业投入的中介作用影响学业成绩，却在群际边界通透性的调节下，自我地位知觉会影响学业投入，并经由学业投入影响学业成就。由此可见，体现在群际边界通透性上的社会开放程度是影响学业成就的重要因素。

张静在回顾中国文凭教育传统和大量社会现实的基础上，论述了社会身份的结构性失位问题。她指出，如果教育系统的社会身份预期产出与社会结构的实际状况失衡时，即社会结构不能为抱有地位上升预期的高学历者提供现实位置时，就可能出现结构失位。[①] 具体而言，文凭教育产出了大量抱有地位上升预期的高学历者，但他们根据自己的身份预期难以结构进位，文凭教育却还在大幅度扩张，对于这些高学历者来说，接受教育已经改变不了命运，事业通道很难依靠文凭定轨。这种群体性的结构失位现象连年积累，加剧着一类人的共同命运感、受挫感和不公平感，当与他们自视应当的社会地位形成反差时，就会影响他们的价值、态度和行为。本研究发现，受中国传统教育价值观念的影响，研究对象对社会开放程度持有较为积极的态度，学业投入也较高。从"结构失位"的观点来看，如果他们得不到预期的收益时，将会积累群体性不满，从而导致一系列社会问题，败坏教育作为结构分流之社会稳定器的自然职能。因此，如何在制度设计上增强社会开放程度，让农村学生、下层社会子弟看到通过教育是获取向上流动机会的一条途径，提高他们的教育收益、降低他们的教育成本和失败的风险，应该成为政策设计的一个基本思路。

---

① 张静：《社会身份的结构性失位问题》，《社会学研究》2010 年第 6 期。

第五章

总结与讨论

一　主要研究结论

本书以丰富的调查和实验数据，辅之以实地和观察资料，通过对教育分流和学业成就阶层差异问题的探究，逐次考察了高中教育机会分配的结构特征、决定因素和学业成就的阶层差异特点及其影响机制，所得研究结果在一定程度上揭示了高中教育机会分配的结构差异和教育机会不平等的维持机制，具体研究结论如下：

第一，初三毕业教育分流过程中存在着性别、阶层、城乡结构再生产和社会地位代际间的传递现象；非农化和职业流动没有增强农民子弟获取普通高中教育机会的能力；父亲教育程度在影响高中教育机会获得的诸因素中最为重要，且与户籍制度黏附在一起，助长了城乡、阶层之间的高中教育机会获得差异。

从性别差异来看，本研究发现，无论是非重点或重点高中教育机会，女孩子都不具有优势，特别在重点高中教育机会获得上，女孩处于明显劣势地位。从城乡和阶层差异来看，虽然随着普通高中教育机会供给量的增长，普通高中教育机会的城乡、阶层差异趋于淡化，甚至非重点高中教育有利于农村以及在经济、文化资源等方面处于弱势地位的孩子，但城市孩子、优势地位孩子在重点高中教育机会获得上的优势地位依然明显。这就是说，基础教育领域的性别、阶层和城乡差异依然不同程度地存在，性别差异甚至比阶层、城乡之间的差异更为明显。西方国家近来的一些研究发现，性别、阶层之间的教育机会差异正在缩小，如布林（Breen）等人分析了7个欧洲国家于20世纪中前期在阶层和性别方面的教育不平等的发展趋势,结果表明,性别之间的教育机会获得差异呈现明显下降趋势,教育机会获得的阶层差异也表现出类似情形。[1] 不过,一些学者发现了与此不同的研究结果,如阿彻(Archer)就发现,性别教育机会不平等在缩小,相比之下,阶层之间的差距则基本维持原状。[2] 从这些研究结果来看,关于教育机会不平等的研究结论和理论解释可能因不同国家的社会结构、社会制度和文化传统而出现差异。在中国社会,城乡二元结构是一种阶层的结构和制度体系,但与一般意义上的阶层结构有所不同,因此,教育机会的城乡不平等的运作机制也许与阶层不平等有所不同。此外,对性别之间的教育机会不平等,中国社会也有其特殊性——性别不平等与城乡不平等存在交叉作用。这些特殊性可能导致进一步丰富或修正已有的理论解释。总体看来,本研究结果在中等教育阶段进一步验证和支持了MMI假设和EMI假设,相较而言,EMI假设对于本研究发现更具有解释力。

值得注意的是,非农化和职业流动没有增强农民子弟追求普通高中教育机会的能力。具体来说,就是非农化程度较高的农民阶层子女并没有获得比非农化程度较低的农民阶层子女更多的高中教育机会,甚至具有反向作用。究其原因,一方面,改革开放以来,外出务工不具有突破社会阶层界限的直接意义,在非农化过程中真正实现职业和身份地位转化的往往是那些拥有较多社会资源和文化资源的农民精英阶层(刘精明在其研究中发现,农民家庭文化资本和社会资本越强的农民,职业转换率越高,更容易外出流动,更容易走出农村[3]),这些优势对大多数农民而言,显然都是不可及的;另一方面,相比较而言,外出务工获致的经济收入未必会高于农业生产收入,非农化程度较高的农民在教育上的经济投入能力并没有高

---

[1] Breen, R., Luijkx, R., Müller, W. & Pollak, R., "Long-term Trends in Educational Inequality in Europe: Class Inequalities and Gender Differences", *European Sociological Review*, Vol. 26, 2010, pp. 31-48.

[2] Archer, L., *Higher Education and Social Class: Issue of Exclusion and Inclusion*, London: Routledge, 2003, pp. 21.

[3] 郑杭生、李路路:《当代中国城市社会结构:现状和趋势》,中国人民大学出版社2004年版,第280—307页。

出依靠农业生产收入的农民多少,即便在经济投入上较高,也由于在时间、精力和情感投入上的缺失(突出地表现为留守儿童问题),反向影响子女的学业成就,进而影响其教育机会获得。

此外,诸种因素影响高中教育机会获得的效力和方式是不同的,其中,父亲教育程度对高中教育机会获得的影响最为重要,农民阶层内部依然如此。我们该如何理解父亲教育程度的特殊作用呢?海斯(Hays)在详细阐述结构和行动之间关联性的基础上指出,由于文化具有很强的黏附性,社会学的社会结构概念应该包含文化。① 陆学艺亦将文化资源作为划分当代中国社会阶层结构的最主要的三种资源之一。② 从这一点上讲,父亲教育程度体现了对教育机会获得的两类影响作用,一是体现结构的作用,就是父亲教育程度作为一种客观结构的决定力量对教育机会获得的影响;二是体现了文化的作用,就是由父亲教育程度所体现的主观态度、价值观念和文化资本等具有文化特质的因素造就的教育机会获得差异。我们应该将这两种作用看作是统一的,这是因为,以父亲教育程度为基础的社会结构上的优势除了直接导致教育机会的阶层差异之外,这种社会结构上的优势亦能造成文化分层或者引发文化支配,进而影响教育机会获得。本研究发现,父亲教育程度除直接影响学业成就之外,还通过父母教育期望、父母教育支持、学校教育关注和同伴关系的中介作用影响学业成就,即证实了这两种作用机制。与此同时,父亲教育程度对不同阶层教育机会的决定作用不仅表明"文化再生产模式"是家庭背景影响教育机会获得的主要影响模式,也证实了在教育机会获得上存在"精英文化的代际传承"现象。

如同文化具有很强的黏附性一样,户籍也被研究者看作是具有很强的黏附性,且为社会差别的生成机制。③ 在本研究的讨论中,我们认为户籍制度和父亲教育程度黏附在一起,在一定程度上助长

---

① Hays, S., "Structure and Agency and Sticky Problem of Culture", *Sociological Theory*, Vol. 12, 1994, pp. 57–72.
② 陆学艺:《当代中国社会流动》,社会科学文献出版社2004年版,第1—8页。
③ 陆益龙:《户籍制度——控制与社会差别》,商务印书馆2003年版,第263—300页。

了城乡之间的文化分层,直接或间接地影响到城乡之间的教育机会不平等,造成了城乡二元结构的巩固和强化。此外,由于县域内职业地位同质性相对较高,且随着市场转型的深入、农民经济条件的提高以及"两免一补"和"税费改革"等政策的实施等原因导致父亲职业、家庭收入等家庭背景变量对各类高中教育机会获得没有影响。

第二,不同背景学生一致趋向于选择普通高中,接受职业教育是不同背景学生共同退而求其次的选择;家庭教育资本投入的性别差异不明显,但城乡和阶层之间的差异依然较大,差异主要体现在资源和能力方面,而非价值观念方面;教育价值观不存在城乡和阶层差异;弱势地位学生的学习投入高于优势地位学生。

本研究发现:不同背景学生一致趋向于选择普通高中,特别是那些父亲教育程度较高和职业地位较优越的学生,接受职业教育成为不同背景学生共同退而求其次的选择。值得重视的是,即便是选择职业教育,国家提供的学校职业教育并未受到人们的认可,许多学生还是选择"学手艺"这种传统的非学校职业教育,作为获取将来谋生手段的方式。

虽然三类家庭教育资源投入的性别差异不明显,但城乡、阶层之间的差距依然较大。具体情况是,首先,经济资本表现为父亲教育程度、家庭月收入越高、家庭职业地位越优越和兄弟姊妹人数越少的学生拥有的经济资本越高,城市户籍学生的经济资本高于农村户籍学生。值得注意的是:父亲职业为"普通农民"的学生的经济资本最低,居住在县城和乡镇的学生的经济资本显著高于居住在农村的学生,这些研究结果表明,"非农化"和"城镇化"有助于提高农民在教育上的经济投入能力。其次,总体上,城市户籍学生、阶层地位越优越的学生获得更多的文化资本,但两类文化资本表现出不同的阶层、城乡差异情形。具体化文化资本不存在城乡和阶层差异,客观化文化资本的情况与经济资本类似,表现为父亲教育程度、家庭月收入越高、父亲职业地位越优越的学生的客观化文化资本越多,城市户籍学生的客观化文化资本高于农村户籍学生。两类文化资本的性别和户籍交互作用显著,表现为城市家庭对女孩的具体化文化资本投入高于男孩，农村家庭对男孩的客观化文化资本投入高于女孩，这些研究结论证实了经济资本和客观化文化资本之间的关联性，也体现出城乡家庭在性别上的两种不同的文化资本投入观念。此外，城市户籍、父亲职业地位越优越、父亲教育程度和家庭月收入越高的学生的父母教育参与程度越高；父亲教育程度越高的学生的父母学校教育关注程度越高；城市户籍、父母教育程度越高的学生的父母教育支持程度越高；但父母教育期望不存在阶层和城乡差异。总之，家庭教育资源投入的研究结果反映出以下几个特点：（1）性别之间的家庭教育资源投入差异不明显，城乡、阶层之间的差距依然较大；（2）"非农化"和"城镇化"发展有助于提高农民在教育上的经济投入能力；（3）经济条件未必会降低人们的教育期望、学校教育关注和对子女教育的支持，却会影响人们参与子女学习活动、支持子女教育和提供教育机会的能力；（4）三类家庭资本投入的阶层差异更多反映在资源（经济资本、客观化文化资本）和能力（父母教育参与、父母教育支持等）方面，而非价值观念（父母教育期望）和文化修养方面（具体化文化资本）。

对于教育价值观和学习投入。本研究发现，除女生的教育效用得分显著高于男生外，其余教育价值观各维度均不存在性别、阶层和城乡差异，普遍认为教育对自身发展具有重要作用，接受教育能够带来利益和荣誉，教育资源投入与教育价值观研究的结果反映出重视教育是中国社会各阶层的共有信念，阶层间的教育资源投入差异更多体现在资源和能力层面，而非价值观念层面。关于学习投入，本研究得出的结果是，学习投入没有像家庭教育资源投入那样，呈现出阶层地位越优越，学习投入更高的情形，而是表现为农村户籍学生的学习投入高于城市户籍学生，家庭经济收入越低的学生的学习投入越高，依赖"农业生产收入"和父亲职业为"普通农民"的学生在学习上的投入最高。由家庭教育资源投入与教育价值观的相关分析来看，资源越丰富，参与教育活动的行为能力也越强，资源与倾向、价值观念却未必会有必然的联系。不过，倾向和价值观念一定与行为能力是同方向的，这就是说，那些拥有较多教育资源的家庭或个体具有较强获取教育机会的行为能力，教育价值观念不受家庭教育资源多寡的影响，但教育价值评价越高，获取教育机会的行为倾向较强。

综合家庭教育资本投入、教育价值观和学习投入的研究发现，我们得出的结论是，弱势阶层家庭的教育资源投入能力有限，劣势地位学生没有获得高中教育入学机会，不是学习不努力，也不是他们不重视学校教育，更不是他们的自愿选择。因此，本研究中的弱势阶层学生没有形成教育抵制理论家所描述的"抵制文化"，当然也就无从谈起"抵制文化"是导致教育机会不平等或者学业成就差异的原因，并由此再生产底层社会结构了，却有些类似于阿马蒂亚·森（Amartya Sen）对贫困原因的解释。阿马蒂亚·森在《贫困与饥荒》一书中认为，因为社会不同群体中的许多人由于能力和机会的缺乏，以致他们在获得实际机会中不包括获得足够粮食的途径，于是饥饿便产生了，他们也就陷入了贫困的境地。一个人创造收入的能力与机会的失去或被剥夺，是其处于弱势地位的根本原因。[①] 因此，弱势群体的形成并不是由于他们自身不努力，而是因为社会没有提供一个公平的舞台。此外，在《以自由看待发展》一书中，他提出了能力贫困（capability poverty）的概念，指出要用一个人所具有的能力，即一个人所拥有的、享受自己有理由珍视的那种生活的实质自由，来判断个人的处境。[②] 根据他的理论，贫困不仅仅是收入低下，更是能力遭到剥夺，影响能力剥夺的因素包括收入水平、公共政策、社会制度安排、经济不平等（区别于收入不平等，还包括了失业、缺乏医疗教育条件等内容）和民主程度等。受此理论的启发，从我们的研究结果来看，导致教育机会平等的原因，可能不仅仅是因为弱势地位群体成员缺乏资源和机会，还可能缺乏将资源转化为机会的能力，即人的发展能力的低下，从而妨碍了受教育权利的行使。

第三，社会结构、个体行动及观念等因素各自在教育机会获得

---

① [印度]阿马蒂亚·森：《贫困与饥荒——论权利与剥夺》，王宇、王文玉译，商务印书馆2001年版，第188—202页。

② [印度]阿马蒂亚·森：《以自由看待发展》，任赜、于真译，中国人民大学出版社2002年版，第85页。

过程中具有不同的决定作用，结构因素对高中教育机会获得的决定作用非常明显，行动、资源和价值观念因素对教育机会的决定作用弱于结构性因素，反而助长了结构性因素对教育机会的决定作用；结构性因素在重点高中机会中的作用大于其在普通高中教育机会中的作用，行动、资源、价值观念因素的作用则呈现相反趋势。

从研究结果来看，结构性因素对高中教育机会获得的作用非常明显，但由于不同结构因素受制度、政策和社会转型或变迁的影响程度不同，各自对教育机会发挥的作用也有所不同。在各类结构因素中，父亲教育程度对个体教育机会获得具有非常显著的影响，城乡教育机会获得差异多由父亲教育程度差异所致。父亲教育程度不仅体现为刚性的客观结构分层，同时亦体现为阶层间柔性的主观态度、价值观念和文化资本的差别。正是由于父亲教育程度具有这种双重特性，使其最不容易受到制度和政策的影响，而且使行动者的行动能力不但受其刚性结构的限制，并且在其柔性力量的影响下，发挥了强化其刚性结构分层能力的作用。相比之下，经济条件和职业地位较易于受政策和社会转型等外界因素的影响。如研究发现，父亲职业、经济条件已不再是影响高中教育机会获得的重要因素。这些研究结果折射出，在市场转型过程中，农民在教育上的经济投入能力增加，职业流动性提高，国家"两免一补"政策的实施，十多年的基础教育扩张等政策和制度安排，都在一定程度上降低了基础教育阶段的受教育机会与职业地位和经济条件的关联性。

面对结构因素的决定力量，一些行动和价值观念因素也能够对高中教育机会产生独立于结构因素的影响。例如，学习投入和教育价值观均在教育机会获得过程中发挥着作用，只是决定作用弱于结构性因素。不过，研究没有发现家庭教育投入对教育机会具有预测作用（除父母教育期望对普通高中教育机会具有预测作用外），这就是说，决定高中教育机会获得的行为和观念变量恰恰是那些弱势阶层学生较为占优的因素。此外，行动者的行动或者价值观念因素没有起到削弱结构性因素之决定力量的作用，而是呈现相反趋势，即拥有优势结构条件的个体，拥有较强的行动能力和积极的教育价值观念，从而使其在发挥较强行动能力的同时，结构性优势也得以最大发挥，即吉登斯所言的主体与结构的二重性过程。有意思的是，本研究发现结构、行动和价值观因素在不同教育机会中的决定作用是此消彼长的。具体情况是，结构性因素在重点高中教育机会中的作用要大于其在普通高中教育机会中的作用，而行动、价值观念因素的作用则随之变小，对非重点高中教育机会的决定作用呈现相反趋势。

总之，高中教育机会主要由结构性因素决定，行动者的行动和价值观在结构因素决定的教育机会结构中只有非常有限的独立于结构性因素的决定能力。具体而言，这里的结构性因素主要是指父亲的教育程度，其对教育机会的影响作用最大，特别是对重点高中教育机会的决定作用，此结论证实了"精英文化的代际传承"理论和"EMI假设"对于中国情况具有的解释力，也表明文化分层是转型期县域内社会分层的重要机制。行动者的行动和价值观念主要是指学习投入、教育期望和教育价值观，这些因素对教育机会只有非常有限的决定能力。诸如经济资本和父母教育参与等其他行动因素受结构性限制更强，使得行动者的行动和价值观念在结构性因素的影响下进一步强化了教育机会不平等和阶层再生产。

第四，农民子女就读于农村初中有助于他们获得普通高中教育机会和非重点高中教育机会，但对是否获取重点高中机会没有影响；学校社会资本中存在性别、城乡和阶层差异的维度均表现为劣势地位学生得分高于优势地位学生；但相比之下，学校社会资本对高中教育机会获得的影响较小，没有减弱教育机会不平等，却削弱了行动和教育价值观对教育机会获得的影响。

《科尔曼报告》的研究结果显示，学校资源、设备对学业成就和教育机会的影响微乎其微。本研究发现，学校类型（城乡）对是否获取重点高中机会没有影响，只是发现农民子女就读于农村初中有助于他们获得普通高中教育机会（不分重点与非重点）和非重点高中教育机会。此研究结论似乎印证了科尔曼的研究结论，学校方面的差异并非是造成城乡和阶层之间高中教育机会获得差异的主要原因。但是，我们必须对此结论保持足够的谨慎，这是因为，由于研究设计的原因，本研究只是简单地涉及学校类型这样一个较为宏观综合的变量,并没有详细地涉及不同类型学校之间其他方面的具体差异,如师资队伍、经济投入和教学设备等,或许是就读于农村初中的学生在其他方面的特质有助于弥补城乡学校在资源等方面的差异,从而使得学校类型对教育机会的影响较弱。在诸多细节都不甚明了的情况下,我们只能在较为宏观的层面上得出学校类型对教育机会的影响较小,不能在较为微观的层面上推及不同学校类型之间的学校资源、师资等方面的差异对教育机会获得的影响较小。一些研究发现,城乡、重点和非重点学校之间的经济投入、物质资源、设备和师资等方面的差异依然是影响教育机会的重要因素,今后仍需相关研究予以探讨。① 当然,本研究结论仍很有启发意义。首先,不应将解决城乡教育差异的关注点仅仅放在经费、办学条件和师资力量的改善上,特别是在当前某些农村学校办学条件得以改善的条件下,而应思考在政策和制度的设计上如何向弱势群体倾斜,帮助他们克服生活起点上的不利状况,以提高他们获取教育机会的能力;其次,既然农村孩子就读于农村初中有助于他们获得普通高中教育机会和非重点高中教育机会,那么,在当前的农村学校布局调整过程中,将初中集中于县城的做法或许对农村孩子是不利的,在农村初中配置优质的教育资源,提高非重点高中的教育质量,缩小重点和非重点高中的校际差异,或更能够提高农村孩子的受教育机会。

总体来看,学校社会资本存在差异的维度均表现为女生、农村户籍和弱势地位群体分别显著高于男生、城市户籍和优势地位群体。在未控制结构等其他变量的情况下,同伴关系、师生关系对高中教育机会具有正向预测作用,亲师关系具有负向预测作用,在引入其他变量之后,同伴关系和师生关系对高中教育机会的影响消失,亲师关系对高中教育机会获得依然呈现负向影响,而且,学校社会资本提高了结构性变量对高中教育机会的影响作用,降低了行动和观念变量对高中教育机会的影响力。因此,学校社会资本对高

---

① 石绍宾:《城乡基础教育均等化供给研究》,经济科学出版社2008年版,第119—144页。

中教育机会的影响不仅弱于而且还受制于结构性因素。

第五，除家庭经济月收入外，不同性别、父亲教育程度、父亲职业、家庭收入来源和就读于不同学校类型的学生在学业成绩和学业成绩分数段上均存在显著差异；农村户籍学生的平均学业成绩略高于城市户籍学生（差异不显著），但分数段处于"重点以上"的比例显著低于城市户籍学生。

大体上看，本研究有关学业成就阶层结构分布的研究结论再次证实了教育系统中的性别教育成就差异和阶层再生产现象的存在，即男生的学业成绩、分数段处于"普通~重点"和"重点以上"的比例高于女生；父亲教育程度越高者，其学业成就越高，且分数处于"重点以上"的比例也越高；"科技、管理和办事人员"的子女的学业成绩显著高于"个体、私营和商业人员"的子女，且分数处于"普通以下"的比例最小，而处于"重点以上"的比例最高；家庭收入来源为"农业生产"的学生，其学业成绩显著高于家庭收入来源为"父母打工、摆摊和打零工"和"父母经营店铺或企业"的学生，家庭主要收入来源为"父母亲工资"的学生分数处于"重点以上"的比例最高，而收入来源为"农业生产收入"的学生分数处于"普通以下"的比例最低，处于"普通~重点"的比例最高，家庭主要收入来源为"父母打工、摆摊和打零工"和"父母经营店铺或企业"的学生分数处于"普通以下"的比例均高于其他两类学生，处于"重点以上"的比例呈现相反情形；无论学业成绩或是学业成绩分段，均不存在家庭月收入的显著差异。

值得注意的是，本研究发现，农村户籍学生的平均学业成绩略高于城市户籍学生（差异不显著），分数处于"普通~重点"的比例高于城市户口学生，处于"普通以下"的比例低于城市户口学生，但分数处于"重点以上"的比例也低于城市户口学生；就读于农村初中的农村户口学生的学业成绩显著高于就读于城市初中的农村户籍学生，分数段差异表现为后者的"普通以下"的比例显著高于前者，"普通~重点"的比例表现为前者高于后者，但就读于城市初中的农村户籍学生的分数在"重点以上"的比例显著低于就读于城市初中的城市户籍学生。

第六,学习投入和教育价值观均较少受到结构性因素的影响,更多受到家庭和学校环境因素的影响;教育价值观对学业成就具有相当大的影响,不仅直接正向影响学业成就,而且经由学校社会资本和学习投入间接影响学业成就;家庭教育投入对学业成就影响较小,一些家庭教育投入类别对学业成就不存在影响,一些类别对学业成就的影响受到学校社会资本和学习投入的完全中介作用。

从学习投入的影响因素来看,主要是具体化文化资本、教育效应、个体发展、同伴关系和师生关系等因素,虽收入来源对学业投入具有显著影响,但解释力小于家庭教育投入、教育价值观和学校社会资本因素。与影响学习投入的因素类似,影响教育价值观的因素主要涉及具体化文化资本、同伴关系等家庭教育投入和学校社会资本因素,户籍和社会经济地位等结构性变量对教育价值观并不具有显著的解释和预测作用。以上结果说明,学生的学习投入和教育价值观并非是社会结构决定的,更多是受到家庭和学校的社会文化环境的影响。

经济资本与学业成就存在显著负相关,对学业成就具有直接负向预测作用,但经由家庭社会资本(父母教育期望、父母教育支持和父母学校教育关注)、学校社会资本(同伴关系和师生关系)和学习投入的中介作用,有助于提高学业成就。另外,研究发现,客观化文化资本在经济资本对学业成绩的预测中起到了调节作用,即在客观化文化资本较低的学生中,经济资本对学业成绩具有显著负向预测作用,在客观化文化资本较高的情况下,经济资本较高并不损害学业成绩。这说明经济资本是否有助于学业成绩,关键在于能否与其他社会资本、文化资本以及个体观念与行动变量形成最佳"结合",达到经济资本的恰当应用,否则,对学业成就或者教育机会的独立作用便很有限。由此来看,经济资本能否起到促进学业成就的作用,与家庭有效运用经济资源的能力有关。

具体化文化资本、客观化文化资本与学业成就之间不存在相关性,但是,回归分析表明,在控制结构性变量的情况下,具体化文化资本对学业成绩具有正向预测作用,客观化文化资本具有负向预测作用,在控制其他类型变量的情况下,客观化文化的预测作用依然显著。这些结论说明，研究对象处于具有重视教育的传统文化氛围中，以及地域内家庭具体化和客观化文化资本的同质性可能会影响到两类文化资本与学业成就的相关性，但在控制了那些反映或影响传统文化氛围的结构性或价值观念因素后，具体化文化资本、客观化文化资本会对学业成就产生影响，这反映出家庭、学校社会文化氛围和价值观念对具体化文化资本和客观化文化资本的制约性。客观化文化资本对学业成就的负向预测作用一方面反映出经济资源转化为客观化文化资本时低效现象；另一方面说明，同经济资本类似，客观化文化资本对学业成就的有效促进亦和父母的资源运用能力和其他类型资源的有效运用是相关的。

在不同家庭社会资本维度中，仅父母教育参与与学业成就之间的相关不显著，不过，在控制结构性变量的条件下，其对学业成就具有负向预测作用，在纳入其他变量之后，预测作用消失；父母教育支持对子女学业成就不存在显著预测作用；父母教育期望在控制结构变量和家庭其他类型资本的情况下，对学业成绩具有显著的正向预测作用，但在纳入学校社会资本的条件下，失去了预测作用；只有学校教育关注在控制其他类型变量的条件下，依然对学业成绩具有正向预测作用。那些与学业成绩相关的家庭教育投入因素和教育价值观对学业成就的作用机制也各不相同。直接效应检验表明，家庭教育投入（仅指与学业成就相关的经济资本、父母教育期望、父母教育支持和学校教育关注）对学业成就具有负向作用，但学习投入和学校社会资本在教育投入和学业成绩之间起到完全中介作用，使教育投入对学业成就的负向效应变为正向效应。不过，教育投入对学业成绩的直接作用或是通过影响学习投入来提高学业成就的影响路径均不明显，只是通过影响学校社会资本来促进学习投入，进而提高学业成就。以上结果说明，家庭教育投入对学业成就的直接影响作用有限，主要担当中介作用（如父亲教育程度经过家庭教育投入影响学业成绩），或是通过其他变量的中介作用间接影响学业成就，在与学校社会资本（同伴关系和师生关系）形成良性互动的情况下，增加学习投入，进而提高学生的学业成就。

教育价值观（此处仅指教育效用和个人发展）不仅直接影响学

业成绩，而且还影响学习投入和学校社会资本，并以他们为中介进一步间接影响学习成绩，但直接作用是教育价值观影响学业成绩的主要路径。由此来看，价值观是影响学习的深层因素。此外，学校类型对学业成绩的预测作用不显著，学校信任、学校规范和亲师关系与学业成绩之间的相关不显著，对学业成绩的预测作用也不显著，同伴关系和师生关系对学业成绩的直接影响不显著，需要通过学习投入间接影响学业成绩。这些有关学校因素的研究结论表明，学校因素对学业成就的直接影响微乎其微，主要是一些学校社会文化环境因素（如同伴关系、师生关系等）在结构性因素和学业成就之间起到了中介作用。

第七，户籍通过黏附在其他变量上的方式影响学业成就；父亲职业对学业成就不具有独立预测作用；经济条件较差会影响学业成就，但优越的经济条件未必会促进学业成就；父亲教育程度是影响学业成就的主要阶层结构变量，直接作用是父亲教育程度影响学业成就的主要方式，且通过父母教育期望、父母教育支持、学校教育关注和同伴关系的中介作用间接影响学业成就。

从研究结果和分析讨论得出的结论来看，不同户籍学生间的学业成就差异，更多是那些和户籍黏附在一起的其他变量所致，户籍不存在独立于家庭教育投入和学校社会资本两类变量对学业成就的直接预测作用，此研究结论说明户籍制度黏附性不仅体现在差异分配原则上，也可能表现在人们的观念和行为上，以一种较为隐蔽间接的方式对学生的学业成就产生影响。与以往的经典研究结果不一致的是，我们没有发现父亲职业对学业成就具有独立的显著预测作用，这可能与县域内的职业分化不够有关。同时，按照家庭经济收入水平和来源的研究结果，我们也没有得出经济收入越高的家庭的子女的学业成就一定高的研究结论，这与本研究发现经济资本和客观化文化资本对学业成就具有负向预测作用的研究结果是一致的，说明家庭经济条件较差会影响弱势地位学生的学业成就，但家庭经济条件的改善未必会促进子女的学业成就，而是与家庭是否将经济收入有效运用于子女学业有关。

本研究发现，在不同客观结构变量中，父亲教育程度是影响学业成就、导致教育机会差异最为主要的客观阶层结构变量，客观文化分层是教育阶层化的重要机制。鉴于此，我们探究了父亲教育程度影响学业成就阶层差异的路径模式，结论是，直接作用是父亲教育程度影响学业成就的主要方式，与此同时，还通过父母教育期望、父母教育支持、学校教育关注和同伴关系的中介作用间接影响学业成就，此结论体现了父亲教育程度作为一种客观的结构决定力量对学业成就的影响，也反映出由父亲教育程度所体现的主观态度、价值观念等具有文化资本特质的因素造就的学业成就差异。总之，父亲文化程度体现的阶层间文化差异，即是刚性的文化结构分层，也是柔性的态度、价值观念差别，从而对子女教育产生了全面的影响，造成了阶层间的学业成就差异。

第八，半数以上接受调查的农村初中生对城乡二元社会地位体系或结构具有明确的认识，大部分学生认为自己属于社会中层及以上，约 1/4 的受调查者不认同自己的农村人身份；总体上，受调查农村学生对城乡之间流动通道的开放程度持较为积极的态度；自我地位知觉、群际边界通透性对学业成就具有直接正向预测作用；高群际边界通透性的情况下，高自我地位知觉促进学业成就获得，低群际边界通透性情况下，高自我地位知觉会降低学习投入，进而降低学业成就。

研究表明，半数学生对城乡之间的二元身份性社会地位体系或结构有明确的认识，认识到自己所属的农村人群体的社会地位低于城市人群体；大多数学生认为自己属于社会的中层和中上层，对农村人身份的认同水平并不高；此外，农村学生认为当前城乡群际边界通透性较高，对城乡之间流动通道的开放程度持较为积极的态度。

社会地位知觉、社会结构开放性知觉会对学习投入、学业成就和学业成就预期产生影响。具体研究结论是：自我地位知觉、群际边界通透性对学业成就具有直接正向预测作用；高群际边界通透性条件要比低群际边界通透性更能促进农村学生的学业成就期望和学习投入计划；在高群际边界通透性的情况下，高自我地位知觉能够促进高学业成就的获得，在低群际边界通透性的情况下，高自我地位知觉会降低学习投入，进而降低学业成就。这些研究结论说明，如果个体对自己社会地位知觉较低，认为社会结构较为封闭，那么将会影响他获得较高的学业成就；如果个体认为社会结构开放程度较高，且自我社会地位知觉较高时，将会促进学业成就的获得。值得注意的是，当个体认为社会结构较为封闭时，但自我地位知觉较高时，将会降低其学习投入，进而降低学业成就，这反映出社会结构固化时，优势阶层个体的自我优越感会降低学习投入。但是，我们并没有发现自我社会地位知觉对学习投入的直接正向预测作用，也没有发现学习投入在自我/内外群体地位知觉与学业成绩之间发挥了中介作用，此研究结论反映了中国社会强调教育对社会地位的分流作用，低层个体苦学入仕的文化传统，以及官方或者社会通过科举这种制度或意识形态对此类价值观念的宣扬，经由"合法化"机制获得人们的认可，从而不但导致学习投入不存在阶层差异，也造成自我地位知觉等阶层意识不影响学习投入。不过，我们的研究并没有完全明确社会地位知觉、群际边界通透性影响学业成就的中间过程，仍需进一步探究。

二 县域内高中教育机会分配中的阶层化机制

扼要重述一下，为了分析的便利，本研究中的社会选择机制是指宏观层面的社会结构、制度安排等方面的因素直接对教育机会配置结构的影响；个体选择机制是指以家庭或个体为中心，既包括社会结构、制度或环境因素通过对个体选择的影响造成的教育机会获得差别，也包括个体或家庭对教育机会的主动追求。结合本研究的研究发现，我们总结了县域内高中教育机会分配的社会选择和个体选择机制。

（一）高中教育机会分配中的社会选择机制

县域内的高中教育机会分配机制有着独特的社会结构和制度背景，其中，最为主要的就是现存的城乡二元社会经济结构。在我国，城乡结构不只体现为城乡之间的人口分布、产业格局和地理位置关系，更体现为一种二元身份性的社会地位体系或结构。在城乡社会地位不平等的体制下，城乡之间呈现出明显的权利不平等、社会流动的停滞、资源配置的不合理、发展不平衡的等级关系特性。构建这种城乡二元体制的核心是户籍制度，城市户口的人和农业户口的人享有不同的权利和待遇，有着不同的社会地位。城乡二元社会地位体系或户籍制度对教育机会的影响受到学术界的普遍关注，已有的一些研究从城乡之间基础教育资源分配的不公平问题出发，说明由此造成的城乡之间初等教育和中等教育质量不平衡。从本研究结果看，在当前情形下，起码在本研究中，这些结论是不完全适合的。我们发现，学校类型对农村学生的教育机会获得和学业成就的影响并不显著（如我们发现，即便农村孩子就读于城市初中，也并不会获得比就读于农村初中的农村孩子更多的教育机会和更高的学业成就）。那么，这是否意味着城乡二元结构或者户籍制度并没有对学生的教育机会或学业成就造成影响呢？答案是否定的。城乡二元结构体系或者户籍制度主要是和其他因素黏附在一起影响教育机会和学业成就，其中最为重要的结构性因素是父亲教育程度。

本研究发现，父亲教育程度是影响教育机会获得和学业成就最为重要的结构性因素，直接作用是主要的影响方式，经济收入、父母职业和收入来源对教育机会没有影响或是影响较小，这反映出市场转型过程中农民在教育上的经济投入能力增加，职业流动性提高，国家"两免一补"、基础教育扩张等政策和制度安排，在一定程度上降低了户籍制度在基础教育阶段与职业地位和经济条件的关联性，但对城乡之间文化差异的消除却极为有限，文化分层是城乡分层的一个至关重要的因素，正是以父亲教育程度为表现形式的文化分层造成了城乡之间的教育机会差异。按照赖特对阶级形成的相关理论，城乡之间的文化分层本身就是由在户籍制度基础上构建的相关制度造成的结果，如考试选拔、身份等政策制度和社会结构分割导致的结果。因此，造成城乡教育机会差异的主要社会选择机制是城乡二元社会经济结构和城乡之间的文化结构分层黏附在一起所导致的结果，造成阶层间教育机会差异的主要社会选择机制是结构性文化分层直接导致的阶层间教育机会差异，农民阶层内部亦如此，即存在"精英文化的代际传承"现象。

当然，另外一些社会结构因素也会直接改变机会配置结构进而对教育机会产生一定影响。如研究发现，收入来源对高中教育机会的影响，经济收入对学业成就的影响等，但这些因素多易于受到个体行动、价值观念以及政策和社会转型等外界因素的影响，直接改变机会配置结构的作用相对较小。另外，由于研究设计的原因，本研究对具体的制度、政策涉及较少，但据已有研究和我们的实地调查来看，一些具体政策可能造成教育机会差异。如，经我们调查发现，Q 市在普通高中录取过程中实行降分录取政策，具体措施是，在原录取分数线的基础上降低 10 分，划定缴费录取分数线，处于此分数线之内的学生可以按照自己的分数缴纳一定数额的费用获取普通高中入学资格，这给那些家庭经济状况不好的学生带来了负担。按照 Q 市教育局网站公布的 2010 年普通高中招生计划，Y 县扩招（即缴费入学）学生人数约占总计划的 17%。教育资源作为一种公共资源，却用来谋取财政收入，显然，这对那些经济条件处于劣势的学生而言是不公平的。

（二）高中教育机会分配中的个体选择机制

由研究结论来看，不是弱势阶层学生学习不努力，也并不是他们没有意识到教育的重要价值，主要是因为社会结构、制度安排通过社会选择的方式直接影响教育机会或学业成就。不仅如此，社会结构、制度因素还通过影响个体选择进而影响教育机会获得。按照研究所得结论，县域内高中教育机会分配的个体选择机制主要体现在以下几方面：

（1）行动者对社会结构开放性和自我地位的知觉会对他们的学习投入和学业成就造成影响。也就是说，个体在心理层面建立起来的社会结构开放性或封闭性的认知，将影响到他们的学业水平，这在一定程度上说明户籍制度所导致的城乡之间的结构壁垒会在人们的心理层面上制造出对应物，社会流动的机会结构会影响底层个体追求教育成就的意识，进而影响弱势阶层有关教育机会和学业成就的行动选择。

（2）客观分层结构，特别是客观文化分层（以父亲教育程度为指标）会限制家庭或个体所拥有的资源（表现在经济、文化和政治等方面）以及运用资源的行动能力和效力，即在分层结构中处于底层的个体不仅缺乏投入在教育上的经济资源、文化资源和社会资源，即便是在拥有这些资源的情况下，也可能由于缺乏动员资源、运用资源的能力，而影响到资源的应用效力，其原因不仅在于制度限制，也在于客观文化分层导致底层家庭和个体很难展开有效的资源投入，这不仅体现在经济资源等物质投入上，也体现在教育参与和教育支持上。

（3）中国社会强调教育对社会地位的分流作用，底层个体的苦学入仕和重视教育的文化传统等非制度性因素对弱势阶层教育价值观和学习投入的影响，使不同阶层成员都一致表现出重视教育的价值观念和较高的学习投入，特别是弱势阶层个体的学习投入更高。

（4）学习投入和教育价值观虽对教育机会获得和学业成就均具有重要决定作用，但相比之下，却弱于社会结构和制度因素。家庭教育投入和学校社会资本对教育机会获得和学业成就的直接影响微乎其微，只是在结构性变量影响学业成就和教育机会的过程中充当了中介和调节作用。即便如此，其中介作用和调节作用也弱于结构性因素的直接作用。

总之，本研究得出的结论是：高中教育机会分配过程中存在社会选择和个体选择两种机制。社会选择是导致阶层再生产的主要机制，且制约着个体选择；个体选择在教育阶层化过程发挥着一定作用，但相对于社会选择，个体选择对教育机会的决定作用有限。正因如此，造成了高中教育机会分配的阶层再生产。

附 录

甘肃省初中生教育资源现状调查问卷

各位同学：

你们好！欢迎你参加甘肃省初中生教育资源状况调查。这项调查的目的在于了解甘肃省初中生教育资源状况。这份问卷的各个问题的答案随个人的不同情况而有所不同，没有"对"与"错"之分。因此，请你按照自己的实际情况认真填写，不要遗漏题。

非常感谢你真诚的帮助和合作！

西北师范大学初中生教育资源状况调查小组

2010年4月

一 基本状况

1. 姓 名：_____ 2. 学 校：_____

3. 班 级：_____ 4. 年 龄：_____

5. 性 别：_____ （1）男 （2）女

6. 户 籍：_____ （1）农村户口 （2）城市户口

7. 你家目前的居住地为：_____ （1）城郊 （2）县城 （3）乡镇 （4）农村

8. 你是否是独生子女？_____ （1）是 （2）否

9. 你家中兄弟姐妹的人数是：_____人；现在正在上学的有：_____人。【请填入数字，若无请填"0"】

10. 你父亲的文化程度是：_____
    (1) 不识字或识字很少　　　(2) 小学　　　(3) 初中
    (4) 高中（含职校、技校或中专）
    (5) 大专　　　　　　　　　(6) 本科及以上
11. 你母亲的文化程度是：_____
    (1) 不识字或识字很少　　　(2) 小学　　　(3) 初中
    (4) 高中（含职校、技校或中专）
    (5) 大专　　　　　　　　　(6) 本科及以上
12. 请估计 2009 年你家的平均月收入为：_____元/月
【指家庭所有收入的总和，如农业收入、工资、做生意等，请你仔细"按月"估计】
    (1) 400 元及以下　　　　　(2) 401—500 元
    (3) 501—700 元　　　　　 (4) 701—900 元
    (5) 901—1100 元　　　　　(6) 1101—1400 元
    (7) 1401—1700 元　　　　 (8) 1701—2000 元
    (9) 2001—2500 元　　　　 (10) 2501—3000 元
    (11) 3001—4000 元　　　　(12) 4000 元以上
13. 你家主要收入来源是？_____【请填写最为重要的一项】
    (1) 农业生产收入　　　　　(2) 父母亲外出打工
    (3) 父母亲经营店铺　　　　(4) 父母亲工资
    (5) 父母亲摆摊　　　　　　(6) 父母亲打零工
    (7) 父母经营企业
    (8) 其他_____。【如果选择此项，请详细注明具体来源】
14. 你父亲从事的工作：_____
    (1) 普通农民　　(2) 村干部　　(3) 普通工人
    (4) 教师/医生/律师/科技人员　　(5) 个体户
    (6) 行政机关/事业单位干部
    (7) 行政机关/事业单位一般职员　(8) 私营企业老板
    (9) 国有企业管理人员　　　　　 (10) 商业服务人员
    (11) 待业、失业或下岗人员
    (12) 其他：_____。【如果选择此项，请详细注明具体工作】

二 家庭教育投入问卷

（一）经济资本

1. 你每学期花费多少钱用于购买学习用品（如书籍和文具）？_____元/学期。

2. 除了购买学习用品的钱之外，父母每月给你多少零花钱【不含伙食费】？_____元/月。

3. 父母每年花费在为你请家教和其他校外补习班（含才艺班）的费用大约在_____元/年。

（1）0元 （2）0元~500元 （3）500元~1000元 （4）1000元~1500元 （5）2000元以上

4. 你每周的伙食费大约是_____元/周。

（二）文化资本

1. 你家有大约多少本书？_____【报纸、杂志及学校课本除外】

（1）0本　　　（2）1~10本　　　（3）11~30本
（4）31~50本　（5）51~100本　　（6）100本以上

2. 你的家人平均每周（7天）大约共花多少时间陪你一起学习？_____

（1）0小时　　　（2）不到1小时　　（3）1~2小时
（4）3~4小时　　（5）5~6小时　　　（6）7小时以上

3. 下列学校课业以外的才艺活动，你曾经学习过的有几种？

A. 英语　　　　　　　　B. 绘画（水彩、国画、素描等）
C. 书法　　　　　　　　D. 作文
E. 音乐（乐器、声乐）　F. 计算机
G. 珠算、心算　　　　　H. 舞蹈

（1）0种　　　　（2）1种　　　　（3）2种
（4）3种　　　　（5）4种以上

4. 第3题所列学校课业以外的才艺活动，你曾经学习时间超过三年的有几种？＿＿＿＿＿＿

(1) 0 种以下　　　(2) 1 种　　　(3) 2 种
(4) 3 种　　　　　(5) 4 种以上

5. 第3题学校课业以外的才艺活动中，目前仍然在持续学习的有几种？＿＿＿＿＿＿

(1) 0 种以下　　　(2) 1 种　　　(3) 2 种
(4) 3 种　　　　　(5) 4 种以上

6. 除了学习需要之外，你平均每周（7天）共花多少时间在阅读课外书籍上？＿＿＿＿＿＿

(1) 不到半小时　　　(2) 半个小时~1小时
(3) 1~2 小时　　　　(4) 2~4 小时
(5) 4 小时以上

7. 除了学习需要之外，下列书籍你最喜欢看的有几种？
＿＿＿＿＿＿

A. 民间故事　　　　B. 童话故事　　　　C. 历史故事
D. 世界名人传记　　E. 侦探科幻故事
F. 中国诗词（唐诗、宋词等）　　　　　G. 励志文粹
H. 艺术丛书　　　　I. 幽默小品　　　　J. 武侠小说
K. 当代文学创作　　L. 神怪恐怖故事　　M. 漫画丛书
(1) 2 种以下　　　(2) 3 种　　　(3) 4 种
(4) 5 种　　　　　(5) 6 种以上

8. 受家庭的影响，你养成的下列"学习"习惯有几种？
＿＿＿＿＿＿

A. 我从不逃学　　　　　　　B. 我遇到困难时会寻求帮助
C. 我总是按时交作业　　　　D. 我总是遵守秩序
E. 我总是能尊敬师长，友爱同学
F. 我总是能专心听课　　　　G. 我从不缺课
H. 我会虚心学习同学表现好的地方
(1) 1 种以下　　　(2) 2 种　　　(3) 3 种
(4) 4 种　　　　　(5) 5 种以上

9. 受家庭的影响，你养成的下列"生活"习惯有几种？

A. 我总是保持整齐清洁　　　B. 我的生活作息有规律
C. 我从不抽烟　　　　　　　D. 我从不喝酒
E. 我从不说谎　　　　　　　F. 我从不打架
G. 我从不骂脏话
（1）1种以下　　（2）2种　　（3）3种
（4）4种　　　　（5）5种以上

10. 你家中有几幅画和书法作品？_____
（1）没有　　　　（2）1幅　　（3）2幅
（4）3幅　　　　（5）4幅以上

11. 你家中是否有书房及书桌？_____
（1）没有书房，也没有书桌
（2）没有书房，但有和家人共享的书桌
（3）有和家人共享的书房及共享的书桌
（4）有和家人共享的书房，且拥有自己的书桌
（5）有自己的书房，且拥有自己的书桌

12. 你家中具备下列工具图书及设备有几种？_____
A. 汉语字典　　　B. 汉语辞典　　　　C. 英汉辞典
D. 成语辞典　　　E. 翻译机（文曲星、快译通等电子词典）
F. 百科全书　　　G. 复读机、随身听、MP3
（1）没有　　　　（2）1种　　（3）2种
（4）3种　　　　（5）4种以上

（三）社会资本

题项	1=从不	2=很少	3=通常	4=总是
1. 父母鼓励我好好学习	1	2	3	4
2. 我的功课有不懂的地方时，父母会为我解答疑惑	1	2	3	4
3. 父母与我谈论有关学校的事情	1	2	3	4
4. 父母鼓励我养成好的学习习惯	1	2	3	4

续表

题项	1=从不	2=很少	3=通常	4=总是
5. 父母忙于自己的事情，对我不闻不问	1	2	3	4
6. 父母会提供合适的环境让我读书	1	2	3	4
7. 父母把我的学习视为我的首要任务	1	2	3	4
8. 父母向我询问老师的教学情况	1	2	3	4
9. 父母知道我在学校的表现	1	2	3	4
10. 父母参加家长会	1	2	3	4
11. 父母告诉我在学校好好学习的重要性	1	2	3	4
12. 父母把我的学习视为家中最重要的事情	1	2	3	4
13. 父母主动找老师或打电话了解我在学校的表现	1	2	3	4
14. 父母关心过问我的学习	1	2	3	4
15. 父母与我一起讨论学习方法	1	2	3	4
16. 父母尽力为我提供或主动创设良好的学习机会	1	2	3	4
17. 当我学习退步时，父母会帮助我分析原因，尽力补救	1	2	3	4
18. 当我学习上遇到困难时，父母会同我一起共同解决	1	2	3	4
19. 父母介绍学业对我将来前途的意义	1	2	3	4
20. 父母期望我将来有好的成就	1	2	3	4
21. 父母向我提出他们对我升学考试成绩的期望	1	2	3	4

三 学校社会资本问卷

题项	1=完全不符合	2=不符合	3=有些符合	4=符合	5=完全符合
1. 我觉得现在就读的学校奖惩或成绩评定不公平	1	2	3	4	5
2. 我觉得现在就读的学校校园不安全	1	2	3	4	5

续表

题项	1 = 完全不符合	2 = 不符合	3 = 有些符合	4 = 符合	5 = 完全符合
3. 我觉得现在就读的学校不关心学生	1	2	3	4	5
4. 我觉得现在就读的学校学习风气不好	1	2	3	4	5
5. 老师会在我认真努力学习时表扬我	1	2	3	4	5
6. 当我表达自己的想法时，老师愿意耐心倾听	1	2	3	4	5
7. 学校有几位上课时与我们班有良好互动的老师	1	2	3	4	5
8. 学校有几位老师会利用课外时间关心我们个别学习状况	1	2	3	4	5
9. 假如我碰到重大的问题或挫折时，有几位老师是我可以找他们帮忙的	1	2	3	4	5
10. 学校里会经常发生逃学或旷课的现象	1	2	3	4	5
11. 学校里会常发生打架或跟老师发生冲突的现象	1	2	3	4	5
12. 学校里会常发生学生看黄色书刊、光盘或上色情网站的事	1	2	3	4	5
13. 学校里会常发生学生抽烟、喝酒现象	1	2	3	4	5
14. 学校里会常发生偷窃或破坏他人物品的事	1	2	3	4	5
15. 我常和朋友一起讨论功课或念书	1	2	3	4	5
16. 我常会和朋友在一起讨论升学的事	1	2	3	4	5
17. 我有几个常在一起的朋友	1	2	3	4	5
18. 和我常在一起的朋友中，有成绩很好或喜欢阅读的	1	2	3	4	5

续表

题项	1=完全不符合	2=不符合	3=有些符合	4=符合	5=完全符合
19. 和我常在一起的朋友中，有多才多艺的	1	2	3	4	5
20. 和我常在一起的朋友中，有可以谈心的	1	2	3	4	5
21. 学校主动联络家长讨论学生的课业	1	2	3	4	5
22. 学校联络家长讨论学生的心理适应问题	1	2	3	4	5
23. 学校主动联络家长讨论学生的品行问题	1	2	3	4	5
24. 学校会因学校活动的事与家长沟通	1	2	3	4	5

四 教育价值观问卷

题项	1=非常不同意	2=基本不同意	3=基本同意	4=非常同意
1. 上大学不如趁早出去打工，做生意赚钱	1	2	3	4
2. 上学读书会影响到当前的家庭收入	1	2	3	4
3. 上学还不如学一门技术有用	1	2	3	4
4. 上学能识字、会算数就行了，读书多了也没用	1	2	3	4
5. 没有文化照样可以生活得很好	1	2	3	4
6. 考上好学校，会得到周围人的尊重	1	2	3	4
7. 我上学是为了给我的父母争光	1	2	3	4
8. 如果考上大学能够光宗耀祖	1	2	3	4
9. 学到知识，对以后的发展有帮助	1	2	3	4
10. 读书能够改变命运	1	2	3	4
11. 读书能够致富	1	2	3	4

续表

题项	1=非常不同意	2=基本不同意	3=基本同意	4=非常同意
12. 读书能够使自己以后的生活更好一点	1	2	3	4
13. 读书是为了将来有份好工作	1	2	3	4
14. 多学知识能够提高自己各方面的素质	1	2	3	4
15. 读书能够出人头地	1	2	3	4

五 学习投入问卷

题项	1=非常不符合	2=不符合	3=有些符合	4=符合	5=非常符合
1. 早晨一起床，我就乐意去学习	1	2	3	4	5
2. 学习时，我感到精力充沛	1	2	3	4	5
3. 即使学习不顺利，我也毫不气馁，能够坚持不懈	1	2	3	4	5
4. 我能持续学习很长时间，中间不需要休息	1	2	3	4	5
5. 学习时，即使精神疲劳，我也能很快恢复	1	2	3	4	5
6. 学习时，我浑身有力而且干劲十足	1	2	3	4	5
7. 我发现学习富有挑战性	1	2	3	4	5
8. 学习激发我的灵感	1	2	3	4	5
9. 我对学习充满热情	1	2	3	4	5
10. 我因我的学习而感自豪	1	2	3	4	5
11. 我学习目的很明确，而且很有意义	1	2	3	4	5
12. 学习时，我忘了周围的一切	1	2	3	4	5
13. 学习时，我感到时间过得很快	1	2	3	4	5
14. 学习时，我的注意力很集中	1	2	3	4	5
15. 我难以放下手中的学习	1	2	3	4	5
16. 我沉浸在学习中	1	2	3	4	5
17. 全身心投入学习时，我感到很快乐	1	2	3	4	5

六　升学选择与意愿问卷

1. 你初中毕业后的打算是＿＿＿＿＿＿
（1）务农　　（2）外出打工　　（3）上高中　　（4）上中专
（5）上技校　（6）就业　　　　（7）学手艺
（8）其他 ＿＿＿＿＿＿ 【请注明】

2. 如果你没有考上普通高中，但成绩达到了职业中学的录取分数线，你是否会上职业中学？＿＿＿＿＿＿
（1）不会　　　　（2）会

3. 如果你没有考上普通高中，你是否会去复读？＿＿＿＿＿
（1）不会　　　　（2）会

4. 如果你的分数线没有达到普通高中录取分数线，但可以交费上学，你是否愿意交费上学？＿＿＿＿＿＿
（1）不愿意　　　（2）愿意

5. 你目前对毕业后继续升学有何意愿？＿＿＿＿＿＿
（1）升学意愿非常强烈　　　　　（2）升学意愿很强
（3）有升学的打算，但意愿并不很强　（4）升学意愿很低

6. 你对升学考试是否有信心？＿＿＿＿＿＿
（1）极有信心考上最好的学校　　（2）很有信心考上学校
（3）有信心考上学校　　　　　　（4）不太有信心考上学校

参考文献

一 中文文献

陈曙红：《中国中产阶级教育与成就动机》，中国大百科全书出版社 2007 年版。

陈友华、方长春：《社会分层与教育分流——一项对义务教育阶段"划区就近入学"等制度安排公平性的实证研究》，《江苏社会科学》2007 年第 1 期。

陈怡靖、郑耀男：《台湾地区教育阶层化之变迁——检证社会资本论、文化资本论及财务资本论在台湾的适用性》，《国家科学委员会研究辑刊：人文及社会科学》2000 年第 10 期。

陈青达、郑胜耀：《文化资本与学习成就之间的关系研究：以云林县国民小学六年级学生为例》，《新竹教育大学学报》2008 年第 1 期。

陈柏峰、郭俊霞：《农民生活及其价值世界：皖北李圩村调查》，山东人民出版社 2009 年版。

常宝宁：《免费政策实施后儿童辍学现状的调查研究——以西北三省区为例》，《上海教育科研》2010 年第 2 期。

丁小浩：《影响小学重读率、辍学率的因素分析》，《教育与经济》1994 年第 4 期。

丁小浩：《规模扩大与高等教育入学机会均等化》，《北京大学教育评论》2006 年第 2 期。

董泽芳、王彦斌：《社会流动与教育选择》，《教育研究与实验》2007 年第 1 期。

董泽芳：《百川归流：教育分流研究与国民教育分流意向调

查》，华中师范大学出版社 1999 年版。

董泽芳、沈白福、王永飞：《初中学生家长教育分流意向的调查与分析》，《教育与经济》1996 年第 2 期。

[德] 马克斯·韦伯：《经济与社会》（上卷），林荣远译，商务印书馆 1997 年版。

[德] 韦伯：《新教伦理与资本主义精神》，彭强译，陕西师范大学出版社 2002 年版。

费孝通、吴晗：《皇权与绅权》，观察社 1948 年版。

费孝通：《社会调查自白：怎样做社会研究》，上海人民出版社 2009 年版。

费孝通、张之毅：《云南三村》，社会科学文献出版社 2006 年版。

费孝通：《缺席的对话：人的研究在中国——个人的经历》，《读书》1990 年第 5 期。

方长春：《家庭背景与教育分流：教育分流过程中的非学业性因素分析》，《社会》2005 年第 4 期。

方长春、风笑天：《阶层差异与教育获得：一项关于教育分流的实证研究》，《清华大学教育研究》2005 年第 5 期。

方长春、风笑天：《家庭背景与学业成就——义务教育中的阶层差异研究》，《浙江社会科学》2008 年第 8 期。

方来坛、时勘、张风华：《中文版学习投入量表的信效度研究》，《中国临床心理学研究》2008 年第 6 期。

风笑天、方长春：《教育分流意向——差异与影响因素》，《公共管理高层论坛》2006 年第 3 期。

付少平：《农村社会地位测量指标初探》，《西北农林科技大学学报》（社会科学版）2002 年第 1 期。

[法] 布尔迪厄：《文化资本与社会炼金术——布尔迪厄访谈录》，包亚明译，上海人民出版社 1997 年版。

[法] 布迪厄、华康德：《实践与反思：反思社会学导引》，李猛、李康译，中央编译出版社 1998 年版。

[法] 布迪厄：《再生产：一种教育系统理论的要点》，邢克超译，商务印书馆 2001 年版。

参考文献

［法］布尔迪厄、帕斯隆：《继承人：大学生与文化》，邢克超译，商务印书馆 2001 年版。

［法］杜里—柏拉、冯·让丹：《学校社会学》，汪凌译，华东师范大学出版社 2001 年版。

［法］卢日金内、库尔—萨利、瓦卡卢利斯：《新阶级斗争》，陆象淦译，社会科学文献出版社 2009 年版。

［法］华康德：《论符号权利的轨迹：对布迪厄〈国家精英〉的讨论》，《国外社会学》1995 年第 4 期。

高宣扬：《布迪厄的社会理论》，同济大学出版社 2004 年版。

郭丛斌、闵维方：《家庭经济和文化资本对子女教育机会获得的影响》，《高等教育研究》2006 年第 6 期。

郭丛斌：《教育与代际流动》，北京大学出版社 2009 年版。

郭志刚：《社会统计分析方法——SPSS 软件应用》，中国人民大学出版社 1999 年版。

甘肃省教育厅办公室、甘肃省教育科学研究所：《2008 甘肃教育年鉴》，甘肃教育出版社 2009 年版。

国家统计局农村社会经济调查司编：《中国农村贫困监测报告——2008》，中国统计出版社 2009 年版。

胡玉萍：《文化力量与非主流人群的教育策略：奥格布文化参照框架差异理论述评》，《社会》2006 年第 4 期。

洪岩壁：《族群与教育机会不平等：我国西部少数民族教育获得的一项实证研究》，《社会》2010 年第 2 期。

侯杰泰、温忠麟、成子娟：《结构方程模型及其应用》，教育科学出版社 2004 年版。

蒋中一：《降低农村初中辍学率和义务教育体制的改革》，《中国人口研究》2005 年第 4 期。

蒋国河：《教育获得的城乡差异》，知识产权出版社 2007 年版。

蒋逸民：《教育机会与家庭资本》，社会科学文献出版社 2008 年版。

教育部发展规划司编：《2009 全国教育事业发展简明统计分析》，2010 年。

教育部党组：《人民教育奠基中国：新中国 60 年教育事业发展与改革的伟大成就》，《求实》2009 年第 19 期。

李春玲：《社会政治变迁与教育机会不平等——家庭背景及制度因素对教育获得的影响（1940—2001）》，《中国社会科学》2003 年第 3 期。

李春玲：《文化水平如何影响人们的经济收入：对目前教育的经济收益率的考察》，《社会学研究》2003 年第 3 期。

李春玲：《断裂与碎片：当代中国社会阶层分化实证分析》，社会科学文献出版社 2005 年版。

李春玲、吕鹏：《社会分层理论》，中国社会科学出版社 2008 年版。

李春玲：《高等教育扩张与教育机会不平等——高校扩招的平等化效应考察》，《社会学研究》2010 年第 3 期。

李强：《社会分层十讲》，社会科学文献出版社 2008 年版。

李强：《应用社会学》，中国人民大学出版社 2004 年版。

李景汉：《定县社会概况调查》，上海人民出版社 2005 年版。

李金铮：《定县调查：中国农村社会调查的里程碑》，《社会学研究》2008 年第 2 期。

李培林、李强、马戎：《社会学与中国社会》，社会科学文献出版社 2008 年版。

李培林：《理性选择理论面临的挑战及其出路》，《社会学研究》2001 年第 6 期。

李路路：《制度转型和阶层化机制的变迁：从"间接再生产"到"间接与直接再生产"并存》，《社会学研究》2003 年第 5 期。

李路路：《再生产与统治——社会流动机制的再思考》，《社会学研究》2006 年第 2 期。

李煜：《制度变迁与教育不平等的产生机制——中国城市子女的教育获得（1966—2003）》，《中国社会科学》2006 年第 4 期。

李湘萍：《义务教育阶段择校行为与教育机会分布公平性研究——基于中国 18 个城市居民家庭教育选择支出的实证分析》，《教育研究》2008 年第 3 期。

李芬：《流动农民对其适龄子女的教育选择分析：结构二重性视角》，《青年研究》2003年第12期。

李文益、黄毅志：《文化资本、社会资本与学生学业成就的关联性之研究：以台东师院为例》，《台东大学教育学报》2004年第2期。

李书磊：《村落中的"国家"——文化变迁中的乡村学校》，浙江人民出版社1999年版。

李霞：《家庭社会资本对贫困地区儿童辍学的影响：基于父母关注孩子学习的分析角度》，《中国农村教育》2007年第1期。

刘精明：《转型时期中国社会教育》，辽宁教育出版社2004年版。

刘精明：《教育选择方式及其后果》，《中国人民大学学报》2004年第1期。

刘精明：《国家、社会阶层与教育：教育获得社会学研究》，中国人民大学出版社2005年版。

刘精明：《劳动力市场结构变迁与人力资本收益》，《社会学研究》2006年第6期。

刘精明：《高等教育扩展与入学机会差异：1978—2003》，《社会》2006年第3期。

刘精明：《中国基础教育领域中的机会不平等及其变化》，《中国社会科学》2008年第5期。

刘精明：《向非农职业流动：农民生活史的一项研究》，《社会学研究》2001年第6期。

刘精明、李路路：《阶层化：居住空间、生活方式、社会交往与阶层认同——我国城镇社会阶层化问题的实证研究》，《社会学研究》2005年第3期。

刘欣：《转型期中国大陆城市居民的阶层意识》，《社会学研究》2001年第3期。

刘崇顺、[美]布劳戴德：《城市教育机会分配的制约因素：武汉市五所中学初中毕业生的调查分析》，《社会学研究》1995年第4期。

刘洁:《农村家庭子女教育投资决策中的价值观影响》,《中国农村观察》2007年第6期。

刘泽云:《农村儿童为何失学:基于多层模型的经验研究》,《北京师范大学学报》(社科版),2007年第2期。

刘爱玉:《选择:国企变革与工人生存行动》,社会科学文献出版社2005年版。

陆学艺:《当代中国社会阶层研究报告》,社会科学文献出版社2002年版。

陆学艺:《当代中国社会流动》,社会科学文献出版社2004年版。

陆学艺:《当代中国社会结构》,社会科学文献出版社2010年版。

陆学艺:《社会学要重视当今农民问题》,《社会学研究》1991年第3期。

陆洛、翁克成:《师生的心理传统性与现代性、关系契合性对师生互动品质及学生心理福祉的影响》,《本土心理学研究》2007年第27期。

陆益龙:《户籍制度——控制与社会差别》,商务印书馆2003年版。

陆益龙:《户口还起作用吗?——户籍制度与社会分层和流动》,《中国社会科学》2008年第1期。

卢展祥:《西方新制度经济学》,中国发展出版社1996年版。

卢福营:《中国特色的非农化与农村社会成员分化》,《天津社会科学》2007年第5期。

吕鹏:《生产底层与底层的再生产:从保罗·威斯利的〈学做工〉谈起》,《社会学研究》2006年第3期。

林南:《社会资本——关于社会结构与行动的理论》,上海人民出版社2005年版。

林南:《地方性市场社会主义:中国农村地方法团主义实际运行》,《国外社会学》1996年第5—6期。

林克雷、陈建利:《当代中国社会分层研究中的制度主义范式》,《社会科学研究》2005年第1期。

林俊莹、黄毅志:《影响台湾地区学生学业成就的可能机制:

结构方程模式的探究》,《台湾教育社会学研究》2008 年第 8 期。

雷万鹏、杨帆:《流动儿童教育面临结构转型》,《教育与经济》2007 年第 1 期。

毛泽东:《毛泽东农村调查文集》,人民出版社 1982 年版。

蔺秀云、王硕、张曼云、周翼:《流动儿童学业表现的影响因素——从教育期望、教育投入和学习投入角度分析》,《北京师范大学学报》(社会科学版) 2009 年第 5 期。

[美]格伦斯基:《社会分层》(第 2 版),王俊译,北京大学出版社 2009 年版。

[美]布劳:《社会生活中的交换与权力》,李国武译,商务印书馆 2008 年版。

[美]乔万尼·萨托利:《民主新论》,冯克利、阎克文译,东方出版社 1998 年版。

[美]约翰·罗尔斯:《正义论》,何怀宏译,中国社会科学出版社 2001 年版。

[美]波普诺:《社会学》,李强译,中国人民大学出版社 1999 年版。

[美]汉斯林:《社会学入门》,林聚任译,北京大学出版社 2007 年版。

[美]鲍尔斯、金蒂斯:《美国:经济生活与教育改革》,王佩雄译,上海教育出版社 1990 年版。

[美]科尔曼:《社会理论的基础》,邓方译,社会科学文献出版社 2008 年版。

[美]拉鲁:《不平等的童年》,张旭译,北京大学出版社 2010 年版。

[美]帕森斯:《社会行动的结构》,张明德译,译林出版社 2003 年版。

[美]特纳:《社会学理论的结构》(第 7 版),邱泽奇译,华夏出版社 2006 年版。

[美]克雷斯维尔:《研究设计与写作指导:定性、定量与混合研究的路径》,崔廷强译,重庆大学出版社 2007 年版。

［美］米勒、萨尔金德：《研究设计与社会测量导引》（第6版），风笑天译，重庆大学出版社2004年版。

［美］赖特：《后工业社会中的阶级：阶级分析中的比较研究》，陈心想译，辽宁教育出版社2004年版。

［美］赖特：《阶级》，刘磊、吕梁山译，高等教育出版社2006年版。

［美］哈里楠：《教育社会学手册》，傅松涛译，华东师范大学出版社2001年版。

［美］布儒瓦：《生命的尊严：透析哈莱姆东区的快客买卖》（第2版），北京大学出版社2009年版。

［美］巴兰坦：《教育社会学：一种系统分析法》，朱智勇译，江苏教育出版社2005年版。

牛春娟、郑涌：《西南少数民族教育价值观的调查研究》，《心理科学》2010年第1期。

［挪威］埃里克森：《小地方，大论题：社会文化人类学导论》，董薇译，商务印书馆2008年版。

丘海雄、张应祥：《理性选择理论述评》，《中山大学学报》（社会科学版）1998年第1期。

邱皓政：《量化研究与统计分析：SPSS中文视窗版数据分析范例》，重庆大学出版社2009年版。

荣泰生：《AMOS与研究方法》，重庆大学出版社2009年版。

［日］三浦展：《下流社会：一个新社会阶层的出现》，陆求实译，文汇出版社2007版。

［日］三浦展：《阶层是会遗传的：不要让你的孩子跌入"下流社会"》，萧云菁译，现代出版社2004年版。

苏船利、黄毅志：《文化资本透过学校社会资本对台东县国二学生学业成绩之影响》，《教育研究集刊》2009年第3期。

孙志军：《中国农村的教育成本、收益与家庭教育决策：以甘肃省为基础的研究》，北京师范大学出版社2004版。

宋月萍、谭琳：《论我国基础教育的性别公平》，《妇女研究论丛》2004年第3期。

石中英：《教育机会均等的内涵及其政策意义》，《北京大学教育评论》2007年第4期。

石绍宾：《城乡基础教育均等化供给研究》，经济科学出版社2008年版。

谭光鼎、王丽云：《教育社会学：人物与思想》，华东师范大学出版社2009年版。

谭光鼎：《中等教育选择功能之研究：国中学生升学机会与社会阶层再制关系之探讨》，博士学位论文，台湾师范大学，1992年。

王一涛：《双重约束下的农户高等教育选择：基于英县的个案分析》，《青年研究》2008年第12期。

文东茅：《家庭背景对我国高等教育机会及毕业生就业的影响》，《北京大学教育评论》2005年第3期。

吴愈晓：《家庭背景、体制转型与中国农村精英的代际传承》，《社会学研究》2010年第2期。

吴飞燕：《从个人教育投资的角度看农村普通高中生自愿辍学行为——以湖北省Y县和湖南省N县为例》，《河北师范大学学报》（教育科学版）2009年第8期。

吴晓刚：《中国的户籍制度与代际职业流动》，《社会学研究》2007年第6期。

吴康宁：《教育社会学》，人民教育出版社1998年版。

温忠麟、张雷、侯杰泰、刘红云：《中介效应检验程序及其应用》，《心理学报》2004年第5期。

温忠麟、侯杰泰：《结构方程模型中调节效应的标准化估计》，《心理学报》2008年第6期。

巫有益：《学校与非学校因素对台东县原、汉小学学业成就的影响》，《台湾教育社会学研究》2007年第7期。

薛晓源、曹荣湘：《全球化与文化资本》，社会科学文献出版社2005年版。

许嘉猷：《社会阶层化与社会流动》，三民书局1986年版。

许崇宪：《家庭背景因素与子女学业成就之关系：台湾样本的后设分析》，《中正教育研究》2002年第2期。

谢宇:《社会学方法与定量研究》,社会科学文献出版社 2006年版。

谢维和:《教育活动的社会学分析:一种教育社会学的研究》,教育科学出版社 2000 年版。

杨明:《论实现教育机会均等政策目标的理念和制度创新策略》,《浙江大学学报》2009 年第 1 期。

杨东平:《高中阶段的社会分层和教育机会获得》,《清华大学教育研究》2005 年第 6 期。

杨东平:《高等教育入学机会:扩大之中的阶层差距》,《清华大学教育研究》2006 年第 1 期。

杨东平:《中国教育公平的理想与现实》,北京大学出版社 2006年版。

杨莹:《教育机会均等——教育社会学的探究》,师大书苑有限公司 1995 年版。

杨润勇、王颖:《农村初中生辍学的现状调查和规律研究——小康农村地区初中学生辍学现象研究之一》,《教育理论与实践》2004 年第 1 期。

杨润勇:《农村地区初中生辍学现象成因探析》,《教育理论与实践》2004 年第 2 期。

杨成胜:《布迪厄实践理论视野下少数民族学生辍学原因探析:以湘西凤凰苗族学生为例》,《民族论坛》2008 年第 5 期。

余秀兰:《中国教育的城乡差异:一种文化再生产现象的分析》,教育科学出版社 2004 年版。

余秀兰:《文化再生产:我国教育的城乡差距探析》,《华东师范大学学报》(教育科学版)2006 年第 2 期。

余晓葵:《美黑人学生学业差距问题受关注》,《光明日报》2010 年 11 月 13 日第 6 版。

[英]吉登斯:《社会的构成:结构化理论大纲》,李康、李猛译,生活·读书·新知三联书店 1998 年版。

[英]吉登斯:《社会学方法的新规则:一种对解释社会学的建设性批判》,田佑中等译,社会科学文献出版社 2003 年版。

[英]布莱克莱吉:《当代教育社会学流派》,王波等译,春秋出版社1989年版。

[英]麦克:《知识与控制:教育社会学新探》,谢维和译,华东师范大学出版社2001年版。

[英]布朗:《群体过程》,胡鑫、庆小飞译,中国轻工业出版社2007年版。

[英]斯凯思:《阶级》,雷玉琼译,吉林人民出版社2005年版。

[印度]阿马蒂亚·森:《贫困与饥荒——论权利与剥夺》,王宇、王文玉译,商务印书馆2001年版。

[印度]阿马蒂亚·森:《以自由看待发展》,任赜、于真译,中国人民大学出版社2002年版。

赵力涛:《中国农村的教育收益率研究》,《中国社会科学》2006年第3期。

赵婀娜、田豆豆:《重点高校农村学生越来越少》,《人民日报》2009年1月15日第11版。

赵伟:《辍学儿郎何时归——陕西扶风县义务教育阶段学生辍学现象调查》,《农民日报》2010年1月19日第3版。

翟学伟:《社会学的转向:一种基于个人的立场》,《社会》2007年第3期。

郑杭生:《社会学概论新修》,中国人民大学出版社2002年版。

郑杭生、李路路:《当代中国城市社会结构:现状和趋势》,中国人民大学出版社2004年版。

张丹:《个人教育投资收益与风险防范研究》,《中国人力资源开发》2006年第6期。

张人杰:《外国教育社会学基本文选》,华东师范大学出版社2009年版。

张宇燕:《经济发展与制度选择》,中国人民大学出版社1992年版。

张玉林:《分级办学制度下的教育资源分配与城乡教育差距:关于教育机会均等问题的政治经济学探讨》,《中国农村观察》2003年第1期。

张学敏、郝风亮：《教育放弃：部分农村家庭无奈的抉择》，《高等教育研究》2006年第9期。

张翼：《中国人社会地位的获得——阶级继承和代内流动》，《社会学研究》2004年第4期。

张芳全：《社经地位、文化资本与教育期望对学业成就影响之结构方程模式检定》，《测验学刊》2009年第2期。

张晓、陈会昌：《家庭收入与儿童早期的社会能力：中介效应与调节作用》，《心理学报》2009年第7期。

张春兴：《国小男女学业成就的性别与其教师性别差异的关系》，《教育心理学报》1977年第10期。

张静：《社会身份的结构性失位问题》，《社会学研究》2010年第6期。

周晓虹：《社会学理论的基本范式及整合的可能性》，《社会学研究》2002年第5期。

周晓虹、谢曙光：《中国研究》（2008年春秋季合卷总第7—8期），社会科学文献出版社2010年版。

周荣德：《中国的阶层与流动》，译林出版社2001年版。

周浩、巫锡伟：《流动儿童的教育绩效及其影响因素：多层线性模型分析》，《人口研究》2008年第2期。

周序：《文化资本与学业成绩：农民工家庭文化资本对子女学业成绩的影响》，《国家教育行政学报》2007年第2期。

周正：《谁念职校——个体选择中等职业教育问题研究》，教育科学出版社2009年版。

周新富、王财印：《社会资本在家庭代际人力资本传递作用之探讨》，《国立台北教育大学学报》2006年第2期。

周新富、王财印：《影响国中生学校社会资本因素之探讨及其与学习结果关系之研究》，行政院国家科学委员会专题研究计划成果报告，2006年。

周新富：《Coleman社会资本理论在台湾地区的验证——家庭、社会资本与学业成就之关系》，《当代教育研究》2006年第4期。

中国科学技术促进发展研究中心社会发展研究部、挪威Fafo应用国际研究所:《西部人民的生活——"中国西部省份社会与经济发展监测研究"数据报告》,中国统计出版社 2006 年版。

中国人民大学中国调查与数据中心:《中国综合社会调查报告》,中国社会出版社 2009 年版。

二 外文文献

Adler, N. E., & Ostrove, J. M., "Socioeconomic status and health: What we know and what we don't", *Annals of the New York Academy of Sciences*, Vol. 896, 1999.

Aiken, L. S., & West, S. G., *Multiple regression: Testing and interpreting interactions*, Newbury Park, CA: Sage, 1991.

Ainsworth-Darnell, J. W., & Downey, D. B., "Assessing the Oppositional Culture Explanation for Racial/Ethnic Differences in School Performance", *American Sociological Review*, Vol. 63, 1998.

Akom, A. A., "Reexamining Resistance as Oppositional Behavior: The Nation of Islam and the Creation of a Black Achievement Ideology", *Sociology of Education*, Vol. 76, 2003.

Alexander, K. L., Entwisle, D. R., & Bedinger, S. D., "When expectations work: Race and socioeconomic differences in school performance", *Social Psychology Quarterly*, Vol. 57, 1994.

Appleton, J. J., Christenson, S. L., & Furlong, M. J., "Student engagement with school. Critical conceptual and methodological issues of the construct", *Psychology in the Schools*, Vol. 45, 2008.

Archer, L., *Higher Education and Social Class: Issue of Exclusion and Inclusion*, London: Routledge, 2003.

Ayalon, H., "Monopolizing Knowledge? The Ethnic Composition and Curriculum of Israeli High School", *Sociology of Education*, Vol. 67, 1994.

Ballarino, G., Bernardi, F., Requena, M. & Schadee, H., "Persistent Inequalities? Expansion of Education and Class Inequality in Italy and Spain", *European Sociological Review*, Vol. 25, 2009.

Baron, R. M., & Kenny, D. A., "The moderator – mediatorvariable distinction in social psychological research: Conceptual, strategic, and statistical considerations", *Journal of Personality and Social Psychology*, Vol. 51, 1986.

Bassani, C., "A test of social capital theory outside of the American context: Family and school social capital and youth's math scores in Canada, Japan, and the United States", *International Journal of Educational Research*, Vol. 45, 2006.

Becker, R., "Educational Expansion and Persistent Inequalities of Education: Using Subjective Expected Utility Theory to Explain Increasing Participation Rates in Upper Secondary School in the Federal Republic of Germany", *European Sociological Review*, Vol. 19, 2003.

Bellainy, L. A., *Paths on Life's Way: Destination, Determinants, and Decisions in the Transition from High School*, ProQuest Digital Dissertation, 1992.

Blalock, H., *Understanding Social Inequality*, Newbury Park, CA: Sage, 1991.

Bourdieu, P., "The Forms of Capital", in J. Richardson (Ed.), *Handbook of Theory and Research for the Sociology of Edcation*, New York: Greenwood Press, 1986.

Boudon, R., *Education, Opportunity, and Social Inequality: Changing Prospects in Western Society*, New York: Wiley, 1974.

Bradley, R. H., & Corwyn, R. F., "Socioeconomic status and child development", *Annual Review of Psychology*, Vol. 53, 2002.

Breen, R., & Goldthorpe, J. H., "Explaining Educational Differentials: Towards a Formal Rational Action Theory", *Rationality and Society*, Vol. 9, 1997.

Breen, R., & Jonsson, J. O., "Inequality of Opportunity in Comparative Perspective: Recent Research on Educational Attainment and Social Mobility", *American Sociologyical Review*, Vol. 31, 2005.

Breen, R., & Yaish, M., "Testing the Breen – Goldthorpe model of educational decision making", in S. L. Morgan, D. B. Grusky, & G. S. Fields (Eds.), *Frontiers in social and economic mobility*, Stanford: Stanford University Press, 2006.

Breen, R., Luijkx, R., Muller, W., & Pollack, R., "Non-Persistent Inequality in Educational Attainment: Evidence from Eight European Countries", *American Journal of Sociolgy*, Vol. 114, 2009.

Breen, R., Luijkx, R., Müller, W., & Pollak, R., "Long-term Trends in Educational Inequality in Europe: Class Inequalities and Gender Differences", *European Sociological Review*, Vol. 26, 2010.

Brooks, R., "Friends, peers and higher education", *British Journal of Sociology of Education*, Vol. 28, 2007.

Buchmann, C., & DiPrete, T. A., "The Growing Female Adavantage in college Completion: The Role of Family Background and Acadamic Achievement", *American Sociologcal Review*, Vol. 71, 2006.

Callzway, E., *Cultural Capital and Teacher/Student Interaction*, ProQuest Digital Dissertation, 1994.

Chavous, T. M., & Bernat, D. H., "Racial Identity and Academic Attainment Among African Adolescents", *Child Development*, Vol. 74, 2007.

Chao, R. K., "Chinese and European American Mothers' Beliefs about the Role of Parenting in Childrens's School Success", *Journal of Cross-Cultural Psychology*, Vol. 27, 1996.

Chohan, B. I. & Khan, R. M., "Impact of Parental Support on the Academic Performance and Self Concept of the Student", *Journal of Research and Reflections in Education*, Vol. 4, 2010.

Chiu, C., Dweck, C. S., & Hong, Y., "Lay dispositionism and lay theories of Personality", *Journal of Personality and Social Psychology*, Vol. 73, 1997.

Coleman, J. S., "Social capital in the creation of human capital", *American Journal of Sociology*, Vol. 94, 1988.

Cole, E. R., & Omari, S. R., "Race, Class and the Dilemmas of

Upward Mobility for African Americans", *Journal of Social Issues*, Vol. 59, 2003.

Connor, C. O., "Race, Class, and Gender in America: Narratives of Opportunity Among Low-Income African American Youths", *Sociology of Education*, Vol. 72, 1999.

Connor, C. O., "Making Sense of the Complexity of Social Identity in Relation to Achievement: A Sociological Challenge in the New Millennium", *Sociology of Education*, Extra Issue, 2001.

Conger, R. D., & Donnellan, M. B., "An interactionist perspective on the socioeconomic context of human development", *Annual Review of Psychology*, Vol. 58, 2007.

DaSilva, *Pedagogy and Social Class in a Brazilian Urban Setting*, ProQuest Digital Dissertation, 1984.

Davis-Kean, P. E., "The Influence of Parent Education and Family Income on Child Achievement: the Indirect Role of Parental Expectations and the Home Environment", *Journal of Family Psychology*, Vol. 19, 2005.

Destin, M. & Oyserman, D., "From Assets to School Outcomes: How Finances Shape Children's Perceived Possi-Bilities and Intentions", *Psychological Science*, Vol. 20, 2009.

Destin, M., & Oyserman, D., "Incentivizing education: Seeing schoolwork as an investment, not a chore", *Journal of Experimental Social Psychology*, Vol. 46, 2010.

Downey. D. B., "Black/White Differences in School Performance: The Oppositional Culture Explanation", *Annual Review of Sociology*, Vol. 34, 2008.

Downey, D. B., "When bigger is better: Family size parental resouses and children's education performance", *American Sociological Review*, Vol. 60, 1995.

Doosje, B. S., Russell, E. N., & Koomen, W., "Perceived Group Variability in Intergroup Relations: The Distinctive Role of Social Identity",

European Review of Social Psychology, Vol. 10, 1999.

DiMaggio, P., "Cultural Capital and School Success: The Impact of Status Cultural Participation on the Grades of U. S. High School Students", *American Sociological Review*, Vol. 47, 1982.

DiMaggio, P., & Mohr, J., "Cultural capital, educational attainment, and marital selection", *American Journal of Sociology*, Vol. 90, 1985.

Dumais, S. A., "Cultural Capital, Gender, and School Success: The Role of Habitus", *Sociology of Education*, Vol. 73, 2002.

Eccles, J. S., & Davis-Kean, P. E., "Influences of parents' education on their children's educational attainments: the role of parent and child perceptions", *London Review of Education*, Vol. 3, 2005.

Erikson, R., & Goldthorpe. J. H., *The Constant Flux, A Study of Class Mobility in Industrial Societies*, Oxford: Clearndon Press, 1992.

Erikson, R., & Goldthorpe, J. H., "Intergenerational Inequality: A Sociological Perspective", *Journal of Economic Perspectives*, Vol. 16, 2002.

Erickson, B. H., "Culture, Class, and Connection", *The American Journal of Sociology*, Vol. 102, 1996.

Farkas, G. G., Robert, P., & Sheehan, D., "Cultural resources and school success: Gender, ethnicity, and poverty groups within an urban school district", *American Sociological Review*, Vol. 55, 1990.

Fan, X., "Parental Involvement and Students' Academic Achievement: A Growth Modeling Analysis", *The Journal of Experimental Education*, Vol. 70, 2001.

Foster, K. M., "Coming to terms: a discussion of John Ogbu's cultural-ecological theory of minority academic achievement", *Intercultural Education*, Vol. 15, 2004.

Foley, D., "Ogbu's theory of academic disengagement: its evolution and its critics", *Intercultural Education*, Vol. 15, 2004.

Fredricks, J. A., Blumenfeld, P. C., & Paris, A. H., "School engagement: Potential of the concept, state of the evidence", *Review of Educational Research*, Vol. 74, 2004.

Furstenberg, F., Hughes, E., "Social capital and Successful development among at-risk Youth", *Journal of Marriage and the family*, Vol. 3, 1995.

Furrer, C., & Skinner, E., "Sense of Relatedness as a Factor in Children's Academic Engagement and Performance", *Journal of Educational Psychology*, Vol. 95, 2003.

Gershoff, E. T., & Aber, J. L., "Income Is Not Enough: Incorporating Material Hardship Into Models of Income Associations with Parenting and Child Development", *Child Development*, Vol. 78, 2007.

Georgiou, S. N., "Parental Involvement: beyond demographics", *Internation Journal about Parent in Education*, Vol. 1, 2007.

Goyette, K., & Xie, Y., "Education Expectations of Asian American Youths: Determinants and Ethnic Differences", *Sociology of Education*, Vol. 72, 1999.

Goldthorpe, J. H., "The Integration of Sociological Research and Theory", *Rationality and Sociology*, Vol. 94, 1997.

Goldthorpe, J. H., "Class analysis and the reorientation of class theory: the case of persisting differentials in educational attainment", *The British Journal of Sociology*, Vol. 14, 2010.

Grant, H., & Dweck, C. S., "Clarifying Achievement Goal and Their Impact", *Journal of Personality and Social Psychology*, Vol. 85, 2003.

Greene, T. G., Marti, C. N. et al., "The effort-outcome gap: Differences for African and Hispanic community college students in student engagement and academic achievement", *The Journal of Higher Education*, Vol. 79, 2008.

Hallinan, M. T., & Oakes, J., "Tacking: From Theory to Practice: Comment/Reply", *Sociology of Education*, Vol. 67, 1994.

Harris, A. L., "I (Don't) Hate: Revisiting Oppositional Culture

Theory of Blacks' Resistance to Schooling", *Social Forces*, Vol. 85, 2006.

Harris, A. L., "Optimism in the Face of Despair: Black – White Differences in Beliefs About School as a Means for Upward Social Mobility", *Social Science Quarterly*, Vol. 89, 2008.

Hanafi, Z., "The Relationship Between Aspects of Socio-Economic Factors and Academic Achievement", *Journal Pendidikan*, Vol. 33, 2008.

Hannum, E., Kong, P. & Zhang Y., "Family sources of educational gender inequality in rural China: A critical assessment", *International Journal of Educational Development*, Vol. 29, 2009.

Halsey, A. H., Heath, A. F. & Ridge, J. M., *Origins and Destinations: Family, Class and Education in Modern Britain*, Oxford University Press, 1980.

Hanushek, E. A., "The Econimics of Schooling: Production and Efficiency in Public Schools", *Journal of Economic Literature*, Vol. 24, 1986.

Haghighat, E., "School social capital and pupils' academic performance", *International Studies in Sociology of Education*, Vol. 15, 2005.

Hays, S., "Structure and Agency and Sticky Problem of Culture", *Sociological Theory*, Vol. 12, 1994.

Heyneman, S. P., & Loxley, W. A., "The Effect of Primary-School Quality on Academic Achievement across Twenty-nine High-and Low-Income Countries", *American Journal of Sociology*, Vol. 88, 1983.

Horvat, E. M., *African-American Students and College Choice Decision-making in Social Context*, ProQuest Digital Dissertation, 1996.

Higgins, E. T., & Idson, L. C., "Transfer of Value From Fit", *Journal of Personality and Social Psychology*, Vol. 84, 2003.

Hill, N. E., Castellino, D. R. & Lansford, J. E., "Parental Academic Investment as Ralated to School Behavior, Achievement, and Aspirations: Demographic Variations Across Adolescence", *Child Development*,

Vol. 75, 2004.

Huffman, T., "Resistance Theory and the Transculturation Hypothesis as Explanations of College Attrition and Persistence Among Culturally Traditional American Indian Students", *Journal of Amrican Indian Education*, Vol. 40, 2001.

Huang. L., "Social capital and student achievement in Norwegian secondary schools", *Leaning and Individual Differences*, Vol. 19, 2009.

Hughes, J. H., Luo, W., Kwok, O., Loyd, L. K., "Teacher-student support, effortful engsgement, and achievement: A 3-year longitudinal study", *Journal of Educational Psychology*, Vol. 100, 2008.

Horvat, E. M., Weininger, E. F. & Lareau, A., "From Social Ties to Social Capital: Class Differences in the Relations Between Schools and Parent Networks", *American Educational Research Journal*, Vol. 40, 2003.

Houghes, H., & Kwok, Oi-man, "Influence of Student-Teacher and Parent-Teacher Relationships on Lower Achieving Readers' Engagement and Achievement in the Primary Grades", *Journal of Educational Psychology*, Vol. 99, 2007.

Holm, Anders & Jæer, M. M., "Does Relative Risk Aversion explain educational inequality? A dynamic choice approach", *Research in Social Stratification and Mobility*, Vol. 26, 2008.

Jimerson, S. R., "The California School Psychologist Provides Valuable Information Regarding School Engagement, Youth Development, and School Success", *The California School Psychologist*, Vol. 8, 2003.

Jimerson, S. R., Egeland, B., & Teo, A., "A longitudinal study of achievement trajectories factors associated with change", *Journal of Educational Psychology*, Vol. 91, 1999.

Jæger, M. M., Holm, A., "Does parents' economic, cultural, and social capital explain the social class effect on educational attainment in the Scandinavian mobility regime", *Social Science Research*, Vol. 36, 2007.

Katsillis, J., Rubinson, R., "Cultural capital, student achievement, and educational reproduction: The case of Greece", *American Sociological Review*, Vol. 55, 1990.

Lucas, S. R., "Effectively Maintained Inequality: Education Transitions, Track Mobility, and Social Background Effect", *The American Journal of Sociology*, Vol. 106, 2001.

Lundy, G. F., "The Myths Of Oppositional Culture", *Journal of Black Sthdies*, Vol. 33, 2003.

Luciak, M., "Minority status and schooling-John U. Ogbu's theory and the schooling of ethnic minorities in Europe", *Intercultural Education*, Vol. 15, 2004.

Lareau, A., "Social Class Differences in Family-School Relationships: The Importance of Cultural Capital", *Sociology of Education*, Vol. 60, 1987.

Lee, Jung-Sook, & Bowen, K. N., "Parent Involvement, Cultural Capital, and the Achievement Gap Among Elementary School Children", *American Educational Research Journal*, Vol. 43, 2006.

Lee, V. E., & Croninger, R. C., "The element of social capital in the context of six high schools", *The Journal of Socio-Economics*, Vol. 30, 2001.

Lerner, R. M., *Concepts and theories of human development* (3rd ed), London: Lawrence Erlbaum Associates, 2002.

Lopez, G., *The effects of social capital for post-secondary education and generation status on Mexican descent students' grade point average and college plans*, The Dissertation of the University of Chicago, ProQuest Information and Learning company, 2002.

Louie, V., "Parents' Aapirations and Investment: The Role of Social Class in the Experence of 1.5-and Second Generation Chinese", *Harvard Educational Review*, Vol. 71, 2001.

Lundy, G. F., & Firebaugh G., "Peer Relations and School Resistance: Does Oppositional Culture Apply to Race or to Gender?", *The Journal of Negro Education*, Vol. 74, 2005.

Lu, L., "Cultural fit: Individual and societal discrepancies in values, beliefs and SWB", *The Journal of Social Psychology*, Vol. 146, 2006.

Markus, H., Nurius, P., "Possible selves", *American Psychologist*, Vol. 41, 1986.

Mare, R., "Change and Stability in Educational Stratification", *American Sociological Review*, Vol. 46, 1981.

Marjorbanks, K., & Maboya, M., "Family Capital, Goal Orientations and South African Adolescents' Self-concept: A moderation-mediation model", *Educational Psychology*, Vol. 3, 2001.

McLoyd, V. C., "Socioeconomic Disadvantage and Child Development", *American Psychologist*, Vol. 53, 1998.

Morrison, K. R., Fast, N. J., & Ybarra, O., "Group status, Perceptions of threat, and support for social inequality", *Journal of Experimental Social Psychology*, Vol. 45, 2009.

Mummendey, A., Klink, A., & Mielke, R., "Social-Structural characteristics of intergroup relations and identity management strategies: Results from a field study in East Germany", *European Journal of Social Psychology*, Vol. 29, 1999.

Muller, D., Judd, C. M., & Yzerbyt, Y. V., "When moderation is mediated and mediation is moderated", *Journal of Personality and Social Psychology*, Vol. 89, 2005.

Nam, Y., Huang, J., "Equal opportunity for all? Parental econominc resources and children's educational attainment", *Children and Youth Services Review*, Vol. 31, 2009.

Ogbu, J. U., "Minority Education in Comparative Perspective", *Journal of Negro Education*, Vol. 59, 1990.

Ogbu, J. U., "Understanding Cultural Diversity and Learning", *Educational Researcher*, Vol. 21, 1992.

Ogbu, J. U., & Simons, H. D., "Voluntary and Involuntary Minorities: A Cultural-Ecological Theory of School Performance with Some

Implications for Education", *Anthropology & Education Quarterly*, Vol. 29, 1998.

Oyserman, D., Terry, K. & Bybee, D., "Apossible selves intervention to school involvement", *Journal of Adolecence*, Vol. 25, 2002.

Paulson, S. E., "Relations of Parenting Style and Parental Involvement with Ninth-Grade Students' Achievement", *The Journal of Early Adolescence*, Vol. 14, 1994.

Parcel, T. L., & Dufur, M., "Capital at Home and at School: Effect on Student Achievemnet", *Social Forces*, Vol. 79, 2001.

Parcel. T. L., & Dufur. M., "Family and school Capital explaining regional variation in math and reading achievement", *Research in Social Stratification and Mobility*, Vol. 29, 2009.

Parcel, T. L., & Dufur, M., "Capital at home and at school: A Review and Synthesis", *Journal of Marriage and Family*, Vol. 72, 2010.

Pattit, C. N., & Jr, Lount. R. B., "Looking down and ramping up: The impact of status differences on effort in intergroup contexts", *Journal of Experimental Social Psychology*, Vol. 46, 2010.

Print, M. & Coleman, D., "Towards understanding of social capital and citizenship education", *Cambridge Journal of Education*, Vol. 33, 2003.

Pieke, F. N., "Chinese Educational Achievement and 'Folk Theories of Success'", *Anthropology and Education Quarterly*, Vol. 22, 1991.

Pintrich, P. R., "A Motivational Science Perspective on the Role of Student Motivation in Learning and Teaching Contexts", *Journal of Educational Psychology*, Vol. 95, 2003.

Raftery, A., Hout, M., "Maximally Maintained Inequality: Expansion, Reform, and Opportunity in Irish Education, 1921-75", *Sociology of Education*, Vol. 66, 1993.

Reicher, S., "The context of social identity: Domination, resistance, and change", *Political Psychology*, Vol. 25, 2004.

Ream, R. K., & Rumberger, R. W., "Student Engagement, Peer

Social Capital, and School Dropout Among Mexican Mexican Ameican and Non-Latino White Students", *Sociology of Education*, Vol. 81, 2008.

Roscigno, Vincent. J., & Ainsworth-Darnell, J. W., "Race, Cultural Capital, and Educational Resources: Persistent Inequalities and Achievement Returns", *Sociology of Education*, Vol. 72, 1999.

Schaufeli, W. B., Martinez, I. M., & Pinto, M. A., "Burnout and engagement in university students: A Cross-National study", *Journal of Cross-Cultural Psychology*, Vol. 33, 2002.

Schaufeli, W. B., Salanova, M., & Gonzale-Roma, V., "The measurement of engagement and burnout: a two sample confirmatory analytic approach", *Journal of Happiness Studies*, Vol. 3, 2002.

Shavit, Y., & Blossfeld, H. P., *Persistent Inequality: Changing Educational Attainment in Thirteen Contries*, Boulder Co: Westview Press, 1993.

Sidanius, J. Pratto, F., "Social dominance theory: A new synthesis", *In Social dominance*, NY: Cambridge University press, 1999.

Simkus, A., & Andorka, R., "Educational Attainment in Hungary", *American Sociological Review*, Vol. 47, 1982.

Sirin, S., "Socioeconomic Status and Academic Achievement: A Meta-Analytic Review of Research", *Review of Educational Research*, Vol. 75, 2005.

Sorensen, A. B., "The Structural Basis of Social Inequality", *American Journal of Sociology*, Vol. 101, 1996.

Stewart, E. D., "School Structural Characteristics, Student Effort, Peer Associations, and Parental Involvement: The Influence of School- and Individual-Level Factors on Academic Achievement", *Education and Urban Society*, Vol. 40, 2008.

Skinner, E. A., & Belmon, M. J., "Motivation in the classroom: Reciprocal effects of teacher behavior and student engagement across the school year", *Journal of Educationl Psychology*, Vol. 85, 1993.

Sue, S., & Okazaki, S., "Asian-American Educational Achievements: A Phenomenon in Search of an Explanation", *Asian American Jounal of Psychology*, Vol. 1, 2009.

Swann, W. B., Chang - Schneider, C. C., & McClarty, K. L., "Do people's self-views matter? Self-concept and self-esteem in everyday life", *American Psychologist*, Vol. 62, 2007.

Tajfel, H., "The exit of social mobility and the voice of social change: Nootes on the social psychology of intergroup relations", *Social Science Information*, Vol. 14, 1975.

Taylor, M., "Structure, Culture and Action in the Explanation of Social Change", *Politics and Society*, Vol. 17, 1989.

Teachman, J. D., "Family background educational resources and educational attainment", *American Sociological Review*, Vol. 52, 1987.

Teachman, J. D., Paasch, K., & Carver, K., "Social capital interacts with human capital", *Social Forces*, Vol. 75, 1997.

Tramonte, L., & Willms, D. J., "Cultural capital and its effects on education outcomes", *Economics of Education Review*, Vol. 29, 2009.

Van de Werfhorst, H. G., & Hofstede, S., "Culture capital or relative risk aversion? Two mechanisms for educational inequality compared", *The British Journal of Sociology*, Vol. 58, 2007.

Van Laar, C., Sidanius, J., "Social Status and the Academic Achievement gap: A Social Dominance Perspective", *Social Psychology of Education*, Vol. 4, 2001.

Verkuyten, M., Reijerse, A., "Perceptions of the Intergroup Structure and Anti-Asian Prejudice Among White Australians", *Group Processes Intergroup Relations*, Vol. 8, 2005.

Van Laar, C., "The Paradox of Low Academic Achievement but Hight Self-Esteem in African American Students: An Attributional Account", *Educational Psychology Review*, Vol. 12, 2000.

Wells, A. S., Serna, I., "The Politics of Culture: Understanding Local Political Resistance to Detracking in Racially Mixed Schools", *Harvard Educational Review*, Vol. 66, 1996.

Wentzel, K., "Social Relationships and Motivation in Middle School: The Role of Parents, Teacher, and Peers", *Journal of Educational Psychology*, Vol. 90, 1998.

Wentzel, K. R., & Watkins, D. E., "Peer relationships and collaborative learning as contexts for academic enablers", *School Psychology Review*, Vol. 31, 2002.

Whisman, M., McClelland, G. H., "Designing, Testing, and Interpreting Interactions and Moderator Effects in Family Research", *Journal of Family Psychology*, Vol. 19, 2005.

Wößmann, L., "Educational Production in East Asia: The Impact of Family Background and Schooling Policies on Student Performance", *German Economic Review*, Vol. 6, 2005.

Wu, Yuxiao, "Cultural Capital, the State, and Educational Inequality in China, 1949-1996", *Sociological Perspectives*, Vol. 51, 2008.

Xie, Y., Goyette, K., "Social mobility and the educational choices of Asian Americans", *Social Science Research*, Vol. 32, 2003.

Yeung, W. J., Conley, D., "Black-White Achievement Gap and Family Wealth", *Child Development*, Vol. 79, 2008.

Yeung, W. J., Linver, M. R. & Brook-Gunn, J., "How Money Matters for Young Children's Development: Parental Investment and Fanily Processes", *Child Development*, Vol. 73, 2002.

Zhong, D., & Treiman, D. J., "The Impact of Cultural Revolution on Trends in Educational Attainment in the Peoples Republic of China", *American Journal of Sociology*, Vol. 103, 1997.

Zhou Xueguang, Phyllis, M., & Nancy, B. T., "Educational Stratification in Urban China: 1949-1994", *Sociology of Education*, Vol. 71, 1997.

后 记

自幼生活在乡村的我，对乡村有着特别的依恋，乡村生活时常都会记起、梦见。但是，那些在记忆和梦中浮现的儿时伙伴大都留在了那里，在土地上劳作，或是外出打工，为生计奔波劳碌，通过接受教育走出乡村的，却是寥寥。他们并不缺少梦想，对未来怀有美好的憧憬；他们并不愚笨，同样在某些方面表现出天赋；他们勤奋好学、坚毅朴实，但这些都没有使他们通过接受教育改变自己的命运。

这是为什么？这是我一直不解的，带着这个问题，怀着对生我、养我的土地深深不忘的情怀，我选择教育机会分配公平作为自己的研究选题。但是，遇到的困难是我始料未及的，教育机会分配公平是社会不平等研究的一个重要方面，无论理论或是研究范式都较为成熟，对于这个问题的研究需要很深的学术积淀才行，否则很难找到一个恰当的突破口，也不易在理论上有所突破。而且，我以前主要学习文化、社会心理学，专注于宗教、民族问题，缺少教育学和社会学的理论和方法训练，这着实让我感到困难很多，有些力不从心，后悔自己的"大胆"，常常感到心身俱疲，但也只得硬着头皮往下坚持。在研究开展的过程中，我尽可能多地阅读社会学和教育学的理论和方法的书籍，多关注农村教育问题，也将社会心理学的有关理论和方法应用到自己的研究中来，但最终的研究结果依然比较浅陋。好在通过这个过程，我了解了社会不平等研究的相关成果和研究方法，对于开展其他领域的研究也有诸多帮助。重要的是，我也喜欢上了这个研究领域，希望这是一个好的开始，而不是匆匆而过。

我明白，如果没有各位师长和好友的帮助和鼓励，自己恐怕是很难完成这项研究的。

　　首先我要感谢我的导师万明钢教授，我的每一步成长，些许的进步，无不渗透着老师的心血和关爱。学习计划的制定，论文的修改审阅，为我创造更多的学习机会，生活上无微不至的关怀和照顾，还有下乡前的叮咛，第一次上讲台时的短信……点点滴滴都在我的心底绵延。惭愧的是，我其实不是一个很有目标和规划的人，也不爱操心，老师为了学生的成长尽心尽力，凡事为我操心安排，那种无私让我感念。遇到老师，是我的幸运，老师的勉励和期望使学生不敢有丝毫的懈怠，唯有努力前行。

　　在这些年的学习和工作期间，胡德海教授、王嘉毅教授、刘旭东教授、周爱保教授、王鉴教授、张学强教授、王兆璟教授、王光荣教授等老师通过不同方式授业解惑、关心帮助，他们精湛的学术修养让学生终身受益。台湾师范大学教育学院谭光鼎教授为我发来他的博士论文，并对本研究方案的设计提出了宝贵意见，提醒我注意吉登斯的结构化理论对本研究的重要意义。中国科学院研究生院管理学院时勘教授和方来坛老师帮我提供他们修订的学习投入问卷。中正大学教育学院郑胜耀教授给我发来了文化资本问卷。在此向诸位老师表示诚挚的谢意！感谢调查过程中Q县教育局宋局长和杨老师以及各受调查学校师生的热情接待和积极配合，保证了研究工作的顺利进行。希望本研究能够对那些处于弱势地位的孩子和家庭有所助益，让社会上更多的人关注他们，为改善他们的处境而努力，从而使我们这个社会更加公正和谐。

　　上大学时，父亲送我到兰州读书，母亲路边送我的情景依然历历在目，那时候心里想着，四年之后要回到家中照顾父母。而今我却很少有时间陪在父母身边，二老却无丝毫怨言，每次问询家中近况，只是说一切都好，叫我不要担心家中的事情，倒是一直叮嘱我要照顾好自己，操心我的学业和未来。每每回家，看到泛在父亲脸上的喜悦，母亲忙前忙后地找为我留着的好吃东西，总是满心愧疚，好在哥嫂、姐姐和姐夫在家尽心尽力照顾父母，让我安心不少。说到这里，要特别感谢我的姐姐和哥哥，自小我就备受他们的照顾呵护，现在还是给予我关爱和经济上的支持，分担我学习和生活中的压力，说是要花掉我第一个月的工资作为回报，无非是想激励我早点自立，好为父母减轻负担，希望弟弟的生活早点安稳下来。当然，还要感谢我的妻子李莉对于我的理解、支持与爱，令我倍感幸福与温暖。父母家人的殷殷之情，无以为报。

最后，本书的研究和出版得到教育部人文社会科学研究青年基金项目（12YJC880133）和西北师范大学人文社会科学重点学科建设文库的资助和支持，在此一并致谢！

窗外，馥郁的丁香悄然绽放，衷心祝福所有关心、帮助、支持我的老师、朋友和亲人，花好月圆，如人间的四月天。

杨宝琰

2015 年 4 月 21 日于西北师范大学